신한은행

SLT
(NCS+금융상식+디지털리터러시 평가)

신한은행

SLT(NCS+금융상식+디지털리터러시 평가)

개정 4판 발행	2024년 09월 25일	
개정 5판 발행	2025년 03월 28일	

편 저 자 | 취업적성연구소

발 행 처 | ㈜서원각

등록번호 | 1999-1A-107호

주　　소 | 경기도 고양시 일산서구 덕산로 88-45(가좌동)

교재주문 | 031-923-2051

팩　　스 | 031-923-3815

교재문의 | 카카오톡 플러스 친구[서원각]

홈페이지 | goseowon.com

PREFACE

서류 합격의 기쁨도 잠시, 광범위한 필기시험 준비에 적지 않은 부담을 느끼고 있을 것이라고 생각합니다. 수험생들을 위하여 본서는 신입행원 채용을 위한 신한은행 필기시험에서 꼭 필요한 정보들을 담아 기획하였습니다. 신한은행에 업무에 필요한 역량 및 책임감과 적응력 등을 구비한 인재를 선발하기 위하여 시행하는 필기시험의 출제경향을 철저히 분석하였으며 응시자들이 보다 쉽게 시험유형을 파악하고 효율적으로 대비할 수 있도록 구성하였습니다.

- SLT(Shinhan Literacy Test)는 NCS와 금융상식, 디지털리터러시 평가로 이루어져있습니다. 따라서 NCS는 의사소통능력, 수리능력, 문제해결능력 각 영역별 50문항씩 담아 문항을 풀어보며 실력을 다져볼 수 있도록 하였습니다. 금융상식에서는 신한은행 및 타 은행권 기출 키워드로 복원한 예상문제를 수록하였습니다. 디지털리터러시 평가는 논리적 사고, 알고리즘, 설계, 상황판단 평가를 알아보는 문제를 기출유형문제와 함께 수록하였습니다.
- 면접을 대비하여 신한은행 기출질문과 함께 타 은행권의 기출질문을 함께 확인할 수 있습니다.
- 지원자들이 한눈에 볼 수 있도록 신한은행의 인재상, 주요업무 등 신한은행에 대한 전반적인 정보를 수록하였습니다.

신념을 가지고 도전하는 사람은 반드시 그 꿈을 이룰 수 있으며, 처음에 품은 신념과 열정이 취업 성공의 그 날까지 빛바래지 않도록 (주)서원각이 수험생 여러분을 항상 응원합니다.

STRUCTURE

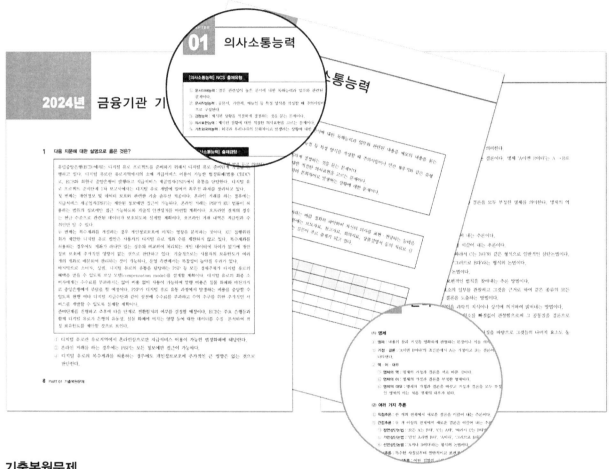

기출복원문제

신한은행과 금융기관의 기출문제를 복원하여 수록하였습니다. 해당 문제를 풀어보면서 기출문제에 대한 실전감각을 익히는 것 에 도움을 드리고자 했습니다.

NCS + 금융상식 + 디지털리터러시 평가

NCS(의사소통능력, 수리능력, 문제해결능력)를 다양한 유형을 과목별로 수록하였습니다. 과목별로 출제유형, 출제경향, 빈출유형 을 정리하였으며 모듈형 연습문제와 예상문제를 수록하였고 디지털리터러시 평가에 기출유명문제를 수록하였습니다.

면접 기출 수록

면접에 대한 기본이론을 수록하여 면접 준비에 도움이 되 도록 하였습니다. 또한 신한은행 및 타 은행권의 면접 실제 기출 질문을 수록하였습니다. 마지막 관문. 면접까지 준비 해보세요!

CONTENTS

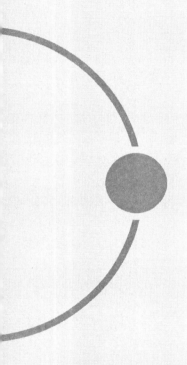

2024년 금융기관 기출복원문제
2023년 금융기관 기출복원문제
2022년 금융기관 기출복원문제

PART

01

기출복원문제

1 다음 지문에 대한 설명으로 옳은 것은?

> 유럽중앙은행(ECB)에서는 디지털 유로 프로젝트를 준비하기 위해서 디지털 유로 준비단계 작업을 진행하고 있다. 디지털 유로란 유로지역에서의 소매 지급서비스 이용이 가능한 법정화폐(범용 CBDC)로, ECB와 회원국 중앙은행이 발행하고 지급서비스 제공업자(PSP)에서 유통을 담당한다. 디지털 유로 프로젝트 준비단계 1차 보고서에서는 디지털 유로 개발에 있어서 최우선 과제를 정리하고 있다.
>
> 첫 번째는 개인정보 및 데이터 보호와 관련한 기술 솔루션 제공이다. 온라인 거래를 하는 경우에는 지급서비스 제공업자(PSP)는 제한된 정보에만 접근이 가능하다. 온라인 거래는 PSP가 EU 법률이 허용하는 범위의 정보에만 접근 가능하도록 기술적 안전장치를 마련할 계획이다. 오프라인 결제의 경우는 현금 수준으로 관련된 데이터가 보호되도록 설계할 계획이다. 오프라인 거래 내역은 지급인과 수취인만 알 수 있다.
>
> 두 번째는 복수계좌를 개설하는 경우 개인정보보호에 미치는 영향을 분석하는 것이다. EU 집행위원회가 제안한 디지털 유로 법안은 사용자의 디지털 유로 계좌 수를 제한하지 않고 있다. 복수계좌를 허용하는 경우에도 계좌가 하나만 있는 경우와 비교하여 처리되는 개인 데이터에 차이가 없기에 개인정보 보호에 추가적인 영향이 없는 것으로 판단하고 있다. 기술적으로는 사용자의 보유한도가 여러 개의 계좌로 배분되어 관리하는 것이 가능하나, 운영 측면에서는 복잡성이 높아질 우려가 있다.
>
> 마지막으로 소비자, 상점, 디지털 유로의 유통을 담당하는 PSP 등 모든 경제주체가 디지털 유로의 혜택을 받을 수 있도록 보상 모델(compensation model)을 설계할 계획이다. 디지털 유로의 최종 소비자에게는 수수료를 부과하지는 않아 비용 없이 사용이 가능하며 발행 비용은 실물 화폐와 마찬가지로 중앙은행에서 부담을 할 예정이다. PSP가 디지털 유로 유통 과정에서 발생하는 비용을 충당할 수 있도록 현행 여타 디지털 지급수단과 같이 상점에 수수료를 부과하고 수익 추구를 위한 추가적인 서비스를 개발할 수 있도록 설계할 계획이다.
>
> 준비단계를 진행하고 추후에 다음 단계로 전환할지의 여부를 결정할 예정이다. ECB는 주요 은행들과 함께 디지털 유로가 은행의 유동성, 실물 화폐에 미치는 영향 등에 대한 데이터를 수집·분석하여 적정 보유한도를 제안할 것으로 보인다.

① 디지털 유로란 유로지역에서 온라인상으로만 지급서비스 이용이 가능한 법정화폐에 해당한다.

② 온라인 거래를 하는 경우에는 PSP는 모든 정보에만 접근이 가능하다.

③ 디지털 유로의 복수계좌를 허용하는 경우에도 개인정보보호에 추가적인 큰 영향은 없는 것으로 판단한다.

④ 디지털 유로는 소비자 주체가 유로 혜택을 볼 수 있도록 설계할 계획이다.

⑤ 현재 ECB에서는 준비 단계를 마치고 시행 단계를 진행하고 있다.

> **해설** ① 첫 번째 문단에 따라 디지털 유로란 유로지역에서 소매 지급서비스 이용이 가능한 디지털 법정화폐이다.
> ② 두 번째 문단에 따라 온라인 거래를 하는 경우에는 지급서비스 제공업자(PSP)는 제한된 정보에만 접근이 가능하다.
> ④ 네 번째 문단에 따라 소비자, 상점, 디지털 유로의 유통을 담당하는 PSP 등 모든 경제주체가 디지털 유로의 혜택을 받을 수 있도록 한다.
> ⑤ 다섯 번째 문단에 따라 준비단계를 진행하고 있는 중이다.

2 다음 지문의 내용에 따라 빈칸에 들어갈 것으로 가장 적절한 것은?

현대사회에서 '평균의 종말'이라는 사회현상이 점점 두드러지고 있다. 과거에는 대다수의 사람들이 특정한 중간값이나 평균적인 삶의 방식, 행동 양식에 맞추어 살아가는 경향이 강했지만, 오늘날 사회는 더 이상 평균적인 기준이 주를 이루지 않는다. 급격한 기술 발전, 개인화된 소비 패턴, 그리고 다양한 사회적 변화가 복합적으로 작용하면서, 평균보다는 개별화된 경험과 특화된 요구가 더욱 중요시되고 있다.

평균의 종말은 주로 (   )에서 기인한다. 디지털화된 세상에서는 데이터를 통해 개인의 취향, 습관, 행동을 정밀하게 분석할 수 있으며, 이를 바탕으로 맞춤형 제품과 서비스를 제공하는 것이 가능해졌다. 예를 들어, 스트리밍 서비스는 사용자 개개인의 시청 기록에 따라 추천 콘텐츠를 제공하고, 광고 산업 역시 특정 그룹이 아닌 개별 사용자에게 최적화된 광고를 보여준다. 이러한 변화는 평균적 대중을 위한 보편적인 제품이 아닌, 다양한 개별화된 요구에 맞춘 제품과 서비스가 주를 이루게 만들었다.

이와 같은 '평균의 종말' 현상은 사회 전반에 걸쳐 개인화와 다양성의 증가를 가져왔다. 교육, 소비, 정치 등 모든 영역에서 사람들은 평균적인 선택을 하기보다는 자신만의 독특한 성향과 요구에 맞는 결정을 내리기 시작했다. 이는 사회의 다원화와 선택의 폭이 넓어졌다는 긍정적인 측면도 있지만, 동시에 개인 간 격차가 심화되고, 공통의 경험이나 가치가 줄어드는 부작용도 초래할 수 있다.

① 광고산업의 발달

② 기술 발전과 데이터 분석의 세분화

③ 자국우선주의에 따른 획일성

④ 성과우선주의와 계급의 서열화

⑤ 사회의 단일화

> **해설** ② 급격한 기술 발전, 개인화된 소비 패턴, 그리고 다양한 사회적 변화가 복합적으로 작용하면서, 평균보다는 개별화된 경험과 특화된 요구가 평균의 종말을 유발한다고 본문에 적혀있다.
> ① 광고산업의 발달은 결과적으로 맞춤형 광고가 등장하게 되었지만, 이는 원인이 아니라 결과이다.
> ③④⑤ 지문과는 관련이 없다.

Answer 1.③ 2.②

2024년 금융기관 기출복원문제 **9**

3 다음은 ○○회사의 각 부서별 프로젝트 완료 및 교육 수료 현황에 관한 자료이다. 이에 대한 설명으로 옳지 않은 것은?

〈○○회사 부서별 프로젝트 완료 및 교육 수료 현황〉

부서	직원 수	프로젝트 완료자 수	완료율	교육 수료자 수	수료율
영업부	600명	360명	( )	90명	15.0%
기획부	500명	250명	( )	75명	15.0%
경영부	400명	240명	( )	40명	10.0%
합계	1,500명	850명	56.7%	205명	13.7%

※ 프로젝트 완료율(%)=(프로젝트 완료자 수÷직원 수)×100

※ 교육 수료율(%)=(교육 수료자 수÷직원 수)×100

※ 미수료 비율(%)=100−(프로젝트 완료율+교육 수료율)

① 영업부의 프로젝트 완료율은 기획부보다 높다.

② 교육 미수료 비율은 경영부가 가장 낮다.

③ 교육 수료자가 10% 증가하면, 전체 교육 수료율은 15% 이상이 된다.

④ 교육 수료자가 5% 감소하면, 전체 교육 수료율은 13% 이하가 된다.

⑤ 교육 수료율 경영부가 가장 낮다.

✔ 해설 ② 교육 미수료율은 경영부가 가장 높다.
　① 영업부의 프로젝트 완료율=(360÷600)×100=60%이다. 기획부의 프로젝트 완료율=(250÷500)×100=50%이다. 영업부의 완료율이 높다.
　③ 교육 수료자가 10% 증가하면 전체 교육 수료자 수는 205×1.1=225.5명이다. 전체 교육 수료율은 (225.5÷1,500)×100=15.03%으로 15% 이상이다.
　④ 교육 수료자가 5% 감소하면 전체 교육 수료자 수는 205×0.95=194.75명이다. 전체 교육 수료율은 (194.75÷1,500)×100≈12.98%이므로 13% 이하이다.
　⑤ 영업부 15.0%, 기획부 15.0%, 경영부 10.0%로 경영부가 제일 낮다.

4 다음은 자동차가 일정 시간 동안 이동한 거리에 대한 자료이다. 이에 대한 설명으로 옳지 않은 것은?

〈자동차의 이동 시간에 따른 거리〉

시간	1시간	2시간	3시간	4시간	5시간
거리(km)	60	130	200	270	340

※ 평균 속력=(총 이동 거리÷총 시간)

※ 시간당 속력 변화=(다음 시간 거리−이전 시간 거리)÷1시간

① 자동차는 처음 2시간 동안 평균 65km/h로 이동했다.

② 자동차는 매 시간 일정한 속도로 이동했다.

③ 4시간까지의 총 이동 거리는 270km이다.

④ 5시간 동안 평균 속력은 68km/h이다.

⑤ 1시간에서 3시간까지의 속력 변화는 35km/h이다.

✔ 해설 ②⑤ 1시간에서 2시간 이동거리는 70km, 속력은 70km/h이다. 2시간에서 3시간까지 이동한 거리는 70km, 속력은 70km/h이다. 3시간에서 4시간까지 이동한 거리는 70km, 속력은 70km/h이므로 자동차는 매 시간 일정한 속도로 이동했다.

① 처음 2시간 동안의 총 이동 거리는 130km이다. 평균속력은 $\frac{130}{2}=65km/h$이다.

③ 표에 의하면 4시간에 270km 이동한다.

④ 5시간 동안의 총 이동 거리는 340km이다. 평균속력은 $\frac{340}{5}=68km/h$이다.

5 다음은 C 고등학교의 올해 도서관 도서 대출 현황에 관한 자료이다. 이에 대한 설명으로 옳은 것은?

학년	문학	과학	역사	기타	합
1학년	200	150	100	50	500
2학년	180	120	90	60	450
3학년	220	130	80	70	500
합계	600	400	270	180	1,450

① 전체 도서 대출 중 문학의 비율은 40% 이상이다.

② 2학년의 도서 대출 중 과학의 비율은 40%이다.

③ 각 학년에서 기타 대출의 비율은 2학년이 가장 높다.

④ 역사 도서 대출 중 3학년의 비율은 30% 이상이다.

⑤ 1학년 도서 대출 중 문학의 비율은 35% 미만이다.

> ✔ 해설 ① 문학 비율은 (600÷1,450)×100=약 41.4%로 40% 이상이다.
> ② 2학년 도서 대출 중 과학 비율은 약 26.6%이다.
> ③ 1학년 기타 비율 50÷500=10%, 2학년 기타 비율 60÷450=약 13.3%, 3학년 기타 비율 70÷500=14% 이다. 3학년이 가장 높다.
> ④ 3학년 역사 비율은 (80÷270)×100=약 29.6%이므로 30% 미만이다.
> ⑤ 1학년 문학 비율은 200÷500=40%이다.

6 다음 폐수 처리시설 현황에 관한 자료에 대한 설명으로 옳은 것은?

구분	시설수	연간처리량	관리인원
A	700	500,000m^3	150명
B	900	700,000m^3	200명
C	400	200,000m^3	80명
D	500	100,000m^3	70명
합계	2,500	1,500,000m^3	500명

※ 시설수는 각 시설이 처리할 수 있는 최대 일일 처리 용량을 의미한다.

① 연간처리량이 많은 시설일수록 관리인원이 적다.

② 시설수 대비 연간처리량 비율이 가장 높은 시설은 A이다.

③ 연간처리량은 B가 C의 3배에 달한다.

④ D의 시설수는 전체 시설수의 25% 이상이다.

⑤ B의 일일 처리량은 2,000m^3 이상이다.

③ B의 연간처리량은 700,000㎥이고, C의 연간처리량은 200,000㎥이므로, B는 C의 3배에 달한다.
① B는 연간 처리량과 관리인원이 가장 많다.
② 시설수 대비 연간처리량 비율이 가장 높은 시설은 B이다.
④ D의 시설수는 전체 2,500개 중 500개로 20%에 해당 한다.
⑤ 연간 처리량은 700,000㎥이므로, 일일 처리량은 약 1,917㎥으로 2,000㎥ 이하이다.

7 다음 글을 근거로 판단할 때, 〈보기〉에서 옳은 것만 모두 고른 것은?

철수는 세 가지 색상의 공을 〈조건〉에 따라서 세 개의 상자 안에 각각 나누어 담으려고 한다.

색상	무게(kg)	개수
빨강	20	5
파랑	30	3
초록	50	2

〈조건〉
• 각 상자에는 100kg을 초과해 담을 수 없다.
• 각 상자에는 최소한 2가지 색상의 공을 담아야 한다.

〈보기〉
㉠ 빨간색 공은 서로 다른 상자에 담긴다.
㉡ 한 상자에는 빨강색 공은 3개, 초록색 공은 1개를 담을 수 있다.
㉢ 빨간색 공이 담긴 상자에는 파란색 공이 담기지 않는다.
㉣ 세 개의 상자 중에서 공의 무게 합이 가장 큰 상자는 초록색 공이 포함된다.

① ㉠㉡
② ㉡㉢
③ ㉢㉣
④ ㉡㉣
⑤ ㉠㉣

㉠ 빨간색 공은 모두 다른 상자에 담겨야 한다는 조건을 고려하면, 공의 개수는 5개로, 각각 다른 상자에 나누어 담을 수 있다.
㉡ 빨강색 공 3개, 초록색 공 1개는 60kg+50kg=110kg이므로 무게 제한을 초과한다.
㉢ 빨간색 공이 담긴 상자에 파란색 공이 담기지 않는다는 조건은 없으므로 가능하다.
㉣ 초록색 공은 무게가 50kg으로 가장 무거운 공이므로, 초록색 공이 담긴 상자가 무게 합이 가장 클 가능성이 높다.

Answer 5.① 6.③ 7.⑤

8 다음의 상황이 모두 참일 때, 〈보기〉에서 옳은 것만을 모두 고르면?

> 회사에서는 임원 선발을 위해 사내 순위 1위에서 10위까지의 직원 중 4명을 선발하려고 한다. 임원으로 선발된 직원은 직급에 따라 순위가 높은 직원이 우선권을 가지며, A, B, C, D 부서의 소속 직원 중에서 최소한 1명씩은 포함되어야 한다.
>
> 〈상황〉
> • 사내 순위 1위에서 10위까지는 공통 순위가 없다.
> • 직원 10명 중 4명은 A 부서, 3명은 B 부서, 2명은 C 부서, 1명은 D 부서 소속이다.
> • A 부서 직원 중 사내 순위가 가장 높은 직원은 1위이며, B 부서 직원 중 가장 높은 직원은 2위이다.
> • C 부서의 직원 중 가장 높은 순위는 5위이고, D 부서의 직원은 8위에 속해 있다.
> • 각 부서에서 선발된 직원은 각각 다른 직급으로 임명되며, 동일 부서에서 한 명 이상 선발되지 않는다.

> 〈보기〉
> ㉠ 사내 순위 1위 직원의 소속 부서는 A 부서이다.
> ㉡ C 부서 직원 중 사내 순위가 가장 높은 직원은 5위에 해당한다.
> ㉢ B 부서 직원 중 사내 순위가 가장 높은 직원은 3위이다.
> ㉣ 사내 순위 8위 직원은 D 부서에 속해 있다.

① ㉠
② ㉠㉡
③ ㉠㉡㉣
④ ㉡㉢㉣
⑤ ㉣

✔해설 ㉠ A 부서에서 사내 순위가 가장 높은 직원은 1위로 명시되어 있으므로 옳다.
㉡ C 부서 직원 중 사내 순위가 가장 높은 직원은 5위로 주어져 있으므로 옳다.
㉣ 사내 순위 8위 직원이 D 부서 소속이라는 조건은 주어진 내용과 일치하므로 옳다.
㉢ B 부서에서 가장 높은 직원은 2위로 주어져 있으므로 3위는 옳지 않다.

9 다음 중 옵션과 선물에 대한 설명으로 옳은 것은?

① 선물은 특정 시점에 기초 자산을 매수와 매도를 할 권리를 부여한다.
② 선물은 매도할 때 매도자에게 지급하는 금액은 프리미엄이다.
③ 옵션은 기초 자산 가격이 하락해도 매수자는 프리미엄 이상 손실을 보지 않는다.
④ 옵션은 기초 자산을 약정한 가격에 매매할 의무를 부여한다.
⑤ 옵션은 증거금을 예치하고 가격 변동에 따라서 마진 조정을 한다.

> **✔해설** ① 선물은 권리가 아니라 의무를 부여한다. 선물 계약을 체결한 양측은 기초 자산을 약정한 가격에 거래할 의무가 있다. 권리는 옵션에서 주어진다.
> ② 선물 거래에서는 프리미엄이 발생하지 않는다. 프리미엄은 옵션에서 매수자가 매도자에게 지불하는 금액이다.
> ④ 옵션은 매수자에게 권리를 부여하며 의무는 없다.
> ⑤ 증거금과 마진 조정은 선물 거래에 해당한다.

10 다음 설명 중 옳지 않은 것은?

① 대부, 연계대출, 소액후불결제는 대출성 금융상품에 해당한다.
② 집합투자업자는 투자자에 대한 귀책사유가 있는 경우에는 배상책임이 없다.
③ 국채란 금전의 지급을 목적으로 하는 국가의 권리를 말한다.
④ 뉴욕 외환시장은 전 세계 외환 거래를 하는 국제금융시장에 해당한다.
⑤ S&P 500 선물, KOSPI 200 옵션은 장내파생상품에 해당한다.

> **✔해설** 「9자본시장과 금융투자업에 관한 법률」 제185조에 따라 집합투자업자는 투자자에 대한 손해배상책임을 부담하는 경우 귀책사유가 있는 경우에는 연대하여 손해배상책임을 진다.
> ※ 「금융소비자 보호에 관한 법률」 제3조에 의해서 신용카드·시설대여·연불판매·할부금융 및 이와 유사한 대부, 연계대출, 소액후불결제는 대출성 금융상품에 해당한다.

Answer 8.③ 9.③ 10.②

1 다음은 임금피크제 도입 절차를 나타낸 안내서이다. 자료를 보고 이해한 내용으로 옳은 것은?

임금피크제 도입 절차

■ 도입 준비
1. 임금관리 원칙 재정립 : 기업의 특성에 맞는 임금피크제 설계 가능
2. 현행 임금 체계와의 적합성 검토 : 임금 정책선이 우상향되는 임금체계에서 임금피크제 검토 필수
3. 제도 도입계획 수립 : 추진 조직, 설계 범위, 추진 절차 및 일정 검토, 노사 간 공감대 형성
    ※ 노사 간 공감대 형성 : 임금피크제 도입 필요성, 노사 공동 TF팀 구성

■ 진단 및 분석
1. 조직 및 인력 현황 분석
   1) 연령 · 직급별 인력 현황 분석
   2) 정년 의무화 시기의 조직 및 인력 구조 변화 예측
2. 임금제도 현황 분석
   1) 임금 지급 여력 분석
   2) 연령 · 직급 · 직종 · 근속연수별 임금체계 및 임금 수준, 근로시간 분석
3. 선행 기업 사례 분석
   1) 동종 · 유사 업종 사례조사 및 분석
   2) 벤치마킹 자료 활용으로 시행착오 절감
4. 근로자 의견조사
   1) 제도 설계 시 근로자 의견 반영을 위한 의견조사 실시
   2) 임금피크제 세부사항에 대해 근로자 대상의 설문조사, 설명회 실시

■ 임금피크제 설계
1. 대상 범위 및 제도 유형 결정
   1) 직급, 임금 수준, 성과에 따른 차등 적용
   2) 정년보장형, 정년연장형, 고용연장형 등 제도 유형 결정
2. 임금 굴절점 및 임금 감액률 결정
   1) 임금피크제 도입으로 임금 하락 시점 결정
   2) 임금 굴절점에서 정년까지의 임금 감액률 결정

---

3. 보상 수준 조정
   1) 감액률 반영 항목 결정
   2) 퇴직급여 감소 시 이에 대한 보완책 마련
4. 직무ㆍ직책 조정
   1) 임금피크제 적용 대상자의 직무조사 및 평가
   2) 기존 직무ㆍ직책의 유지 또는 새로운 직무ㆍ직책 발굴을 통한 조정 등 결정

■ 실행ㆍ지원
1. 노사합의
2. 단체 협약, 취업규칙, 근로계약서 등의 변경
3. 정부지원제도 활용
4. 사후관리
   1) 인력 현황, 임금 현황 등 지속적인 모니터링
   2) 임금체계 및 인사제도 개편

① 임금피크제 도입 후 지속적인 모니터링으로 제도 유형 개편을 추진해야 한다.
② 임금피크제 적용 대상자는 기존의 직무와는 다른 새로운 직무를 맡게 될 수도 있다.
③ 임금 굴절점 및 감액률을 결정하기 위해서는 '보상 수준 조정' 단계가 선행되어야 한다.
④ 근로자를 대상으로 하는 '임금피크제 도입'에 대한 설명회는 '실행ㆍ지원' 단계에서 이루어져야 한다.
⑤ '중장기 인건비 변화 예측' 추가 시 '진단 및 분석 – 1. 조직 및 인력 현황 분석' 분야가 적절하다.

✔해설 ② '임금피크제 설계 – 직무ㆍ직책 조정'에 따라 기존 직무ㆍ직책의 유지 또는 새로운 직무ㆍ직책 발굴을
통한 조정 등 결정할 수 있으므로 새로운 직무ㆍ직책을 수행할 수 있다.
① 임금피크제 도입 후 지속적인 모니터링으로 임금체계 및 인사제도 개편을 추진해야 한다.
③ 임금피크제 도입 절차에 따라 '진단 및 분석' 단계가 선행되고 이후 '임금피크제 설계 단계'에서 이루어
져야 한다.
④ 임금피크제 세부사항에 대해 근로자 대상의 설문조사, 설명회는 '진단 및 분석 – 4. 근로자 의견조사'
단계에서 진행되어야 한다.
⑤ '중장기 인건비 변화 예측' 추가 시 '진단 및 분석 – 2. 임금제도 현황 분석' 분야가 적절하다.

2 우대 자격증을 제출한 지원자에게 가산점 1점씩 부여했을 때, [H2] 셀에 들어갈 수식으로 옳은 것은?

	A	B	C	D	E	F	G	H
1	지원 번호	지원자	자격증 1	자격증 2	자격증 3	자격증 4	자격증 5	총 가산점
2	20240101	김빛나	O	X	X	O	X	
3	20240102	김규호	X	X	X	O	O	
4	20240103	강지나	X	X	O	X	X	
5	20240104	도영훈	X	O	O	O	X	
6	20240105	박규정	X	O	X	O	X	
7	20240106	배영지	O	O	X	X	X	
8	20240107	신이현	O	X	O	O	X	

① =CHOOSE(C2:G2,"O")*1   ② =COUNT(C2:G2,"O")*1

③ =COUNTIF(C2:G2,"O")*1   ④ =SUMIF(C2:G2,"O")*1

⑤ =SUM(C2:G2,"O")*1

✔ 해설 조건을 찾을 범위에서 조건을 만족하는 셀의 개수를 구하는 함수는 COUNTIF 함수다. 이때, 우대 자격증을 제출한 지원자에게는 1점씩 부여한다고 하였으므로, 올바른 수식은 =COUNTIF(C2:G2,"O")*1이 된다.

3 채권의 특징에 관한 설명으로 옳지 않은 것은?

① 액면이자는 지급이자를 계산하는 기준이 된다.

② 표면이자는 시장가격에 표면이자율을 곱하여 계산한다.

③ 영구채권은 만기가 없이 영원히 이자만 받는 채권이다.

④ 채권은 이자지급 방식에 따라 순수할인채권, 이표채, 복리채 등으로 나눌 수 있다.

⑤ 채권에 투자한 투자자는 이자를 지급받을 권리와 원금을 상환 받을 권리를 갖게 된다.

✔ 해설 표면이자는 액면가에 표면이자율을 곱하여 계산한다.

4 라벨이 되어 있지 않은 학습 데이터를 이용하여 데이터 내 포함되어 있는 규칙을 알아내도록 하는 비지도 학습 유형으로 옳지 않은 것은?

① 주성분분석

② 의사결정 트릭

③ 자기조직화지도

④ K-평균 클러스터링

⑤ 계층적 클러스터링

> ✔ **해설** ② 의사결정 트릭 : 데이터 속성을 기반으로 한 결정 규칙을 학습하여 데이터를 분류하거나 예측한다. 데이터를 가장 잘 구분할 수 있는 질문을 반복적으로 선택하여 트리를 구성하며, 지도학습 유형 중 하나이다.
>
> ① 주성분분석 : 데이터의 차원을 줄이기 위해 사용되는 통계적 기법이다.
>
> ③ 자기조직화지도 : 입력 데이터를 저차원 격자에 매핑하여 유사한 데이터 포인트를 클러스터링 한다.
>
> ④ K-평균 클러스터링 : 주어진 데이터를 K개의 클러스터로 그룹화하는 알고리즘으로, 각 클러스터는 중심으로 표현된다.
>
> ⑤ 계층적 클러스터링 : 데이터 포인트들을 계층적 구조로 나누는 클러스터링 방법으로, 클러스터의 수가 미리 정해져 있지 않을 때 유용하게 사용된다.
>
> ※ 클러스터링 … 데이터 유사성에 기초하여 데이터를 몇 개의 그룹으로 분류하는 기법이다.

5 다음과 같은 상황에서 가장 먼저 이루어져야 하는 것은?

> A 사원은 고객 민원을 처리하는 과정에서 자세한 상황 파악을 위해 고객에게 직접 전화를 걸었다. 고객은 "빨리도 전화 주시네요. 문의 남긴 지가 언젠데 할 거 다 하고 미루고 미루다 어쩔 수 없이 전화하셨나봐요?" 라며 대응 속도가 늦은 상황에 대해 불만을 표했다.

① 이야기에 맞장구 쳐 주며 상했던 기분을 풀어준다.

② 불만이 있는 고객 민원은 권한이 많은 상급자에게 요청한다.

③ 모호한 표현을 사용하여 확정적인 대답을 하지 않도록 주의한다.

④ 민원 파악을 마치고 해결할 수 있는 부분부터 신속하게 처리한다.

⑤ 과시욕이 충족될 수 있도록 언행을 제지하지 않고 정중하게 응대한다.

✔해설 ④ 위 사례의 고객은 '빨리빨리형 불만 고객'으로 민원 파악을 빠르게 마치고 일을 신속하게 처리하는 모습을 보여야 한다.
① '트집형 불만 고객'에게 적절한 대응 방안이다.
②③ 모호한 표현은 고객으로 하여금 신경을 날카롭게 할 수 있으며, 대응 속도에 불만이 있는 상태에서 또 다시 다른 담당자에게 전달하는 것은 더 큰 불만을 야기할 수 있다.
⑤ '거만형 불만 고객'에게 적절한 대응 방안이다.

6 다음은 甲, 乙국의 지니계수 추이를 나타낸 표다. 이에 대한 설명으로 옳은 것은?

구분	2020년	2021년	2022년	2023년
甲국	0.30	0.28	0.26	0.25
乙국	0.32	0.35	0.40	0.42

① 甲국은 부의 소득세제를 도입할 필요가 있다.

② 甲, 乙국의 지니계수는 0과 0.5 사이의 값을 가진다.

③ 乙국의 지니계수 추이를 보아, 소득분배가 개선되고 있다.

④ 乙국의 지니계수 추이를 보아, 소득불평등도가 줄어들고 있다.

⑤ 甲국의 추이를 그린 로렌츠곡선은 직선에 가까운 곡선으로 그릴 수 있다.

✔해설 ⑤ 甲국은 매년 0에 가까워지고 있다. 즉, 소득분배가 균등하게 이루어지고 있다. 지니계수가 점차 개선되고 있으므로 완전균등선인 직선에 가까운 곡선으로 그릴 수 있다.

① 甲국은 지니계수가 점차 개선되고 있으므로, 최저생계비 또는 소득공제액에 미치지 못할 때 최저생계비와 실제 소득 간의 차액을 정부가 보조하는 부의 소득세제를 도입할 필요가 없다.

② 지니계수는 0과 1 사이의 값을 가지며, 0에 가까울수록 소득분배가 균등하다는 의미다.

③④ 乙국의 지니계수가 1에 가까워지고 있으므로, 소득분배는 악화되고 소득불평등도는 증가하고 있다.

기출후기를 반영하여 복원·재구성한 문제입니다.

1 다음은 운전자 보험 상품설명서와 약관의 일부이다. 다음 상품설명서에 대한 설명으로 옳지 않은 것은?

〈ㅇㅇ손해보험 운전자보험〉

① 보험기간
  1. 5/10/15/20년 만기
  2. 70/80/90/100세 만기

② 납입기간 및 납입방법
  1. 납입기간 : 3년납/10년납, 전기납, 10/20/30년납
  2. 납입방법 : 매월납입, 매년납입

③ 보장금액
  • 교통사고처리지원금 – 최대 2억원
  • 자동차사고변호사선임비용 – 최대 3,000만원(자가용)
  • 자동차사고벌금비용 – 2,000만원 한도
  • 스쿨존 어린이 사고 3,000만원 한도
  • 보복운전사고를 당한 입장(피해자)에서 운전자를 지켜주는 보복운전피해 위로금 제공합니다.
  ※ 납부 조건 : 계약체결 시 계약금 10%, 중도금 및 잔금 90%(6개월 단위 6회 납부)

④ 보험료 할인
  1. 당사 장기 보장성보험 기가입자(계약자) 영업보험료의 2% 할인
  2. 당사 농기계종합보험 기가입자(계약자) 영업보험료의 2% 할인
  3. 전기자동차, 하이브리드자동차, 수소전기자동차(계약자) 소유자 2% 할인
  ※ 단, 기가입자 할인, 농기계 종합보험의 경우 할인 중복적용 불가

⑤ 비고
  1. 회사에서 정하는 기준에 의거 피보험자의 가입연령 및 건강상태, 직업 또는 직무 등에 따라 보험가입금액이 제한되거나 가입이 불가능할 수 있습니다.
  2. 실제 손해를 보상하는 담보를 다수의 보험계약으로 체결되어 있는 경우(공제계약 포함) 약관내용에 따라 비례보상합니다.
  3. 중도인출은 1년 이후부터 기본계약 해지환급금과 적립부분 해지환급금 중 적은 금액의 80%한도, 연12회

---

⑥ 보장내용

	보장명	보장 상세	지급금액
기본계약	자동차사고부상치료비 (1~7급단일)	교통사고로 발생한 상해로 「자동차손해배상보장법 시행령」 제3조 자동차사고부상등급표의 부상등급 (1~7급)을 받은 경우	1,000만원
선택계약	일반상해사망	일반상해로 사망 시	10,000만원
	교통사고처리지원금 (6주미만, 중대법규위반)	자동차 운전 중 발생한 중대법규위반 교통사고로 피해자(피보험자의 부모, 배우자 및 자녀 제외)에게 상해를 입혀 피해자가 42일 미만(피해자1인기준) 치료를 요한다는 진단을 받은 경우(1사고당 피보험자가 실제로 지급한 형사합의금 지급)	• 28일(4주)미만 진단시 : 3백만원 한도 • 28일(4주)이상 ~ 42일(6주)미만 진단시 : 7백만원 한도
	자동차사고벌금	자동차 운전 중 교통사고로 타인의 신체에 상해를 입힘으로써 신체상해와 관련하여 벌금액을 확정받은 경우 1사고당 2,000만원 한도(단, 어린이보호구역에서 어린이 치사상의 가중처벌에 따른 벌금액 확정 시 1사고당 3,000만원 한도)로 실제손해액 보상	가입금액 한도
	보복운전피해위로금 (운전자)	자동차 운전 중 보복운전의 피해자가 되어 수사기관에 신고, 고소, 고발 등이 접수되고, 검찰에 의해 공소제기(이하 "기소"라 하며, 약식기소를 포함합니다) 또는 기소유예 된 경우	100만원
	자전거사고벌금	자전거 운전 중 급격하고도 우연히 발생한 자전거사고로 타인의 신체에 상해를 입힘으로써, 신체상해와 관련하여 벌금액을 확정받은 경우 1사고당 2,000만원 한도로 실제손해액 보상	2,000만원 (1사고당)

① 기본계약 보장금액으로 교통사고처리지원금이 최대 2억 원까지 보장된다.

② 「자동차손해배상보장법 시행령」 제3조 자동차사고부상등급표의 부상등급으로 3급을 받은 경우 1,000만원이 지급이 된다.

③ 10년만기/10년납으로 보장기간 동안 납입하는 조건으로 가입이 가능하다.

④ 할인 적용을 받지 않았던 농기계종합보험 기가입자는 2% 할인을 받을 수 있다.

⑤ 중도인출은 1년 이후부터 조건이 맞는 경우에 받을 수 있으며 연12회 가능하다.

✔ 해설 ① 선택계약(특약)에 가입한 경우 보장된다.
② 기본계약 자동차사고부상치료비에 해당한다.
③ 보장기간 동안 납입하는 전기납이 가능하다.
④ 제4항 제2호에서 확인할 수 있다.
⑤ 제5항에서 확인할 수 있다.

Answer 1.①

2 다음 시트에서 회사에 지원자들의 지원부서와 학과별로 점수의 합계를 구하고자 할 때 [B16] 셀에 입력하는 수식은?

	A	B	C	D	E	F
1	지원자	지원부서	학과	필기평가	PT평가	점수합계
2	김**	홍보팀	컴퓨터과	35	20	55
3	차**	기획팀	경제학과	40	30	70
4	윤**	인사팀	경영학과	25	35	60
5	김**	홍보팀	경영학과	45	40	85
6	민**	기획팀	컴퓨터과	46	38	84
7	한**	기획팀	통계학과	15	31	46
8	유**	기획팀	통계학과	30	35	65
9	주**	홍보팀	경영학과	41	38	79
10	이**	홍보팀	컴퓨터과	38	29	67
11	연**	인사팀	경제학과	34	34	68
12	정**	인사팀	경영학과	21	36	57
13	양**	홍보팀	경제학과	15	40	55
14						
15	지원부서	경제학과	경영학과	통계학과	컴퓨터과	
16	홍보팀					
17	기획팀					
18	인사팀					

① {=SUMIFS($A$16, $B$16)}

② {=SUMIFS($E$2:$E$13, $B$2:$B$13, $A$16, $C$2:$C$13, $B$15)}

③ {=SUM(($B$2:$B$13=A16)*($C$2:$C$13=B15)*$F$2:$F$13)}

④ {=SUM((B2:B13=A16)*(C2:C13=B15)*F2:F13)}

⑤ {=SUM(($B$2:$B$13=A$16)*($C$2:$B$13=$B$15)*$F$2:$F$13)}

✔ **해설** 지원부서가 홍보팀이고 경제학과를 졸업한 지원자의 점수합계를 구하는 것이다.

3 지원부서가 홍보팀이고 경제학과를 졸업한 지원자의 점수합계를 구하는 것이다. 다음은 회사 부채에 대한 대출이자율과 자기자본에 대한 주주가 요구하는 수익률이다. 다음에 따라 가중평균자본 비용으로 옳은 것은? (소수점 둘째 자리에서 반올림하고 법인세 효과는 무시한다)

구분	금액	이자율
A대출	200,000,000원	4.2%
B대출	150,000,000원	5.0%
자기자본	50,000,000원	15.0%

① 3.2%
② 4.5%
③ 5.9%
④ 6.3%
⑤ 7.0%

 해설 [자기자본비용×(자기자본÷총자본)]+[타인자본조달비용×(타인자본÷총자본)×1−법인세)] 공식으로 산출할 수 있다.
[4.2%×(200÷400)]+[5.0%×(150÷400)]+[15%×(50÷400)]
=0.021+0.01875+0.01875=0.0585=5.85%
∴ 소수점 둘째자리에서 반올림하여 5.9%이다.

4 IRP에 대한 설명으로 옳지 않은 것은?

① 대표적으로 DB형과 DC형으로 구분된다.
② 근로자가 퇴직하면 예외사유가 없는 경우 퇴직급여는 IRP로 의무이전이 된다.
③ 주택을 구입하거나 부양가족이 6개월 이상 요양을 하는 등의 법정사유가 충족된다면 확정기여형의 경우는 중도인출이 가능하다.
④ 투자상품의 만기가 도래하였음에도 가입자가 운용지시를 별도로 하지 않는다면 일정기간이 지나고 사전에 지정한 디폴트옵션으로 자동으로 운용하여 활용할 수 있다.
⑤ 개인형 IRP는 고위험자산인 주식, 전환사채 등에 70% 투자가 가능하다.

해설 ⑤ 개인형 IRP는 안전자산에는 100%, 주식형 펀드 · ETF 등의 위험자산에는 70%까지 투자가 가능하다. 주식과 같은 고위험자산에는 투자가 금지된다.

Answer 2.③ 3.③ 4.⑤

5 임베디드 시스템의 특징으로 옳은 것은?

① 고성능의 CPU가 필요하다.

② 대용량의 메모리가 필요하다.

③ HDD 메모리를 보조장치로 사용한다.

④ 다양한 기기에 확장하여 사용할 수 있도록 설계한다.

⑤ 범용으로 사용할 수 있다.

> ✔해설 ④ 기능이 내장된 이후에는 확장의 필요성이 극히 드물다.
> ① 저전력, 저사양의 CPU가 특징이다.
> ② 저용량의 메모리와 배터리가 특징이다.
> ③ 손상을 받기 쉬운 부품을 대신하여 물리적 손상에서 자유로운 플래시 메모리를 사용한다.
> ⑤ 특수한 목적으로 만들어진다.

6 다음 상황에 따라 Y주임이 취해야하는 행동으로 가장 적절한 것은?

> Y주임에게 5,000만원의 거액을 현금으로 인출하려고 하는 고객이 찾아왔다. Y주임이 느끼기에는 고객이 보이스피싱으로 돈을 인출하려는 목적이 있는 것이 아닌지 의심이 된다.

① 의심하는 것은 고객의 기분을 상하게 할 수 있으므로 현금을 인출해준다.

② 곧바로 경찰에게 신고한다.

③ 지체 없이 고객의 계좌를 거래정지를 한다.

④ 고객이 고액의 현금을 인출하는 용도를 자세하게 조사한다.

⑤ 신분증을 확인하여 본인여부가 확인된다면 의심을 하지 않는다.

> ✔해설 ④ 보이스피싱으로 의심이 되는 경우 고액의 금액을 인출하는 이유를 상세하게 묻고 문진을 작성하게 한다.

7 다음 상황에 따라 Y주임이 취해야하는 행동으로 가장 적절한 것은?

> J고객을 응대하고 있는 중인 Y주임에게 K고객에게서 연락이 왔다. K고객은 간단한 문의를 하였지만 J고객을 응대하고 있는 중인 Y주임은 두 가지 업무를 어떻게 처리해야할지 고민이 된다.

① K고객에게 기다려달라고 요청하고 전화를 끊지 않고 J고객의 응대를 최대한 빠르게 마무리 한다.
② K고객에게 지금은 다른 고객을 응대중이니 다음에 다시 전화를 해달라고 요청한다.
③ K고객에게 J고객의 업무를 마친 후에 곧바로 연락을 하겠다고 한 뒤에 J고객의 응대를 마무리 한다.
④ J고객의 업무를 하면서 K고객의 문의전화를 함께 응대한다.
⑤ J고객에게 기다려달라고 요청하고 K고객의 전화를 응대한다.

> **✔해설** ③ 맡고 있는 업무를 마무리 하고난 다음 고객의 업무에 응대한다.

8 통화량에 미치는 효과가 다른 것은?

① 한국은행의 기준금리 인하
② 기술보증기금과 신용보증기금의 보증한도 감액결정
③ 금융위원회의 은행들의 국제결제은행 자기자본비율 권고치 인상
④ 저축은행 등에서 자금을 빌려 대출을 영위하는 대부업체들의 조달금리 상승
⑤ 신용정보회사(Credit Bureau)들이 3년에서 5년으로 과거 연체기록의 반영 기간을 늘리기로 합의

> **✔해설** ① 시중의 통화량이 증가한다.
> ②③④⑤ 시중의 통화량이 감소한다.

[9~10] 다음은 카드 혜택과 카드 발급조건 알고리즘이다. 자료에 따라 적절한 답을 고르시오.

카드	주요혜택	
㉠ 체크카드	• 연회비 : 무료 • 해외 이용금액 1.3% 적립	• 후불교통카드/대중교통 이용시 최대 5% 적립
㉡ 신용카드	• 연회비 : 5만원 • 인터넷쇼핑몰 7% 할인	• 카페/베이커리 최대 30% 할인 • 대중교통 10% 할인
㉢ 신용카드	• 연회비 : 15만원 • 쇼핑분야 5% 포인트 적립	• 국내외 가맹점 1~3% 포인트 적립
㉣ 신용카드	• 연회비 : 30만원 • 항공 마일리지 적립 서비스(이용금액 1,500원 당 1마일리지) • 공항라운지 본인 무료 이용혜택(연 3회) • 백화점 이용금액 10% 할인(월 최대 5천원) • 신용카드 신규가입 시 20만원 캐쉬백 지급(최초 1회)	
㉤ 신용카드	• 연회비 : 50만원 • 백화점상품권(50만원) • 항공 마일리지 적립 서비스 -국내 이용금액 1,500원 당 1.5마일리지 / 해외 이용금액 1,500원 당 3마일리지 • 공항라운지 2인 무료 이용혜택(월 4회, 연 20회)	

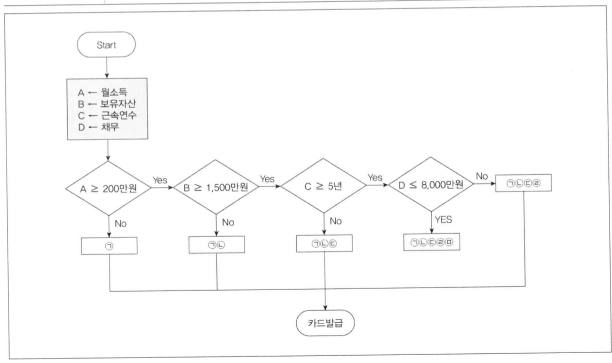

9 다음 카드발급신청서에 따라 김명수 고객이 발급받을 수 있는 카드를 모두 고른 것은?

이름	김명수		월소득	250만원
근속연수	5년		금융보유자산	1,000만원
대출금액	5,000만원		원하는 연회비	무관

① ㉠

② ㉠㉡

③ ㉠㉡㉢

④ ㉠㉡㉢㉣㉤

⑤ ㉠㉤

> **✔해설** 알고리즘에 따라 보유자산이 조건에 맞지 않으므로 ㉠과 ㉡카드만 발급이 가능하다.

10 다음 카드발급신청서에 따라 이연진 고객에게 상품추천을 가장 적절하게 한 은행원은?

이름	이연진	월소득	350만원
근속연수	8년	금융보유자산	8,000만원
대출	2,000만원	원하는 연회비	10만원
발급목적	마일리지 적립기능이 반드시 있길 바라고, 가능하다면 라운지 무료이용 혜택, 쇼핑분야 할인혜택이 있길 원함		
특징	• 자사에서 발급한 ㉠카드를 소지하고 있다. • 카드평균이용금액이 100만 원 이상이다. • 카드연체실적이 없다. • 자사에서 발급한 신용카드는 없다.		

① A : 가입조건에 따라서 마일리지 혜택을 제공하는 카드발급은 어렵습니다.

② B : 연회비가 무료인 ㉠체크카드는 어떠세요? 대중교통 이용시 5%까지 적립이 가능합니다.

③ C : 마일리지 적립기능은 물론이고 백화점 상품권까지 받을 수 있는 ㉤신용카드 발급을 권해드리고 싶습니다.

④ D : 마일리지 적립기능과 신규가입 혜택이 있는 ㉣신용카드는 어떠세요?

⑤ E : 가장 적절한 카드는 ㉡과 ㉢카드 같은데 어떠세요?

> **✔해설** ④ 최초 가입시 캐쉬백 지급으로 원하는 연회비로 가입이 가능하고, 고객이 원하는 혜택이 포함되어 있다.
> ① 알고리즘에 따라서 모든 카드 발급이 가능하다.
> ② 이미 소지하고 있는 카드이다.
> ③ 원하는 연회비보다 높기 때문에 추천하기에는 적절하지 않다.
> ⑤ 반드시 들어가길 원하는 마일리지 적립 서비스가 없기 때문에 적절하지 않다.

Answer 9.② 10.④

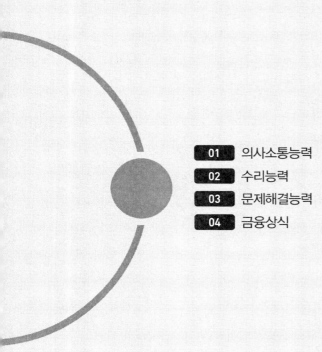

PART
02

NCS+금융상식

의사소통능력

[의사소통능력] NCS 출제유형

① 문서이해능력 : 업무 관련성이 높은 문서에 대한 독해능력과 업무와 관련된 내용을 메모의 내용을 묻는 문제이다.
② 문서작성능력 : 공문서, 기안서, 매뉴얼 등 특정 양식을 작성할 때 주의사항이나 빈칸 채우기와 같은 유형으로 구성된다.
③ 경청능력 : 제시된 상황을 적절하게 경청하는 것을 묻는 문제이다.
④ 의사표현능력 : 제시된 상황에 대한 적절한 의사표현을 고르는 문제이다.
⑤ 기초외국어능력 : 외국과 우리나라의 문화차이로 발생하는 상황에 대한 문제이다.

[의사소통능력] 출제경향

문서를 읽거나 상대방의 말을 듣고 의미하는 바를 정확히 파악하여 자신의 의사를 표현·전달하는 능력을 의미한다. 복합형으로 주로 출제되며 지문에는 보도자료, 참고자료, 회의자료, 상품설명서 등의 자료로 글의 흐름이나 유추하는 독해능력을 물어보는 질문이 주로 출제가 되고 있다.

[의사소통능력] 빈출유형

글의 흐름 파악하기												
지문과 일치하는 내용 유추												
목적 및 주제 파악												
배열하기												
어법												

예제 01 문제이해능력

다음은 신용카드 약관의 주요내용이다. 규정 약관을 제대로 이해하지 못한 사람은?

[부가서비스]
카드사는 법령에서 정한 경우를 제외하고 상품을 새로 출시한 후 1년 이내에 부가서비스를 줄이거나 없앨 수가 없다. 또한 부가서비스를 줄이거나 없앨 경우에는 그 세부내용을 변경일 6개월 이전에 회원에게 알려주어야 한다.

[중도 해지 시 연회비 반환]
연회비 부과기간이 끝나기 이전에 카드를 중도해지하는 경우 남은 기간에 해당하는 연회비를 계산하여 10 영업일 이내에 돌려줘야 한다. 다만, 카드 발급 및 부가서비스 제공에 이미 지출된 비용은 제외된다.

[카드 이용한도]
카드 이용한도는 카드 발급을 신청할 때에 회원이 신청한 금액과 카드사의 심사기준을 종합적으로 반영하여 회원이 신청한 금액 범위 이내에서 책정되며 회원의 신용도가 변동되었을 때에는 카드사는 회원의 이용한도를 조정할 수 있다.

[부정사용 책임]
카드 위조 및 변조로 인하여 발생된 부정사용 금액에 대해서는 카드사가 책임을 진다. 다만, 회원이 비밀번호를 다른 사람에게 알려주거나 카드를 다른 사람에게 빌려주는 등의 중대한 과실로 인해 부정사용이 발생하는 경우에는 회원이 그 책임의 전부 또는 일부를 부담할 수 있다.

① 혜수 : 카드사는 법령에서 정한 경우를 제외하고는 1년 이내에 부가서비스를 줄일 수 없어.
② 진성 : 카드 위조 및 변조로 인하여 발생된 부정사용 금액은 일괄 카드사가 책임을 지게 돼.
③ 영훈 : 회원의 신용도가 변경되었을 때 카드사가 이용한도를 조정할 수 있어.
④ 영호 : 연회비 부과기간이 끝나기 이전에 카드를 중도해지하는 경우에는 남은 기간에 해당하는 연회비를 카드사는 돌려줘야 해.

예제 02 문서작성능력

다음은 들은 내용을 구조적으로 정리하는 방법이다. 순서에 맞게 배열하면?

> ㉠ 관련 있는 내용끼리 묶는다.
> ㉡ 묶은 내용에 적절한 이름을 붙인다.
> ㉢ 전체 내용을 이해하기 쉽게 구조화한다.
> ㉣ 중복된 내용이나 덜 중요한 내용을 삭제한다.

① ㉠㉡㉢㉣   ② ㉠㉡㉣㉢
③ ㉡㉠㉢㉣   ④ ㉡㉠㉣㉢

출제의도
음성정보는 문자정보와는 달리 쉽게 잊히기 때문에 음성정보를 구조화 시키는 방법을 묻는 문항이다.

해설
내용을 구조적으로 정리하는 방법은 '㉠ 관련 있는 내용끼리 묶는다. → ㉡ 묶은 내용에 적절한 이름을 붙인다. → ㉣ 중복된 내용이나 덜 중요한 내용을 삭제한다. → ㉢ 전체 내용을 이해하기 쉽게 구조화한다.'가 적절하다.

≫ ②

예제 03 문서작성능력

다음 중 공문서 작성에 대한 설명으로 가장 적절하지 못한 것은?

① 공문서나 유가증권 등에 금액을 표시할 때에는 한글로 기재하고 그 옆에 괄호를 넣어 숫자로 표기한다.
② 날짜는 반드시 연도와 월, 일을 언급하며, 날짜 다음에 괄호를 사용할 때는 마침표를 찍지 않는다.
③ 첨부물이 있는 경우에는 붙임 표시문 끝에 1자 띄우고 "끝."이라고 표시한다.
④ 공문서의 본문이 끝났을 경우에는 1자를 띄우고 "끝."이라고 표시한다.

출제의도
업무를 할 때 필요한 공문서 작성법을 잘 알고 있는지를 측정하는 문항이다.

해설
공문서 금액 표시는 아라비아 숫자로 쓰고, 숫자 다음에 괄호를 하여 한글로 기재한다.
예 123,456원의 표시 : 금 123,456
(금 일십이만삼천사백오십육원)

≫ ①

예제 04 의사표현능력

당신은 팀장님께 업무 지시내용을 수행하고 결과물을 보고 드렸다. 하지만 팀장님께서는 "최 대리, 업무를 이렇게 처리하면 어떡하나? 누락된 부분이 있지 않은가."라고 말하였다. 이에 대해 당신이 행할 수 있는 가장 부적절한 대처 자세는?

① "죄송합니다. 제가 잘 모르는 부분이라 이수혁 과장님께 부탁을 했는데 과장님께서 실수를 하신 것 같습니다."
② "주의를 기울이지 못해 죄송합니다. 어느 부분을 수정보완하면 될까요?"
③ "지시하신 내용을 제가 충분히 이해하지 못하였습니다. 내용을 다시 한 번 여쭤보아도 되겠습니까?"
④ "부족한 내용을 보완하는 자료를 취합하기 위해서 하루정도가 더 소요될 것 같습니다. 언제까지 재작성하여 드리면 될까요?"

출제의도
상사가 잘못을 지적하는 상황에서 어떻게 대처해야 하는지를 묻는 문항이다.

해설
상사가 부탁한 지시사항을 다른 사람에게 부탁하는 것은 옳지 못하며 설사 그렇다고 해도 그 일의 과오에 대해 책임을 전가하는 것은 지양해야 할 자세이다.

≫ ①

예제 05 경청능력

다음은 면접스터디 중 일어난 대화이다. 민아의 고민을 해소하기 위한 조언으로 가장 적절한 것은?

> 영주 : 민아 씨, 어디 아파요? 표정이 안 좋아 보여요.
> 민아 : 제가 원서 넣은 공단이 내일 면접이어서요. 그동안 스터디를 통해서 면접 연습을 많이 했는데도 벌써부터 긴장이 되네요.
> 영주 : 민아 씨는 자기 의견도 명확히 피력할 줄 알고 조리 있게 설명을 잘 하시니 걱정 안해서도 될 것 같아요. 아, 손에 꽉 쥐고 계신 건 뭔가요?
> 민아 : 아, 제가 예상 답변을 정리해서 모아둔 거예요. 내용은 거의 외웠는데 이렇게 쥐고 있지 않으면 불안해서….
> 영주 : 그 정도로 준비를 철저히 하셨으면 걱정할 이유 없을 것 같아요.
> 민아 : 그래도 압박면접이거나 예상치 못한 질문이 들어오면 어떻게 하죠?
> 영주 : _____

① 시선을 적절히 처리하면서 부드러운 어투로 말하는 연습을 해보는 건 어때요?
② 공식적인 자리인 만큼 옷차림을 신경 쓰는 게 좋을 것 같아요.
③ 당황하지 말고 질문자의 의도를 잘 파악해서 침착하게 대답하면 되지 않을까요?
④ 예상 질문에 대한 답변을 좀 더 정확하게 외워보는 건 어떨까요?

출제의도
상대방이 하는 말을 듣고 질문 의도에 따라 올바르게 답하는 능력을 측정하는 문항이다.

해설
민아는 압박질문이나 예상치 못한 질문에 대해 걱정을 하고 있으므로 침착하게 대응하라고 조언을 해주는 것이 좋다.

≫ ③

1 다음 글을 읽고 이 글에 대한 이해로 가장 적절한 것은?

법의 본질에 대해서는 많은 논의들이 있어 왔다. 그 오래된 것들 가운데 하나가 사회에 형성된 관습에서 그 본질을 파악하려는 견해이다. 관습이론에서는 이런 관습을 확인하고 제천명하는 것이 법이 된다고 본다. 곧 법이란 제도화된 관습이라고 보는 것이다. 관습을 제천명하는 역할은 원시 사회라면 족장 같은 권위자가, 현대 법체계에서는 사법기관이 수행할 수 있다. 입법기관에서 이루어지는 제정법 또한 관습을 확인한 결과이다. 예를 들면 민법의 중혼 금지 조항은 일부일처제의 사회적 관습에서 유래하였다고 설명한다. 나아가 사회의 문화와 관습에 어긋나는 법은 성문화되어도 법으로서의 효력이 없으며, 관습을 강화하는 법이어야 제대로 작동할 수 있다고 주장한다. 성문법이 관습을 변화시킬 수 없다는 입장을 취하는 것이다.

법을 사회구조의 한 요소로 보고 그 속에서 작용하는 기능에서 법의 본질을 찾으려는 구조이론이 있다. 이 이론에서는 관습이론이 법을 단순히 관습이나 문화라는 사회적 사실에서 유래한다고 보는데 대해 규범을 정의하는 개념으로 규범을 설명하는 오류라 지적한다. 구조이론에서는 교환의 유형, 권력의 상호관계, 생산과 분배의 방식, 조직의 원리들이 모두 법의 모습을 결정하는 인자가 된다. 이처럼 법은 구조화의 결과물이며, 이 구조를 유지하고 운영할 수 있는 합리적 방책이 필요하기에 도입한 것이다. 따라서 구조이론에서는 상이한 법 현상을 사회 구조의 차이에 따른 것으로 설명한다. 1921년 팔레스타인 지역에 세워진 모샤브 형태의 정착촌 A와 키부츠 형태의 정착촌 B는 초지와 인구의 규모가 비슷한 데다, 토지 공유를 바탕으로 동종의 작물을 경작하였고, 정치적 성향도 같았다. 그런데도 법의 모습은 서로 판이했다. A에서는 공동체 규칙을 강제하는 사법위원회가 성문화된 절차에 따라 분쟁을 처리하고 제재를 결정하였지만, B에는 이러한 기구도, 성문화된 규칙이나 절차도 없었다. 구조이론은 그 차이를 이렇게 분석한다. B에서는 공동 작업으로 생산된 작물을 공동 소유하는 형태를 지니고 있어서 구성원들 사이의 친밀성이 높고 집단 규범의 위반자를 곧바로 직접 제재할 수 있었다. 하지만 작물의 사적 소유가 인정되는 A에서는 구성원이 독립적인 생활 방식을 바탕으로 살아가기 때문에 비공식적인 규율로는 충분하지 않고 공식적인 절차와 기구가 필요했다.

법의 존재 이유가 사회 전체의 필요라는 구조이론의 전제에 의문을 제기하면서, 법과 제도로 유지되고 심화되는 불평등에 주목하여야 한다는 갈등이론도 등장한다. 갈등이론에서 법은 사회적 통합을 위한 합의의 산물이 아니라, 지배 집단의 억압 구조를 유지·강화하여 자신들의 이익을 영위하려는 하나의 수단이라고 주장한다. 19세기 말 미국에서는 아동의 노동을 금지하는 아동 노동 보호법을 만들려고 노력하여 20세기 초에 제정을 보았다. 이것은 문맹, 건강 악화, 도덕적 타락을 야기하는 아동 노동에 대한 개혁 운동이 수십 년간 지속된 결과이다. 이에 대해 관습이론에서는 아동과 가족생활을 보호하여야 한다는 미국의 전통적 관습을 재확인하는 움직임이라고 해석할 것이다. 구조이론에서는 이러한 법 제정을 사회구조가 균형을 이루는 과정으로 설명하려 할 것이다 하지만 갈등이론에서는 법 제정으로 말미암아 값싼 노동력에 근거하여 생존하는 소규모 기업이 대거 실종되었다는 점, 개혁 운동의 많은 지도자들이 대기업 사장의 부인들이었고 운동 기금도 대기업의 기부에 많이 의존하였다는 점을 지적한다.

이론 상호 간의 비판도 만만찮다. 관습이론은 비합리적이거나 억압적인 사회·문화적 관행을 합리화해 준다는 공격을 받는다. 구조이론은 법의 존재 이유가 사회적 필요에서 나온다는 단순한 가정을 받아들이는 것일 뿐이고, 갈등이론은 편향적 시각으로 흐를 수 있을 것이라고 비판받는다.

① 관습이론은 지배계급의 이익을 위한 억업적 체계를 합리화한다는 비판을 받는다.
② 구조이론은 법이 그런 모습을 띠는 이유보다는 법이 발생하는 기원을 알려 주려 한다.
③ 구조이론은 규범을 정의하는 개념으로 규범을 설명하기 때문에 논리적 문제가 있다고 공격을 받는다.
④ 갈등이론은 사회관계에서의 대립을 해소하는 역할에서 법의 기원을 찾는다.
⑤ 갈등이론은 법 현상에 대한 비판적 접근을 통해 전체로서의 사회적 이익을 유지하는 기능적 체계를 설명한다.

✔해설 ② 관습이론의 특징에 해당한다.
③ 구조이론에서 보는 관습이론의 특징이다.
④ 갈등이론에서 법은 사회적 통합을 위한 합의의 산물이 아니라, 지배 집단의 억압 구조를 유지·강화하여 자신들의 이익을 영위하려는 하나의 수단이라고 주장한다.
⑤ 갈등이론은 전체로서의 사회적 이익이 아니라 지배집단의 이익을 영위하려 한다.

Answer 1.①

2 다음 제시된 글의 내용과 일치하는 것을 모두 고른 것은?

> 유물(遺物)을 등록하기 위해서는 명칭을 붙인다. 이 때 유물의 전반적인 내용을 알 수 있도록 하는 것이 바람직하다. 따라서 명칭에는 그 유물의 재료나 물질, 제작기법, 문양, 형태가 나타난다. 예를 들어 도자기에 청자상감운학문매병(靑瓷象嵌雲鶴文梅瓶)이라는 명칭이 붙여졌다면, '청자'는 재료를, '상감'은 제작기법을, '운학문'은 문양을, '매병'은 그 형태를 각각 나타낸 것이다. 이러한 방식으로 다른 유물에 대해서도 명칭을 붙이게 된다.
>
> 유물의 수량은 점(點)으로 계산한다. 작은 화살촉도 한 점이고 커다란 철불(鐵佛)도 한 점으로 처리한다. 유물의 파편이 여럿인 경우에는 일괄(一括)이라 이름 붙여 한 점으로 계산하면 된다. 귀걸이와 같이 쌍(雙)으로 된 것은 한 쌍으로 하고, 하나인 경우에는 한 짝으로 하여 한 점으로 계산한다. 귀걸이 한 쌍은, 먼저 그 유물번호를 적고 그 뒤에 각각 (2-1), (2-2)로 적는다. 뚜껑이 있는 도자기나 토기도 한 점으로 계산하되, 번호를 매길 때는 귀걸이의 예와 같이 하면 된다.
>
> 유물을 등록할 때는 그 상태를 잘 기록해 둔다. 보존상태가 완전한 경우도 많지만, 일부가 손상된 유물도 많다. 예를 들어 유물의 어느 부분이 부서지거나 깨졌지만 그 파편이 남아 있는 상태를 파손(破損)이라고 하고, 파편이 없는 경우를 결손(缺損)이라고 표기한다. 그리고 파손된 것을 붙이거나 해서 손질했을 때 이를 수리(修理)라 하고, 결손된 부분을 모조해 원상태로 재현했을 때는 복원(復原)이라는 용어를 사용한다.

> ㉠ 도자기 뚜껑의 일부가 손상되어 파편이 떨어진 유물의 경우, 뚜껑은 파편과 일괄하여 한 점이지만 도자기 몸체와는 별개이므로 전체가 두 점으로 계산된다.
> ㉡ 조선시대 방패의 한 귀퉁이가 부서져나가 그 파편을 찾을 수 없다면, 수리가 아닌 복원의 대상이 된다.
> ㉢ 위 자료에 근거해 볼 때, 청자화훼당초문접시(靑瓷花卉唐草文皿)는 그 명칭에 비추어 청자상감운학문매병과 동일한 재료 및 문양을 사용하였으나, 그 제작기법과 형태에 있어서 서로 다른 것으로 추정된다.
> ㉣ 박물관이 소장하고 있는 한 쌍의 귀걸이 중 한 짝이 소실되는 경우에도 그 박물관 전체 유물의 수량이 줄어들지는 않을 것이다.
> ㉤ 일부가 결손된 철불의 파편이 어느 지방에서 발견되어 그 철불을 소장하던 박물관에서 함께 소장하게 된 경우, 그 박물관이 소장하는 전체 유물의 수량은 늘어난다.

① ㉠
② ㉡㉢
③ ㉡㉣
④ ㉠㉢㉤
⑤ ㉡㉣㉤

✔해설 ㉠ 뚜껑과 도자기 몸체는 한 점으로 분류된다.
㉡ 파편을 찾을 수 없으면 결손이고 결손은 복원의 대상이 된다.
㉢ 재료만 동일하고 제작기법, 문양, 형태는 모두 다르다.
㉣ 한 쌍일 때도 한 점, 한 짝만 있을 때도 한 점으로 계산된다.
㉤ 파편이 발견되면 기존의 철불과 일괄로 한 점 처리된다.

3 다음 글을 비판하는 내용으로 적절하지 못한 것은?

사이버공간은 관계의 네트워크이다. 사이버공간은 광섬유와 통신위성 등에 의해 서로 연결된 컴퓨터들의 물리적인 네트워크로 구성되어 있다. 그러나 사이버공간이 물리적인 연결만으로 이루어지는 것은 아니다. 사이버공간을 구성하는 많은 관계들은 오직 소프트웨어를 통해서만 실현되는 순전히 논리적인 연결이기 때문이다. 양쪽 차원 모두에서 사이버공간의 본질은 관계적이다.

인간 공동체 역시 관계의 네트워크에 위해 결정된다. 가족끼리의 혈연적인 네트워크, 친구들 간의 사교적인 네트워크, 직장 동료들 간의 직업적인 네트워크 등과 같이 인간 공동체는 여러 관계들에 의해 중첩적으로 연결되어 있다.

사이버공간과 마찬가지로 인간의 네트워크도 물리적인 요소와 소프트웨어적 요소를 모두 가지고 있다. 예컨대 건강관리 네트워크는 병원 건물들의 물리적인 집합으로 구성되어 있지만, 동시에 환자를 추천해주는 전문가와 의사들 간의 비물질적인 네트워크에 크게 의존한다.

사이버공간을 유지하려면 네트워크 간의 믿을 만한 연결을 유지하는 것이 결정적으로 중요하다. 다시 말해, 사이버공간 전체의 힘은 다양한 접속점들 간의 연결을 얼마나 잘 유지하느냐에 달려 있다. 이것은 인간 공동체의 힘 역시 접속점 즉 개인과 개인, 다양한 집단과 집단 간의 견고한 관계 유지에 달려 있다는 점을 보여준다. 사이버공간과 마찬가지로 인간의 사회 공간도 공동체를 구성하는 네트워크의 힘과 신뢰도에 결정적으로 의존한다.

① 사이버공간의 익명성이 인간 공동체에 위협이 될 수도 있음을 지적한다.
② 유의미한 비교를 하기에는 양자 간의 차이가 너무 크다는 것을 보여준다.
③ 네트워크의 개념이 양자의 비교 근거가 될 만큼 명확하지 않다는 것을 보여준다.
④ 사이버공간과 인간 공동체 간에 있다고 주장된 유사성이 실제로는 없음을 보여준다.
⑤ 사이버공간과 인간 공동체의 공통점으로 거론된 네트워크라는 속성이 유비추리를 뒷받침할 만한 적합성을 갖추지 못했음을 보여준다.

✔해설 사이버공간과 인간 공동체를 비교해 보면 사이버공간은 사이버공간 전체의 힘은 다양한 접속점들 간의 연결을 얼마나 잘 유지하느냐에 달려 있고, 인간 공동체의 힘 역시 접속점 즉 개인과 개인, 다양한 집단과 집단 간의 견고한 관계유지에 달려 있다고 본다.
그러므로 유사성을 부정하고 아닌 차이를 부각하는 내용이어야만 한다.

4 다음 글의 내용과 상충하는 것을 모두 고른 것은?

> 17, 18세기에 걸쳐 각 지역 양반들에 의해 서원이나 사당 건립이 활발하게 진행되었다. 서원이나 사당 대부분은 일정 지역의 유력 가문이 주도하여 자신들의 지위를 유지하고 지역 사회에서 영향력을 행사하는 구심점으로 건립 · 운영되었다.
>
> 이러한 경향은 향리층에게도 파급되어 18세기 후반에 들어서면 안동, 충주, 원주 등에서 향리들이 사당을 신설하거나 중창 또는 확장하였다. 향리들이 건립한 사당은 양반들이 건립한 것에 비하면 얼마 되지 않는다. 하지만 향리들에 의한 사당 건립은 향촌사회에서 향리들의 위세를 짐작할 수 있는 좋은 지표이다.
>
> 향리들이 건립한 사당은 그 지역 향리 집단의 공동노력으로 건립한 경우도 있지만, 대부분은 향리 일족 내의 특정한 가계(家系)가 중심이 되어 독자적으로 건립한 것이었다. 이러한 사당은 건립과 운영에 있어서 향리 일족 내의 특정 가계의 이해를 반영하고 있는데, 대표적인 것으로 경상도 거창에 건립된 창충사(彰忠祠)를 들 수 있다.
>
> 창충사는 거창의 여러 향리 가운데 신씨가 중심이 되어 세운 사당이다. 영조 4년(1728) 무신란(戊申亂)을 진압하다가 신씨 가문의 다섯 향리가 죽는데, 이들을 추모하기 위해 무신란이 일어난 지 50년이 되는 정조 2년(1778)에 건립되었다. 처음에는 죽은 향리의 자손들이 힘을 모아 사적으로 세웠으나, 10년 후인 정조 12년에 국가에서 제수(祭需)를 지급하는 사당으로 승격하였다.
>
> 원래 무신란에서 죽은 향리 중 신씨는 일곱 명이며, 이들의 공로는 모두 비슷하였다. 하지만 두 명의 신씨는 사당에 모셔지지 않았고, 관직이 추증되지도 않았다. 창충사에 모셔진 다섯 명의 향리는 모두 그 직계 자손의 노력에 의한 것이었고, 국가로부터의 포상도 이들의 노력에 의한 것이었다. 반면 두 명의 자손들은 같은 신씨임에도 불구하고 가세가 빈약하여 향촌사회에서 조상을 모실 만큼 힘을 쓸 수 없었다. 향리사회를 주도해 가는 가계는 독점적인 위치를 확고하게 구축하려고 노력하였으며, 사당의 건립은 그러한 노력의 산물이었다.

> ㉠ 창충사는 양반 가문이 세운 사당이다.
> ㉡ 양반보다 향리가 세운 사당이 더 많다.
> ㉢ 양반뿐 아니라 향리가 세운 서원도 존재하였다.
> ㉣ 창충사에 모셔신 신씨 가문의 향리는 다섯 명이다.

① ㉠㉡ 　　　　　　　　　　　　　② ㉠㉣
③ ㉢㉣ 　　　　　　　　　　　　　④ ㉠㉡㉢
⑤ ㉡㉢㉣

✔해설 　상충되는 것은 지문의 내용과 양립할 수 없다는 것을 찾는 것이다. 틀린 것과는 다른 의미임을 명심하여야 한다.
　　㉠ 창충사는 거창의 여러 향리 가운데 신씨가 중심이 되어 세운 사당이다.
　　㉡ 향리들이 건립한 사당은 양반들이 건립한 사당에 비하면 얼마 되지 않는다.
　　㉢ 향리가 세운 서원이 존재하는지 안 하는지 알 수 없다.
　　㉣ 창충사에 모셔진 향리는 다섯 명이다. 원래 무신란에 죽은 향리는 일곱 명이었으나 두 명의 신씨는 사당에 모셔지지 않았다.

5 다음 글을 읽고 추론할 수 없는 내용은?

> 흑체복사(blackbody radiation)는 모든 전자기파를 반사 없이 흡수하는 성질을 갖는 이상적인 물체인 흑체에서 방출하는 전자기파 복사를 말한다. 20℃의 상온에서 흑체가 검게 보이는 이유는 가시영역을 포함한 모든 전자기파를 반사 없이 흡수하고 또한 가시영역의 전자기파를 방출하지 않기 때문이다. 하지만 흑체가 가열되면 방출하는 전자기파의 특성이 변한다. 가열된 흑체가 방출하는 다양한 파장의 전자기파에는 가시영역의 전자기파도 있기 때문에 흑체는 온도에 따라 다양한 색을 띨 수 있다.
>
> 흑체를 관찰하기 위해 물리학자들은 일정한 온도가 유지 되고 완벽하게 밀봉된 공동(空洞)에 작은 구멍을 뚫어 흑체를 실현했다. 공동이 상온일 경우 공동의 내벽은 전자기파를 방출하는데, 이 전자기파는 공동의 내벽에 부딪혀 일부는 반사되고 일부는 흡수된다. 공동의 내벽에서는 이렇게 전자기파의 방출, 반사, 흡수가 끊임없이 일어나고 그 일부는 공동 구멍으로 방출되지만 가시영역의 전자기파가 없기 때문에 공동 구멍은 검게 보인다. 또 공동이 상온일 경우 이 공동 구멍으로 들어가는 전자기파는 공동 안에서 이리저리 반사되다 결국 흡수되어 다시 구멍으로 나오지 않는다. 즉 공동 구멍의 특성은 모든 전자기파를 흡수하는 흑체의 특성과 같다.
>
> 한편 공동이 충분히 가열되면 공동 구멍으로부터 가시영역의 전자기파도 방출되어 공동 구멍은 색을 띨 수 있다. 이렇게 공동 구멍에서 방출되는 전자기파의 특성은 같은 온도에서 이상적인 흑체가 방출하는 전자기파의 특성과 일치한다. 물리학자들은 어떤 주어진 온도에서 공동 구멍으로부터 방출되는 공동 복사의 전자기파 파장별 복사에너지를 정밀하게 측정하여, 전자기파의 파장이 커짐에 따라 복사에너지 방출량이 커지다가 다시 줄어드는 경향을 보인다는 것을 발견하였다.

① 흑체의 온도를 높이면 흑체가 검지 않게 보일 수도 있다.
② 공동의 온도가 올라감에 따라 복사에너지 방출량은 커지다가 줄어든다.
③ 공동을 가열하면 공동 구멍에서 다양한 파장의 전자기파가 방출된다.
④ 흑체가 전자기파를 방출할 때 파장에 따라 복사에너지 방출량이 달라진다.
⑤ 상온으로 유지되는 공동 구멍이 검게 보인다고 공동 내벽에서 방출되는 전자기파가 없는 것은 아니다.

✔**해설** 공동의 온도에 따른 복사에너지량에 대해서는 글에 제시되지 않았다.

6　다음 글에 나타난 아우구스티누스의 주장에 대한 비판으로 가장 적절하지 않은 것은?

> 신은 전지(全知)·전능(全能)·전선(全善)한 존재라고 여겨진다. 만일 신이 전지하다면 세상에 존재하는 악에 대해 알고 있을 것이고, 그리고 전선하다면 이러한 악을 제거하길 원할 것이고, 또한 전능하다면 그렇게 할 수 있을 것이다. 그렇다면 도대체 왜 세상에 악이 존재하는 것일까? 중세 철학자 아우구스티누스는 이러한 악의 문제를 해결하기 위해 다음과 같이 주장한다. "의지는 스스로 의지하지 않는 한 결코 악해지지 않는다. 의지의 결함은 외부의 악에 의한 것이 아니라 그 자체가 악이다. 이는 신이 부여한 좋은 본성을 저버리고 나쁜 것을 선택했기 때문이다. 탐욕은 황금에 내재되어 있는 악이 아니라, 정의에 어긋나게 황금을 과도하게 사랑하는 사람에게 내재된 악이다. 사치는 아름답고 멋진 대상 자체에 내재된 악이 아니라, 보다 높은 차원의 기쁨을 주는 대상으로 우리를 인도해 주는 절제를 망각하고 과도하게 감각적 즐거움을 탐닉하는 마음의 잘못이다. 그리고 삼위일체에 의해 세상의 모든 사물은 최상의 상태로, 평등하게, 그리고 변하지 않는 선으로 창조됐다. 어떤 대상은 개별적으로 분리해 볼 때 마치 아름다운 그림 속의 어두운 색과 같이 그 자체는 추해 보일 수 있지만, 전체적으로 볼 때 멋진 질서와 아름다움을 갖고 있는 전체 우주의 일부분을 구성하기 때문에, 선한 것이다."

① 다른 사람의 악행의 결과로 고통받는 사람들이 많다.

② 갓 태어난 아기가 선천적 질병으로 죽는 경우가 비일비재하다.

③ 세상에 존재하는 악은 세상을 조화롭고 아름답게 하기에 적당한 정도라고 보기 어렵다.

④ 지진, 홍수, 가뭄과 같은 자연재해에 아무런 책임이 없는 사람들이 이러한 자연재해 때문에 고통받는 경우가 많다.

⑤ 많은 악행에도 불구하고 온갖 권력과 쾌락을 누리다가 죽는 사람들이 있다는 것은 선과 악의 대결에서 항상 선이 승리하는 것만은 아님을 보여 준다.

✔ 해설　선과 악의 대결에서 항상 선이 승리한다는 내용은 어디에도 찾아볼 수 없다.

7 다음 A ~ F에 대한 평가로 적절하지 못한 것은?

어느 때부터 인간으로 간주할 수 있는가와 관련된 주제는 인문학뿐만 아니라 자연과학에서도 흥미로운 주제이다. 특히 태아의 인권 취득과 관련하여 이러한 주제는 다양하게 논의되고 있다. 과학적으로 볼 때, 인간은 수정 후 시간이 흐름에 따라 수정체, 접합체, 배아, 태아의 단계를 거쳐 인간의 모습을 갖추게 되는 수준으로 발전한다. 수정 후에 태아가 형성되는 데까지는 8주 정도가 소요되는데 배아는 2주 경에 형성된다. 10달의 임신 기간은 태아 형성기, 두뇌의 발달 정도 등을 고려하여 4기로 나뉘는데, 1 ~ 3기는 3개월 단위로 나뉘고 마지막 한 달은 4기에 해당한다. 이러한 발달 단계의 어느 시점에서부터 그 대상을 인간으로 간주할 것인지에 대해서는 다양한 견해들이 있다.

A에 따르면 태아가 산모의 뱃속으로부터 밖으로 나올 때 즉 태아의 신체가 전부 노출이 될 때부터 인간에 해당한다. B에 따르면 출산의 진통 때부터는 태아가 산모로부터 독립해 생존이 가능하기 때문에 그때부터 인간에 해당한다. C는 태아가 형성된 후 4개월 이후부터 인간으로 간주한다. 지각력이 있는 태아는 보호받아야 하는데 지각력이 있어서 필수 요소인 전뇌가 2기부터 발달하기 때문이다. D에 따르면 정자와 난자가 합쳐졌을 때, 즉 수정체부터 인간에 해당한다. 그 이유는 수정체는 생물학적으로 인간으로 태어날 가능성을 갖고 있기 때문이다. E에 따르면 합리적 사고를 가능하게 하는 뇌가 생기는 시점 즉 배아에 해당하는 때부터 인간에 해당한다. F는 수정될 때 영혼이 생기기 때문에 수정체부터 인간에 해당한다고 본다.

① A가 인간으로 간주하는 대상은 B도 인간으로 간주한다.

② C가 인간으로 간주하는 대상은 E도 인간으로 간주한다.

③ D가 인간으로 간주하는 대상은 E도 인간으로 간주한다.

④ D가 인간으로 간주하는 대상은 F도 인간으로 간주하지만, 그렇게 간주하는 이유는 다르다.

⑤ 접합체에도 영혼이 존재할 수 있다는 연구결과를 얻더라도 F의 견해는 설득력이 떨어지지 않는다.

✔**해설**

수정	⇨	배아 (2주)	⇨	태아 (6개월)	⇨	진통	⇨	배 밖
D, F		E		C		B		A

8 다음 글을 읽고 추측할 수 있는 연구와 그 결과에 대한 해석이 바르게 짝지어지지 않은 것은?

운석은 소행성 혹은 다른 행성 등에서 떨어져 나온 물체가 지구 표면에 떨어진 것으로 우주에 관한 주요 정보원이다. 1984년 미국의 탐사대가 남극 지역에서 발견하여 ALH84001(이하 ALH)이라고 명명한 주먹 크기의 운석도 그것의 한 예이다. 여러 해에 걸친 분석 끝에 1996년 NASA는 ALH가 화성에서 기원하였으며, 그 속에서 초기 생명의 흔적으로 추정할 수 있는 미세 구조물이 발견되었다는 발표를 하였다.

이 운석이 화성에서 왔다는 증거는 ALH에서 발견된 산소 동위 원소들 간의 구성비였다. 이 구성비는 지구의 암석에서 측정되는 것과는 달랐지만, 화성에서 온 운석으로 알려진 스닉스(SNCs)에서 측정된 것과는 일치했다.

성분 분석 결과에 의하면 스닉스는 화산 활동에서 만들어진 화산암으로, 산소 동위 원소 구성비가 지구의 것과 다르기 때문에 지구의 물질은 아니다. 소행성은 형성 초기에 급속히 냉각되어 화산 활동이 불가능하기 때문에, 지구에 화산암 운석을 보낼 수 있는 천체는 표면이 고체인 금성, 화성, 달 정도다. 그런데 방사성 동위 원소로 측정한 결과 스닉스는 약 10억 년 전에 형성된 것으로 밝혀졌다. 지질학적 분석 결과 그 시기까지 달에는 화산 활동이 없었기 때문에 화산암이 생성될 수가 없었다. 금성과 화성에는 화산 폭발이 있었지만 계산 결과 어떤 화산 폭발도 이들 행성의 중력권 밖으로 파편을 날려 보낼 만큼 강력하지는 않았다. 커다란 운석의 행성 충돌만이 행성의 파편을 우주로 날려 보낼 수 있었을 것이다. 그러나 금성은 농밀한 대기와 큰 중력으로 인해 파편 이탈이 쉽지 않으므로 화성이 유력한 후보로 남게 된다. 그런데 스닉스에서 발견된 모(母)행성 대기의 기체 일부가 바이킹 화성탐사선이 분석한 화성의 대기와 구성 성분이 일치했다. 따라서 스닉스는 화성에서 왔을 것이며, ALH 역시 화성에서 기원했을 것이다. ALH에서 발견된 이황화철(FeS_2)도 화성의 운석에서 흔히 발견되는 성분이다.

ALH의 기원이 밝혀진 이후 이 운석에 대한 본 적인 분석이 시작되었다. 먼저 루비듐(Rb)과 스트론튬(Sr)을 이용한 방사성 연대 측정을 통해 ALH의 나이가 화성과 비슷한 45억 년임이 판명되었다. ALH가 화성을 언제 떠났는지는 우주 복사선 효과를 통해 알 수 있었다. 운석이 우주 공간에 머물 때는 태양과 은하로부터 오는 복사선의 영향으로 새로운 동위 원소인 헬륨3, 네온21 등이 생성되는데, 그들의 생성률과 구성비를 측정하면 운석이 우주 공간에 머문 기간을 추정할 수 있다. ALH는 1,600만 년을 우주 공간에서 떠돌았다. ALH가 지구에 떨어진 시점은 ALH에 포함된 또 다른 동위 원소인 탄소14를 사용해 계산하였다. 측정 결과 ALH는 13,000년 전에 남극에 떨어진 것으로 밝혀졌다.

ALH의 표면에는 갈라진 틈이 있었고, 이 안에서 $20\,\mu\text{m} \sim 250\,\mu\text{m}$ 크기의 둥근 탄산염 알갱이들이 발견되었다. 탄산염은 물에 의해 생성되거나 생물체의 활동으로부터 만들어질 수 있다. 어느 쪽이든 생명의 존재를 시사한다. 이 탄산염이 혹시 지구로부터 유입되었을 가능성이 있어 연대 측정을 해 본 결과 36억 년 전에 형성된 것이었다. 생물체가 분해될 때 생성되는 탄소 화합물인 '여러고리방향족탄화수소(PAH)'도 검출되었다. PAH 역시 외부 오염 가능성이 제기되었는데, ALH에서 PAH의 분포를 조사할 결과 안쪽으로 갈수록 농도가 증가하였다. 이것으로 외부 오염 가능성을 배제할 수 있었다. 탄산염 안에서 발견된 자철석 결정도 박테리아 내부에서 만들어지는 자철석 입자들이 모여 생성된 것과 그 형태가 흡사했다. 생물체의 존재에 대한 증거는 전자 현미경 분석에서 나왔다. 지구의 박테리아와 형태가 비슷하지만 크기는 매우 작은 25nm~100nm 정도의 미세 구조물들이 탄산염 알갱이에 붙어 있는 것을 확인한 것이다. 연구진은 이상의 분석을 종합해 볼 때, 이것을 36억 년 전 화성에 살던 미생물이 화석화한 것으로 추정할 수 있다는 결론을 내렸다.

	연구	결과 해석
①	달에 대한 지질학적 분석	스닉스가 달에서 오지 않았다.
②	금성의 중력과 대기 밀도 측정	스닉스가 금성에서 오지 않았다.
③	스닉스의 암석 성분 분석	스닉스가 소행성에서 오지 않았다.
④	스닉스에 포함된 산소 동위 원소 구성비 분석	스닉스가 지구의 것이 아니다.
⑤	스닉스의 형성 연대 측정	스닉스가 우주에서 10억 년 동안 떠돌았다.

✔해설 운석이 우주 공간에 머물 때는 태양과 은하로부터 오는 복사선의 영향으로 새로운 동위 원소인 헬륨3, 네온21 등이 생성되는데, 그들의 생성률과 구성비를 측정하면 운석이 우주 공간에 머문 기간을 추정할 수 있다. ALH는 1,600만 년을 우주 공간에서 떠돌았다.
⑤ 스닉스가 아닌 ALH에 대한 내용이다.

Answer 8.⑤

9 다음 글에서 추론할 수 있는 내용으로 옳은 것만을 고른 것은?

예술과 도덕의 관계, 더 구체적으로는 예술작품의 미적 가치와 도덕적 가치의 관계는 동서양을 막론하고 사상사의 중요한 주제들 중 하나이다. 그 관계에 대한 입장들로는 '극단적 도덕주의', '온건적 도덕주의', '자율성주의'가 있다. 이 입장들은 예술작품이 도덕적 가치판단의 대상이 될 수 있느냐는 물음에 각기 다른 대답을 한다.

극단적 도덕주의 입장은 모든 예술작품을 도덕적 가치판단의 대상으로 본다. 이 입장은 도덕적 가치를 가장 우선적인 가치이자 가장 포괄적인 가치로 본다. 따라서 모든 예술 작품은 도덕적 가치에 의해서 긍정적으로 또는 부정적으로 평가된다. 또한 도덕적 가치는 미적 가치를 비롯한 다른 가치들보다 우선한다. 이러한 입장을 대표하는 사람이 바로 톨스토이이다. 그는 인간의 형제애에 관한 정서를 전달함으로써 인류의 심정적 통합을 이루는 것이 예술의 핵심적 가치라고 보았다.

온건적 도덕주의는 오직 일부 예술작품만이 도덕적 판단의 대상이 된다고 보는 입장이다. 따라서 일부의 예술작품들에 대해서만 긍정적인 또는 부정적인 도덕적 가치판단이 가능하다고 본다. 이 입장에 따르면, 도덕적 판단의 대상이 되는 예술작품의 도덕적 가치와 미적 가치는 서로 독립적으로 성립하는 것이 아니다. 그것들은 서로 내적으로 연결되어 있기 때문에 어떤 예술작품이 가지는 도덕적 장점이 그 예술작품의 미적 장점이 된다. 또한 어떤 예술작품의 도덕적 결함은 그 예술작품의 미적 결함이 된다.

자율성주의는 어떠한 예술작품도 도덕적 가치판단의 대상이 될 수 없다고 보는 입장이다. 이 입장에 따르면, 도덕적 가치와 미적 가치는 서로 자율성을 유지한다. 즉, 도덕적 가치와 미적 가치는 각각 독립적인 영역에서 구현되고 서로 다른 기준에 의해 평가된다는 것이다. 결국 자율성주의는 예술작품에 대한 도덕적 가치판단을 범주착오에 해당하는 것으로 본다.

㉠ 자율성주의는 극단적 도덕주의와 온건한 도덕주의가 모두 범주착오를 범하고 있다고 볼 것이다.
㉡ 극단적 도덕주의는 모든 도덕적 가치가 예술작품을 통해 구현된다고 보지만 자율성주의는 그렇지 않을 것이다.
㉢ 온건한 도덕주의에서 도덕적 판단의 대상이 되는 예술작품들은 모두 극단적 도덕주의에서도 도덕적 판단의 대상이 될 것이다.

---

① ㉠
② ㉡
③ ㉠㉢
④ ㉡㉢
⑤ ㉠㉡㉢

✔해설 ㉠ 자율성주의는 예술작품에 대한 도덕적 가치판단을 범주착오에 해당하는 것으로 보기 때문에 극단적 도덕주의와 온건적 도덕주의 모두를 범주착오로 본다.
㉡ 모든 도덕적 가치가 예술작품을 통해 구현된다는 말은 언급한 적이 없다.
㉢ 극단적 도덕주의는 모든 예술작품을, 온건적 도덕주의는 일부 예술작품을 도덕적 판단의 대상으로 본다.

10 다음에 설명된 '자연적'의 의미를 바르게 적용한 것은?

미덕은 자연적인 것이고 악덕은 자연적이지 않은 것이라는 주장보다 더 비철학적인 것은 없다. 자연이라는 단어가 다의적이기 때문이다. '자연적'이라는 말의 첫 번째 의미는 '기적적'인 것의 반대로서, 이런 의미에서는 미덕과 악덕 둘 다 자연적이다. 자연법칙에 위배되는 현상인 기적을 제외한 세상의 모든 사건이 자연적이다. 둘째로, '자연적'인 것은 '흔하고 일상적'인 것을 의미하기도 한다. 이런 의미에서 미덕은 아마도 가장 '비자연적'일 것이다. 적어도 흔하지 않다는 의미에서의 영웅적인 덕행은 짐승 같은 야만성만큼이나 자연적이지 못할 것이다. 세 번째 의미로서, '자연적'은 '인위적'에 반대된다. 행위라는 것 자체가 특정 계획과 의도를 지니고 수행되는 것이라는 점에서, 미덕과 악덕은 둘 다 인위적인 것이라 할 수 있다. 그러므로 '자연적이다', '비자연적이다'라는 잣대로 미덕과 악덕의 경계를 그을 수 없다.

① 수재민을 돕는 것은 첫 번째와 세 번째 의미에서 자연적이다.

② 논개의 살신성인적 행위는 두 번째와 세 번째 의미에서 자연적이지 않다.

③ 내가 산 로또 복권이 당첨되는 일은 첫 번째와 두 번째 의미에서 자연적이다.

④ 벼락을 두 번이나 맞고도 살아남은 사건은 첫 번째와 두 번째 의미에서 자연적이다.

⑤ 개가 낯선 사람을 보고 짖는 것은 두 번째 의미에서는 자연적이지 않지만, 세 번째 의미에서는 자연적이다.

✔해설 첫 번째 의미 – 기적적인 것의 반대
두 번째 의미 – 흔하고 일상적인 것
세 번째 의미 – 인위적의 반대
① 기적적인 것의 반대는 맞으나 인위적인 것의 반대는 아니다.
② 흔하고 일상적인 것이 아니고, 인위적인 행위에 해당한다.
③ 기적적인 것의 반대가 아니고 흔하고 일상적인 것도 아니다.
④ 기적적인 것의 반대가 아니고 흔하고 일상적인 것도 아니다.
⑤ 흔하고 일상적인 것이며, 인위적인 것의 반대가 맞다.

11 다음 글을 읽고 빈칸에 들어갈 알맞은 진술로 가장 적합한 것은?

'실은 몰랐지만 넘겨짚어 시험의 정답을 맞힌' 경우와 '제대로 알고 시험의 정답을 맞힌' 경우를 구별할 수 있을까? 또 무작정 외워서 쓴 경우와 제대로 이해하고 쓴 경우는 어떤가? 전자와 후자는 서로 다르게 평가받아야 할까, 아니면 동등한 평가를 받는 것이 마땅한가?

선택형 시험의 평가는 오로지 답안지에 표기된 선택지가 정답과 일치하는가의 여부에만 달려 있다. 이는 위의 첫 번째 물음이 항상 긍정으로 대답되지는 않으리라는 사실을 말해준다. 그러나 만일 시험관이 답안지를 놓고 응시자와 면담할 기회가 주어진다면, 시험관은 응시자에게 그가 정답지를 선택한 근거를 물음으로써 그가 과연 문제에 관해 올바른 정보와 추론 능력을 가지고 있었는지 검사할 수 있을 것이다.

예를 들어 한 응시자가 '대한민국의 수도가 어디냐?'는 물음에 대해 '서울'이라고 답했다고 하자. 그렇게 답한 이유가 단지 '부모님이 사시는 도시라 이름이 익숙해서'였을 뿐, 정작 대한민국의 지리나 행정에 관해서는 아는 바 없다는 사실이 면접을 통해 드러났다고 하자. 이 경우에 시험관은 이 응시자가 대한민국의 수도에 관한 올바른 정보를 갖고 있다고 인정하기 어려울 것이다. 이 예는 응시자가 올바른 답을 제시하는데 필요한 정보가 부족한 경우이다.

그렇다면, 어떤 사람이 문제의 올바른 답을 추론해내는 데 필요한 모든 정보를 갖고 있었고 실제로도 정답을 제시했다는 것이, 그가 문제에 대한 올바른 추론 능력을 가지고 있다고 할 필요충분조건이라고 할 수 있는가?

어느 도난사건을 함께 조사한 홈즈와 왓슨이 사건의 모든 구체적인 세부사항, 예컨대 범행 현장에서 발견된 흙발자국의 토양 성분 등에 관한 정보뿐 아니라 올바른 결론을 내리는 데 필요한 모든 일반적 정보, 예컨대 영국의 지역별 토양의 성분에 관한 정보 등을 똑같이 갖고 있었고, 실제로 동일한 용의자를 범인으로 지목했다고 하자. 이 경우 두 사람의 추론을 동등하게 평가해야 하는가? 그렇지 않다. 예컨대 왓슨은 모든 정보를 완비하고 있었음에도 불구하고, 이름에 모음의 수가 가장 적다는 엉터리 이유로 범인을 지목했다고 하자. 이런 경우에도 우리는 왓슨의 추론에 박수를 보낼 수 있을까? 아니다. 왜냐하면

① 왓슨은 일반적으로 타당한 개인적 경험을 토대로 추론했기 때문이다.

② 왓슨은 올바른 추론의 방법을 알고 있었음에도 불구하고 요행을 우선시했기 때문이다.

③ 왓슨은 추론에 필요한 전문적인 훈련을 받지 못해서 범인을 잘못 골랐기 때문이다.

④ 왓슨은 올바른 추론에 필요한 정보를 가지고 있긴 했지만 그 정보와 무관하게 범인을 지목했기 때문이다.

⑤ 왓슨은 올바른 추론에 필요한 논리적 능력은 갖추고 있음에도 불구하고 범인을 추론하는 데 필요한 관련 정보가 부족했기 때문이다.

> ✔해설 왓슨의 추론은 필요한 모든 정보가 있음에도 이와 무관하게 엉터리 이유로 범인을 지목했기 때문에 박수를 받을 수 없다. 그러므로 "올바른 추론에 필요한 정보를 가지고 있긴 했지만 그 정보와 무관하게 범인을 지목했기 때문이다."가 빈칸에 들어가야 한다.

12 다음 글의 관점 A ~ C에 대한 평가로 적절한 것만을 고른 것은?

> 위험은 우리의 안전을 위태롭게 하는 실제 사건의 발생과 진행의 총체라고 할 수 있다. 위험에 대해 사람들이 취하는 태도에 대해서는 여러 관점이 존재한다.
>
> 관점 A에 따르면, 위험 요소들은 보편타당한 기준에 따라 계산 가능하고 예측 가능하기 때문에 객관적이고 중립적인 것으로 인식될 수 있다. 그 결과, 각각의 위험에 대해 개인이나 집단이 취하게 될 태도 역시 사고의 확률에 대한 객관적인 정보에 의해서만 결정된다. 하지만 이 관점은 객관적인 발생가능성이 높지 않은 위험을 민감하게 받아들이는 개인이나 사회가 있다는 것을 설명하지 못한다.
>
> 한편 관점 B는 위험에 대한 태도가 객관적인 요소뿐만 아니라 위험에 대한 주관적 인지와 평가에 의해 좌우된다고 본다. 예를 들어 위험이 발생할 객관적인 가능성은 크지 않더라도, 그 위험의 발생을 스스로 통제할 수 없는 경우에 사람들은 더욱 민감하게 반응한다. 그뿐만 아니라 위험을 야기하는 사건이 자신에게 생소한 것이어서 그에 대한 지식이 부족할수록 사람들은 그 사건을 더 위험한 것으로 인식하는 경향이 있다. 하지만 이것은 동일한 위험에 대해 서로 다른 문화와 가치관을 가지고 있는 사회 또는 집단들이 다른 태도를 보이는 이유를 설명하지 못한다.
>
> 이와 관련해 관점 C는 위험에 대한 태도가 개인의 심리적인 과정에 의해서만 결정되는 것이 아니라, 개인이 속한 집단의 문화적 배경에도 의존한다고 주장한다. 예를 들어 숙명론이 만연한 집단은 위험을 통제 밖의 일로 여겨 위험에 대해서 둔감한 태도를 보이게 되며, 구성원의 안전 문제를 다른 무엇보다도 우선시하는 집단은 그렇지 않은 집단보다 위험에 더 민감함 태도를 보이게 될 것이다.

> ㉠ 관점 A와 달리 관점 B는 위험에 대한 사람들의 태도가 객관적인 요소에 영향을 받지 않는다고 주장한다.
> ㉡ 관점 B와 관점 C는 사람들이 동일한 위험에 대해서 다른 태도를 보이는 사례를 설명할 수 있다.
> ㉢ 관점 A는 민주화 수준이 높은 사회일수록 사회 구성원들이 기후변화의 위험에 더 민감한 태도를 보인다는 것을 설명할 수 있지만, 관점 C는 그렇지 않다.

① ㉠
② ㉡
③ ㉠㉢
④ ㉡㉢
⑤ ㉠㉡㉢

> **✔해설** 관점 A – 객관적인 정보에 의해서 결정
> 관점 B – 객관적 요소 뿐 아니라 주관적 인지와 평가에 좌우
> 관점 C – 개인의 심리적 과정과 속한 집단의 문화적 배경에도 의존
> ㉠ 관점 B는 객관적인 요소에 영향을 받는다.
> ㉡ 관점 B는 주관적 인지와 평가, 관점 C는 문화적 배경
> ㉢ 민주화 수준이 높은 사회는 개인이 속한 집단의 문화적 배경에 해당하므로 관점 C에 해당하며, 관점 A는 사회 구성원들이 기후변화의 위험에 더 민감한 태도를 보인다는 것을 설명할 수 없다.

Answer 11.④ 12.②

13 다음 글을 통해 추론할 수 있는 내용으로 가장 적절한 것은?

> 카발리는 윌슨이 모계 유전자인 mtDNA 연구를 통해 발표한 인류 진화 가설을 설득력 있게 확인시켜 줄 수 있는 실험을 제안했다. 만약 mtDNA와는 서로 다른 독립적인 유전자 가계도를 통해서도 같은 결론에 도달할 수 있다면 윌슨의 인류 진화에 대한 가설을 강화할 수 있다는 것이다.
>
> 이에 언더힐은 Y염색체를 인류 진화 연구에 이용하였다. 그가 Y염색체를 연구에 이용한 이유가 있다. 그것은 Y염색체가 하나씩 존재하는 특성이 있어 재조합을 일으키지 않고, 그 점은 연구 진행을 수월하게 하기 때문이다. 그는 Y염색체를 사용한 부계 연구를 통해 윌슨이 밝힌 연구결과와 매우 유사한 결과를 도출했다. 언더힐의 가계도도 윌슨의 가계도와 마찬가지로 아프리카 지역의 인류 원조 조상에 뿌리를 두고 갈라져 나오는 수형도였다. 또 그 수형도는 인류학자들이 상상한 장엄한 떡갈나무가 아니라 윌슨이 분석해 놓은 약 15만 년밖에 안 된 키 작은 나무와 매우 유사하였다.
>
> 별개의 독립적인 연구로 얻은 두 자료가 인류의 과거를 똑같은 모습으로 그려낸다면 그것은 대단한 설득력을 지닌다. mtDNA와 같은 하나의 영역만이 연구된 상태에서는 그 결과가 시사적이기는 해도 결정적이지는 않다. 그 결과의 양상은 단지 DNA의 특정 영역에 일어난 특수한 역사만을 반영하는 것일 수도 있기 때문이다. 하지만 언더힐을 Y염색체에서 유사한 양상을 발견함으로써 그 불완전성은 크게 줄어들었다. 15만 년 전에 아마도 전염병이나 기후 변화로 인해 유전자 다양성이 급격하게 줄어드는 현상이 일어났을 것이다.

① 윌슨의 mtDNA 연구결과는 인류 진화 가설에 대한 결정적인 증거였다.

② 부계 유전자 연구와 모계 유전자 연구를 통해 얻은 각각의 인류 진화 수형도는 매우 비슷하다.

③ 윌슨과 언더힐의 연구결과는 현대 인류 조상의 기원에 대한 인류학자들의 견해를 뒷받침한다.

④ 언더힐은 우리가 갖고 있는 Y염색체 연구를 통해 인류가 아프리카에서 유래했다는 것을 부정했다.

⑤ 언더힐이 Y염색체를 인류 진화 연구에 이용한 것은 염색체 재조합으로 인해 연구가 쉬워졌기 때문이다.

 ① mtDNA와 같은 하나의 영역만이 연구된 상태에서는 그 결과가 시사적이기는 해도 결정적이지는 않다.
　　③ 그 수형도는 인류학자들이 상상한 장엄한 떡갈나무가 아니라 윌슨이 분석해 놓은 약 15만 년밖에 안 된 키 작은 나무와 매우 유사하였다.
　　④ 언더힐의 가계도도 윌슨의 가계도와 마찬가지로 아프리카 지역의 인류 원조 조상에 뿌리를 두고 갈라져 나오는 수형도였다.
　　⑤ Y염색체가 하나씩 존재하는 특성이 있어 재조합을 일으키지 않고, 그 점은 연구 진행을 수월하게 하기 때문이다.

14 다음 글의 내용과 부합하는 것은?

> '청렴(淸廉)'은 현대 사회에서 좁게는 반부패와 동의어로 사용되며 넓게는 투명성과 책임성 등을 포괄하는 통합적 개념으로 사용되고 있다. 유학자들은 청렴을 효제와 같은 인륜의 덕목보다는 하위에 두었지만 군자라면 마땅히 지켜야 할 일상의 덕목으로 중시하였다. 조선의 대표적 유학자였던 이황과 이이는 청렴을 사회 규율이자 개인 처세의 지침으로 강조하였다. 특히 공적 업무에 종사하는 사람이라면 사회 규율로서의 청렴이 개인의 처세와 직결된다는 점에 유념해야 한다고 보았다.
>
> 청렴에 대한 논의는 정약용의 「목민심서」에서 본격적으로 나타난다. 정약용은 청렴이야말로 목민관이 지켜야 할 근본적인 덕목이며 목민관의 직무는 청렴이 없이는 불가능하다고 강조하였다. 정약용은 청렴을 당위의 차원에서 주장하는 기존의 학자들과 달리 행위자 자신에게 실질적 이익이 된다는 점을 들어 설득하고자 한다. 그는 청렴은 큰 이득이 남는 장사라고 말하면서, 지혜롭고 욕심이 큰 사람은 청렴을 택하지만 지혜가 짧고 욕심이 작은 사람은 탐욕을 택한다고 설명한다. 정약용은 "지자(知者)는 인(仁)을 이롭게 여긴다."라는 공자의 말을 빌려 "지혜로운 자는 청렴함을 이롭게 여긴다."라고 하였다. 비록 재물을 얻는 데 뜻이 있더라도 청렴함을 택하는 것이 결과적으로는 지혜로운 선택이라고 정약용은 말한다. 목민관의 작은 탐욕은 단기적으로 보면 눈앞의 재물을 취하여 이익을 얻을 수 있겠지만 궁극에는 개인의 몰락과 가문의 불명예를 가져올 수 있기 때문이다.
>
> 정약용은 청렴을 지키는 것은 두 가지 효과가 있다고 보았다. 첫째, 청렴은 다른 사람에게 긍정적 효과를 미친다. 목민관이 청렴할 경우 백성을 비롯한 공동체 구성원에게 좋은 혜택이 돌아갈 것이다. 둘째, 청렴한 행위를 하는 것은 목민관 자신에게도 좋은 결과를 가져다준다. 청렴은 그 자신의 덕을 높이는 것일 뿐 아니라 자신의 가문에 빛나는 명성과 영광을 가져다줄 것이다.

① 정약용은 청렴이 목민관이 반드시 지켜야 할 덕목임을 당위론 차원에서 정당화하였다.

② 정약용은 탐욕을 택하는 것보다 청렴을 택하는 것이 이롭다는 공자의 뜻을 계승하였다.

③ 정약용은 청렴한 사람은 욕심이 작기 때문에 재물에 대한 탐욕에 빠지지 않는다고 보았다.

④ 정약용은 청렴이 백성에게 이로움을 줄 뿐 아니라 목민관 자신에게도 이로운 행위라고 보았다.

⑤ 이황과 이이는 청렴을 개인의 처세에 있어 주요 지침으로 여겼으나 사회 규율로는 보지 않았다.

✔해설 ① 정약용은 청렴을 당위의 차원에서 주장하는 기존의 학자들과 달리 행위자 자신에게 실질적 이익이 된다는 점을 들어 설득하고자 하였다.

② 정약용은 "지자(知者)는 인(仁)을 이롭게 여긴다."라는 공자의 말을 빌려 "지혜로운 자는 청렴함을 이롭게 여긴다."라고 하였다.

③ 청렴은 큰 이득이 남는 장사라고 말하면서, 지혜롭고 욕심이 큰 사람은 청렴을 택하지만 지혜가 짧고 욕심이 작은 사람은 탐욕을 택한다고 설명한다.

⑤ 이황과 이이는 청렴을 사회 규율이자 개인 처세의 지침으로 강조하였다.

Answer 13.② 14.④

15 다음 글의 내용과 부합하지 않는 것은?

> 토크빌이 미국에서 관찰한 정치 과정 가운데 가장 놀랐던 것은 바로 시민들의 정치적 결사였다. 미국인들은 어려서부터 스스로 단체를 만들고 스스로 규칙을 제정하여 그에 따라 행동하는 것을 관습화해왔다. 이에 미국인들은 어떤 사안이 발생할 경우 국가기관이나 유력자의 도움을 받기 전에 스스로 단체를 결성하여 집합적으로 대응하는 양상을 보인다. 미국의 항구적인 지역 자치의 단위인 타운, 시티, 카운티조차도 주민들의 자발적인 결사로부터 형성된 단체였다.
>
> 미국인들의 정치적 결사는 결사의 자유에 대한 완벽한 보장을 기반으로 실현된다. 일단 하나의 결사로 뭉친 개인들은 언론의 자유를 보장받으면서 자신들의 집약된 견해를 널리 알린다. 이러한 견해에 호응하는 지지자들의 수가 점차 늘어날수록 이들은 더욱 열성적으로 결사를 확대해간다. 그런 다음에는 집회를 개최하여 자신들의 힘을 표출한다. 집회에서 가장 중요한 요소는 대표자를 선출하는 기회를 만드는 것이다. 집회로부터 선출된 지도부는 물론 공식적으로 정치적 대의제의 대표는 아니다. 하지만 이들은 도덕적인 힘을 가지고 자신들의 의견을 반영한 법안을 미리 기초하여 그것이 실제 법률로 제정되게끔 공개적으로 입법부에 압력을 가할 수 있다.
>
> 토크빌은 이러한 정치적 결사가 갖는 의미에 대해 독특한 해석을 펼친다. 그에 따르면, 미국에서는 정치적 결사가 다수의 횡포에 맞서는 보장책으로서의 기능을 수행한다. 미국의 입법부는 미국 시민의 이익을 대표하며, 의회 다수당은 다수 여론의 지지를 받는다. 이를 고려하면 언제든 '다수의 이름으로' 소수를 배제한 입법권의 행사가 가능해짐에 따라 입법 활동에 대한 다수의 횡포가 나타날 수 있다. 토크빌은 이러한 다수의 횡포를 제어할 수 있는 정치 제도가 없는 상황에서 소수 의견을 가진 시민들의 정치적 결사는 다수의 횡포에 맞설 수 있는 유일한 수단이라고 보았다. 더불어 토크빌은 시민들의 정치적 결사가 소수자들이 다수의 횡포를 견제할 수 있는 수단으로 온전히 가능하기 위해서는 도덕의 권위에 호소해야 한다고 보았다. 왜냐하면 힘이 약한 소수자가 호소할 수 있는 것은 도덕의 권위뿐이기 때문이다.

① 미국의 항구적인 지역 자치인 타운은 주민들의 자발적인 결사로부터 시작되었다.

② 미국에서는 정치적 결사를 통해 실제 법률로 제정되게끔 입법부에 압력을 가할 수 있다.

③ 토크빌에 따르면, 다수의 횡포를 견제하기 위해서는 소수자들의 정치적 결사가 도덕의 권위에 맞서야 한다.

④ 토크빌에 따르면, 미국에서는 소수를 배제한 다수의 이름으로 입법권의 행사가 이루어질 수 있다.

⑤ 집회에서 가장 중요한 것은 대표자를 선출하는 기회를 만드는 것이지만 이 대표자는 정치적 대의제의 대표는 아니다.

✔해설 토크빌은 시민들의 정치적 결사가 소수자들이 다수의 횡포를 견제할 수 있는 수단으로 온전히 가능하기 위해서는 도덕의 권위에 호소해야 한다고 보았다.

16 다음 글을 통해 추론할 수 있는 것은?

'핸드오버'란 이동단말기가 이동함에 따라 기존 기지국에서 이탈하여 새로운 기지국으로 넘어갈 때 통화가 끊기지 않도록 통화 신호를 새로운 기지국으로 넘겨주는 것을 말한다. 이런 핸드오버는 이동단말기, 기지국, 이동전화교환국 사이의 유무선 연결을 바탕으로 실행된다. 이동단말기가 기지국에 가까워지면 그 둘 사이의 신호가 점점 강해지는데 반해, 이동단말기와 기지국이 멀어지면 그 둘 사이의 신호는 점점 약해진다. 이 신호의 세기가 특정값 이하로 떨어지게 되면 핸드오버가 명령되어 이동단말기와 새로운 기지국 간의 통화 채널이 형성된다. 이 과정에서 이동전화교환국과 기지국 간 연결에 문제가 발생하면 핸드오버가 실패하게 된다.

핸드오버는 이동단말기와 기지국 간 통화 채널 형성 순서에 따라 '형성 전 단절 방식'과 '단절 전 형성 방식'으로 구분될 수 있다. FDMA와 TDMA에서는 형성 전 단절 방식을, CDMA에서는 단절 전 형성 방식을 사용한다. 형성 전 단절 방식은 이동단말기와 새로운 기지국 간의 통화 채널이 형성되기 전에 기존 기지국과의 통화 채널을 단절하는 것을 말한다. 이와 반대로 단절 전 형성 방식은 이동단말기와 기존 기지국 간의 통화 채널이 단절되기 전에 새로운 기지국과의 통화 채널을 형성하는 방식이다. 이런 핸드오버 방식의 차이는 각 기지국이 사용하는 주파수 간 차이에서 비롯된다. 만약 각 기지국이 다른 주파수를 사용하고 있다면, 이동단말기는 기존 기지국과의 통화 채널을 미리 단절한 뒤 새로운 기지국에 맞는 주파수를 할당 받은 후 통화 채널을 형성해야 한다. 그러나 각 기지국이 같은 주파수를 사용하고 있다면, 그런 주파수 조정이 필요 없으며 새로운 통화 채널을 형성하고 나서 기존 통화 채널을 단절할 수 있다.

① 단절 전 형성 방식의 각 기지국은 서로 다른 주파수를 사용한다.

② 형성 전 단절 방식은 단절 전 형성 방식보다 더 빨리 핸드오버를 명령할 수 있다.

③ 이동단말기와 기존 기지국 간의 통화 채널이 단절되면 핸드오버가 성공한다.

④ CDMA에서는 하나의 이동단말기가 두 기지국과 동시에 통화 채널을 형성할 수 있지만 FDMA에서는 그렇지 않다.

⑤ 이동단말기 A와 기지국 간 신호 세기가 이동단말기 B와 기지국 간 신호 세기보다 더 작다면 이동단말기 A에서는 핸드오버가 명령되지만 이동단말기 B에서는 핸드오버가 명령되지 않는다.

✔해설 ① 단절 전 형성 방식은 이동단말기와 기존 기지국 간의 통화 채널이 단절되기 전에 새로운 기지국과의 통화 채널을 형성하는 방식이다.
각 기지국이 같은 주파수를 사용하고 있다면, 그런 주파수 조정이 필요 없으며 새로운 통화 채널을 형성하고 나서 기존 통화 채널을 단절할 수 있다.
② 신호의 세기가 특정값 이하로 떨어지게 되면 핸드오버가 명령되어 이동단말기와 새로운 기지국 간의 통화 채널이 형성된다. 형성 전 단절 방식과 단절 전 형성 방식의 차이와는 상관 없다.
③ 새로운 기지국 간의 통화 채널이 형성되어야 함도 포함되어야 한다.
⑤ 핸드오버는 신호 세기가 특정값 이하로 떨어질 때 발생하는 것이지 이동단말기와 기지국 간 상대적 신호 세기와는 관계가 없다.

Answer 15.③ 16.④

17 다음은 어떤 단어에 대한 창의적인 해석이다. 이에 해당하는 적절한 단어는?

> 자동차 내비게이션 속에 사는 여자의 이름.
> 경로를 이탈했습니다. 경로를 이탈했습니다. 경로를 이탈했습니다.
> 서너 번만 같은 말을 하고 나면 짜증이 날 법도 한데 한결같은 그 예쁘고 친절한 목소리로 경로를 재탐색하겠다고 한다.
> 인생길에도 같은 이름의 안내자가 필요하다.

① 적극성   ② 인내
③ 성실   ④ 리더십
⑤ 창의

✔ **해설** ① 긍정적이고 능동적으로 활동하는 성질
② 괴로움이나 어려움을 참고 견딤
③ 정성스럽고 참됨
④ 무리를 다스리거나 이끌어 가는 지도자로서의 능력
⑤ 새로운 의견을 생각하여 냄. 또는 그 의견

18 다음 글을 통해 알 수 있는 내용으로 적절하지 않은 것은?

> 지구의 여러 곳에서 장기간에 걸친 가뭄, 폭염, 홍수, 폭우 등과 같은 이상 기후가 발생하여 인간에게 큰 피해를 주고 있다. 이러한 이상 기후가 나타나는 원인 중에는 엘니뇨와 라니냐가 있다.
> 평상시에는 적도 부근의 동태평양에 있는 남아메리카 페루 연안으로부터 서쪽으로 무역풍이 지속적으로 분다. 이 무역풍은 동쪽에 있는 따뜻한 표층수를 서쪽 방향으로 운반하기 때문에 따뜻한 해수층의 두께는 서태평양 쪽에서는 두껍고 동태평양 쪽에서는 얇아진다. 이와 함께 남아메리카 페루 연안에서는 서쪽으로 쓸려 가는 표층수의 자리를 메우기 위해 차가운 심층 해수가 아래로부터 올라오는 용승이 일어나게 된다.
> 이 결과 적도 부근 동태평양 페루 연안의 해수면 온도는 같은 위도의 다른 해역보다 낮아지고, 적도 부근 서태평양에서의 표층 해수의 온도는 높아지게 된다. 표층 해수의 온도가 높아지면 해수가 증발하여 공기 중에 수증기의 양이 많아지고, 따뜻한 해수가 공기를 데워 상승 기류를 발생시켜 저기압이 발달하고 구름이 생성된다. 이로 인해 해수 온도가 높은 서태평양에 위치한 동남아시아와 오스트레일리아에는 강수량이 많아진다. 반대로 남아메리카의 페루 연안에는 하강 기류가 발생하여 고기압이 발달하고 맑고 건조한 날씨가 나타난다.

적도 부근 태평양의 무역풍은 2~6년 사이로 그 세기가 변하는데, 이에 따라 적도 부근 태평양의 기후 환경은 달라진다. 무역풍이 평상시보다 약해지면 태평양 동쪽의 따뜻한 표층수를 서쪽으로 밀어내는 힘이 약해진다. 이로 인해, 적도 부근 동태평양의 용승이 약해지며 해수면의 온도는 평상시보다 높아진다. 따뜻한 표층수가 동쪽에 머무르면, 적도 부근 서태평양은 평상시에 비해 해수면의 온도와 해수면의 높이가 낮아지고, 적도 부근 동태평양은 해수면의 온도와 해수면의 높이가 상승하는데 이 현상이 엘니뇨이다. 엘니뇨가 발생하면 인도네시아, 오스트레일리아 등에서는 평상시에 비해 강수량이 감소하여 가뭄이 발생하고, 대규모 산불이 일어나기도 한다. 반면에 페루, 칠레 등에서는 평상시보다 많은 강수량을 보이면서 홍수가 자주 발생하는 등 이상 기후가 나타나게 된다. 한편, 무역풍이 평상시보다 강해지면 적도 부근 동태평양의 해수면의 온도와 해수면의 높이가 평상시보다 더 낮아지고 적도 부근 서태평양의 해수면의 온도와 해수면의 높이가 평상시보다 더 높아진다. 이런 현상을 라니냐라고 한다. 라니냐가 발생하면 동남아시아와 오스트레일리아에서는 홍수가 잦아지거나 이상 고온 현상이 나타나기도 하고, 반대로 페루, 칠레 등에서는 평상시보다 더 건조해져 가뭄이 발생할 수 있다. 라니냐가 발생하면 적도 부근 동태평양의 기압은 평상시보다 상승하고 서태평양의 기압은 평상시보다 하강하여 두 지역의 기압차는 평상시보다 더 커진다.

① 적도 부근 서태평양에서 표층 해수의 온도가 높아지면 상승 기류가 발생한다.
② 평상시에 무역풍은 적도 부근 태평양의 표층수를 동쪽에서 서쪽 방향으로 이동시킨다.
③ 동태평양 페루 연안에서 용승이 일어나면 같은 위도의 다른 해역보다 페루 연안의 해수면 온도가 높아진다.
④ 평상시 적도 부근 서태평양에 저기압이 발달하면 적도 부근 서태평양에 위치한 동남아시아의 강수량이 많아진다.
⑤ 평상시에 적도 부근 동태평양의 따뜻한 표층수가 서쪽으로 이동하여 동태평양의 따뜻한 해수층의 두께가 얇아진다.

✔ 해설 2문단과 3문단에서 용승이 일어나면 동태평양 페루 연안의 해수면 온도가 같은 위도의 다른 해역보다 낮아진다고 설명하고 있다.
　① 3문단에서 표층 해수의 온도가 높아지면 따뜻한 해수가 공기를 데워 상승 기류를 발생시킨다고 설명하고 있다.
　② 2문단에서 평상시 무역풍이 동쪽의 따뜻한 표층수를 서쪽으로 운반한다고 설명하고 있다.
　⑤ 2문단에서 무역풍이 따뜻한 표층수를 서쪽 방향으로 이동시켜 동쪽에서는 따뜻한 해수층의 두께가 얇아진다고 설명하고 있다.

19 다음 글의 주제를 가장 잘 진술한 것은?

말이 생각의 그릇이라면 그 말을 아름답고 품위 있게 가꾸는 일은 인간의 행동을 바르게 가다듬는 교육의 첫걸음이다. 옛날 선조들이 말을 조심스럽게 가려 쓰는 것을 교육의 제 1과로 삼았던 것도 이 때문이다. 말이 거친 사람의 품성이 포악스럽고, 말을 가려 쓰는 사람의 행동거지가 분명하고 반듯한 것은 동서양을 막론한 고금의 진리이다.

5천 년 역사의 문화 민족이라는 긍지는 고유한 우리말과 이 말을 과학적으로 옮길 수 있는 문자를 가졌다는 자부심과 같은 맥락의 표현이다. 중국이나 만주, 일본 등 강성한 이웃 나라들 틈새에서 우리가 정치적 독립과 고유한 문화를 지키며 살 수 있었던 것은 우리의 말과 글의 힘이 밑받침이 되어 왔기 때문이란 주장은 과장이 아니다. 말이란 그 사회 공동체가 동질성을 가지게 하는 원천이다.

이러한 소중한 우리말 우리글은 예사로이 유지되고 발전되는 것이 아니다. 세종대왕의 한글 창제는 말할 나위 없고 구한말 이래 나라가 존망의 위기에 처했을 때 말과 글을 지키기 위한 선각자들의 피나는 노력은 민족 수난의 극복이라는 투쟁의 한 단원으로 기록되어 있다. 일제 강점 때 조선어학회 사건으로 이희승, 최현배 등 수많은 학자들이 옥고를 치르고 이윤재, 한징 등이 옥사한 예는 다른 나라 역사에서는 찾기 어려운 우리의 자랑스러운 언어 수호 운동의 기록이다.

올해 문화의 달 10월에 '이 달의 문화 인물'로 환산 이윤재를 뽑은 것은 시사하는 바가 크다. 오늘날 우리 국민들의 나태하고 방만한 생활 중에는 언어생활의 규범이 깨어져 고운말, 존댓말과 바른 어법이 실종된 현상을 첫손가락으로 꼽아야 한다. 외래어, 비속어가 남용되는가 하면 학교, 가정, 사회 어디서나 제대로 된 존댓말이나 바른 어법의 품위 있는 말솜씨를 찾아보기 어렵다. 이런 혼돈의 언어생활이 국민 정서를 거칠게 하고, 특히 청소년들의 분별없고 경망스런 행동을 부추기는 원인이 된다.

더욱이 우리는 최근 자주 대하게 되는 북한 주민들이나 연변 동포의 말이 같은 우리말이면서도 심한 이질감을 느끼게 되는 데에 놀라고 있다. 북한은 오래 전부터 평양말을 문화어라 해서 표준말로 쓰고 있으며, 연변 동포들이 이를 따라 썼기 때문이다. 전체주의 체제가 언어의 경직화, 규격화를 가져왔고 그로 인해 그들의 말이 더욱 이질화되었던 것이다. 이런 상태로 통일이 이루어진다면 가장 심각한 남북 간의 갈등은 바로 언어의 이질화일 가능성도 배제할 수 없다.

문화의 달에 특히 우리가 새겨야 할 것은 우리말 우리글을 소중하게 생각하고 이를 지키기 위해 애쓴 선열들의 노고에 감사하는 일이다. 그것은 가정, 학교, 사회에서 바르고 품의 있는 언어생활을 가르쳐 온 국민들이 프랑스 국민처럼 우리말에 대한 자랑과 긍지를 갖게 하는 일이 될 것이다. 후세 국민들을 지혜롭고 예절 바르게 키우고 민족 통일을 대비하는 첫째 과제가 바른말 쓰기 운동의 시작임을 한글날을 기해 감히 제언한다.

① 고유한 언어와 문자를 가진 민족은 문화 민족이다.

② 우리말을 수호하기 위해 많은 선각자들이 희생되었다.

③ 통일에 대비하여 언어의 이질화를 막기 위한 노력이 필요하다.

④ 통일에 대비하고 후세를 바르게 키우려면 바른말 쓰기부터 가르쳐야 한다.

⑤ 국제적으로 어려운 시기에 우리말 우리글에 대한 자긍심은 크나큰 힘이 된다.

> ✔해설 이 글의 핵심은 바른말 쓰기 운동의 제언이다. 바른말 쓰기 운동을 제언하는 것은 혼돈된 언어생활을 바로잡고 남북 언어의 이질화를 최소화해 통일에 대비하기 위해서이다.

20 다음 글의 내용과 가장 부합하는 진술은?

> 여행을 뜻하는 서구어의 옛 뜻에 고역이란 뜻이 들어 있다는 사실이 시사하듯이 여행은 금리생활자들의 관광처럼 속 편한 것만은 아니다. 그럼에도 불구하고 고생스러운 여행이 보편적인 심성에 호소하는 것은 일상의 권태로부터의 탈출과 해방의 이미지를 대동하고 있기 때문일 것이다. 술 익는 강마을의 저녁노을은 '고약한 생존의 치욕에 대한 변명'이기도 하지만 한편으로는 그 치욕으로부터의 자발적 잠정적 탈출의 계기가 되기도 한다. 그리고 그것은 결코 가볍고 소소한 일이 아니다. 직업적 나그네와는 달리 보통 사람들은 일상생활에 참여하고 잔류하면서 해방의 순간을 간접 경험하는 것이다. 인간 삶의 난경은, 술 익는 강마을의 저녁노을을 생존의 치욕을 견디게 할 수 있는 매혹으로 만들어 주기도 하는 것이다.

① 여행은 고생으로부터의 해방이다.

② 금리생활자들이 여행을 하는 것은 고약한 생존의 치욕에 대한 변명을 위해서이다.

③ 윗글에서 '보편적인 심성'이라는 말은 문맥으로 보아 여행은 고생스럽다는 생각을 가리키는 것이다.

④ 사람들은 여행에서 일시적인 해방을 맛본다.

⑤ 여행은 금리생활자들의 관광처럼 편안하고 고된 일상으로부터의 탈출과 해방을 안겨준다.

> ✔해설 여행을 일상의 권태로부터의 탈출과 해방의 이미지, 생존의 치욕을 견디게 할 수 있는 매혹과 자발적 잠정적 탈출이라고 하고 있다.

21 다음 서식을 보고 빈칸에 들어갈 알맞은 단어를 고른 것은?

납품(장착) 확인서

1. 제　　품　　명 : 슈퍼터빈(연료과급기)
2. 회　　사　　명 : 서원각
3. 사업자등록번호 : 123-45-67890
4. 주　　　　　　소 : 경기도 고양시 일산서구 가좌동 846
5. 대　　표　　자 : 정 확 한
6. 공 급 받 는 자 : (주) 소정 코리아
7. 납품(계약)단가 : 일금 이십육만원정(　260,000)
8. 납품(계약)금액 : 일금 이백육십만원정(　2,600,000)
9. 장착차량 현황

차종	연식	차량번호	사용연료	규격(size)	수량	비고
스타렉스			경유	72mm	4	
카니발			경유		2	
투싼			경유	56mm	2	
야무진			경유		1	
이스타나			경유		1	
합계					10	2,600,000

귀사 제품 슈퍼터빈을 테스트한 결과 연료절감 및 매연저감에 효과가 있으므로 당사 차량에 대해 (　　　)
장착하였음을 확인합니다.

납　　품　　처 : (주)소정 코리아
사업자등록번호 : 987-65-43210
상　　　　　　호 : (주)소정 코리아
주　　　　　　소 : 서울시 강서구 가양동 357-9
대　　표　　자 : 장 착 해

---

① 일절　　　　　　　　　　　　② 일체
③ 전혀　　　　　　　　　　　　④ 반품
⑤ 환불

✔**해설** '일절'과 '일체'는 구별해서 써야 할 말이다. '일절'은 부인하거나 금지할 때 쓰는 말이고, '일체'는 전부를 나타내는 말이다.

22 다음 글을 읽고 이 글을 뒷받침할 수 있는 주장으로 가장 적합한 것은?

> X선 사진을 통해 폐질환 진단법을 배우고 있는 의과대학 학생을 생각해 보자. 그는 암실에서 환자의 가슴을 찍은 X선 사진을 보면서, 이 사진의 특징을 설명하는 방사선 전문의의 강의를 듣고 있다. 그 학생은 가슴을 찍은 X선 사진에서 늑골뿐만 아니라 그 밑에 있는 폐, 늑골의 음영, 그리고 그것들 사이에 있는 아주 작은 반점들을 볼 수 있다. 하지만 처음부터 그럴 수 있었던 것은 아니다. 첫 강의에서는 X선 사진에 대한 전문의의 설명을 전혀 이해하지 못했다. 그가 가리키는 부분이 무엇인지, 희미한 반점이 과연 특정질환의 흔적인지 전혀 알 수가 없었다. 전문의가 상상력을 동원해 어떤 가상적 이야기를 꾸며내는 것처럼 느껴졌을 뿐이다. 그러나 몇 주 동안 이론을 배우고 실습을 하면서 지금은 생각이 달라졌다. 그는 문제의 X선 사진에서 이제는 늑골 뿐 아니라 폐와 관련된 생리적인 변화, 흉터나 만성 질환의 병리학적 변화, 급성질환의 증세와 같은 다양한 현상들까지도 자세하게 경험하고 알 수 있게 될 것이다. 그는 전문가로서 새로운 세계에 들어선 것이고, 그 사진의 명확한 의미를 지금은 대부분 해석할 수 있게 되었다. 이론과 실습을 통해 새로운 세계를 볼 수 있게 된 것이다.

① 관찰은 배경지식에 의존한다.
② 과학에서의 관찰은 오류가 있을 수 있다.
③ 과학 장비의 도움으로 관찰 가능한 영역은 확대된다.
④ 관찰정보는 기본적으로 시각에 맺혀지는 상에 의해 결정된다.
⑤ X선 사진의 판독은 과학데이터 해석의 일반적인 원리를 따른다.

✔해설 배경지식이 전혀 없던 상태에서는 X선 사진을 관찰하여도 아무 것도 찾을 수 없었으나 이론과 실습 등을 통하여 배경지식을 갖추고 난 후에는 X선 사진을 관찰하여 생리적 변화, 만성 질환의 병리적 변화, 급성 질환의 증세 등의 현상을 알게 되었다는 것을 보면 관찰은 배경지식에 의존한다고 할 수 있다.

23 다음 제시된 내용을 토대로 관광회사 직원들이 추론한 내용으로 가장 적합한 것은?

> 세계여행관광협의회(WTTC)에 따르면 2016년 전 세계 국내총생산(GDP) 총합에서 관광산업이 차지한 직접 비중은 2.7%이다. 여기에 고용, 투자 등 간접적 요인까지 더한 전체 비중은 9.1%로, 금액으로 따지면 6조 3,461억 달러에 이른다. 직접 비중만 놓고 비교해도 관광산업의 규모는 자동차 산업의 2배이고 교육이나 통신 산업과 비슷한 수준이다. 아시아를 제외한 전 대륙에서는 화학 제조업보다도 관광산업의 규모가 큰 것으로 나타났다.
>
> 서비스 산업의 특성상 고용을 잣대로 삼으면 그 차이는 더욱 더 벌어진다. 지난해 전세계 관광산업 종사자는 9,800만 명으로 자동차 산업의 6배, 화학 제조업의 5배, 광업의 4배, 통신 산업의 2배로 나타났다. 간접 고용까지 따지면 2억 5,500만 명이 관광과 관련된 일을 하고 있어, 전 세계적으로 근로자 12명 가운데 1명이 관광과 연계된 직업을 갖고 있는 셈이다. 이러한 수치는 향후 2~3년간은 계속 유지될 것으로 보인다. 실제 백만 달러를 투입할 경우, 관광산업에서는 50명분의 일자리가 추가로 창출되어 교육 부문에 이어 두 번째로 높은 고용 창출효과가 있는 것으로 조사되었다.
>
> 유엔세계관광기구(UNWTO)의 장기 전망에 따르면 관광산업의 성장은 특히 한국이 포함된 동북아시아에서 두드러질 것으로 예상된다. UNWTO는 2010년부터 2030년 사이 이 지역으로 여행하는 관광객이 연평균 9.7% 성장하여 2030년 5억 6,500명이 동북아시아를 찾을 것으로 전망했다. 전 세계 시장에서 차지하는 비율도 현 22%에서 2030년에는 30%로 증가할 것으로 예측했다.
>
> 그런데 지난해 한국의 관광산업 비중(간접 분야 포함 전체 비중)은 5.2%로 세계 평균보다 훨씬 낮다. 관련 고용자수(간접 고용 포함)도 50만 3,000여 명으로 전체의 2%에 불과하다. 뒤집어 생각하면 그만큼 성장의 여력이 크다고 할 수 있다.

① 상민 : 2016년 전 세계 국내총생산(GDP) 총합에서 관광산업이 차지한 직접 비중을 금액으로 따지면 2조 달러가 넘는다.

② 대현 : 2015년 전 세계 통신 산업의 종사자는 자동차 산업의 종사자의 약 3배 정도이다.

③ 동근 : 2017년 전 세계 근로자 수는 20억 명을 넘지 못한다.

④ 수진 : 한국의 관광산업 수준이 간접 고용을 포함하는 고용 수준에서 현재의 세계 평균 수준 비율과 비슷해지려면 3백억 달러 이상을 관광 산업에 투자해야 한다.

⑤ 영수 : 2020년에는 동북아시아를 찾는 관광객의 수가 연간 약 2억 8,000명을 넘을 것이다.

✓해설 한국의 관광 관련 고용자 수는 50만 명으로 전체 2% 수준이다. 이를 세계 평균 수준인 8% 이상으로 끌어 올리려면 150만 여명 이상을 추가로 고용해야 한다. 백만 달러당 50명의 일자리가 추가로 창출되므로 150만 명 이상을 추가로 고용하려면 대략 300억 달러 이상이 필요하다.
① 약 1조 8,830억 달러 정도이다.
② 2017년 기준으로 지난해인 2016년도의 내용이므로 2015년의 종사자 규모는 알 수 없다. 2016년 기준으로는 전 세계 통신 산업의 종사자는 자동차 산업의 종사자의 약 3배 정도이다.

③ 간접 고용까지 따지면 2억 5,500만 명이 관광과 관련된 일을 하고 있어, 전 세계적으로 근로자 12명 가운데 1명이 관광과 연계된 직업을 갖고 있는 셈이다. 추측해보면 2017년 전 세계 근로자 수는 20억 명을 넘는다.

⑤ 2010년부터 2030년 사이 이 지역으로 여행하는 관광객이 연평균 9.7% 성장하여 2030년 5억 6,500명이 동북아시아를 찾을 것으로 전망했으므로 2020년에 동북아시아를 찾는 관광객의 수는 연간 약 2억 8,000명을 넘을 수 없다.

24 다음 글을 읽고 알 수 있는 내용으로 가장 적절한 것은?

> 어떤 시점에 당신만이 느끼는 어떤 감각을 지시하여 'W'라는 용어의 의미로 삼는다고 하자. 그 이후에 가끔 그 감각을 느끼게 되면, "W라고 불리는 그 감각이 나타났다."고 당신은 말할 것이다. 그렇지만 그 경우에 당신이 그 용어를 올바로 사용했는지 그렇지 않은지를 어떻게 결정할 수 있는가? 만에 하나 첫 번째 감각을 잘못 기억할 수도 있을 것이고, 혹은 실제로는 단지 희미하고 어렴풋한 유사성밖에 없는데도 첫 번째 감각과 두 번째 감각 사이에 밀접한 유사성이 있는 것으로 착각할 수도 있다. 더구나 그것이 착각인지 아닌지를 판단할 근거가 없다. 만약 "W"라는 용어의 의미가 당신만이 느끼는 그 감각에만 해당한다면, "W"라는 용어의 올바른 사용과 잘못된 사용을 구분할 방법은 어디에도 없게 될 것이다. 올바른 적용에 관해 결론을 내릴 수 없는 용어는 아무런 의미도 갖지 않는다.

① 본인만이 느끼는 감각을 지시하는 용어는 아무 의미도 없다.
② 어떤 용어도 구체적 사례를 통해서 의미를 얻게 될 수 없다.
③ 감각을 지시하는 용어는 사용하는 사람에 따라 상대적인 의미를 갖는다.
④ 감각을 지시하는 용어의 의미는 그것이 무엇을 지시하는가와 아무 상관이 없다.
⑤ 감각을 지시하는 용어의 의미는 다른 사람들과 공유하는 의미로 확장될 수 있다.

> **해설** '만약 "W"라는 용어의 의미가 당신만이 느끼는 그 감각에만 해당한다면, "W"라는 용어의 올바른 사용과 잘못된 사용을 구분할 방법은 어디에도 없게 될 것이다. 올바른 적용에 관해 결론을 내릴 수 없는 용어는 아무런 의미도 갖지 않는다.'를 통해 알 수 있다.

25 다음 글을 이해한 내용으로 적절하지 않은 것은?

스프링클러는 물을 약제로 사용하여 화재 초기에 화세를 제어할 목적으로 천장에 설치되는 고정식 소화 설비로, 수원과 연결된 배관, 가압 송수 장치, 제어 장치, 헤드로 구성되어 있다. 스프링클러가 설치된 건물에서 화재가 발생하면, 정상 상태에서는 방수구를 막고 있던 헤드의 감열체가 온도를 감지하고 헤드로부터 이탈하면서 연소물과 그 주변에 물이 분사되어 화세를 제어할 수 있게 된다.

스프링클러가 화세를 제어하는 원리는 물의 냉각 작용을 통해 연소물로부터 열을 흡수하여 온도를 발화점 미만으로 떨어뜨리는 것이다. 어떤 물질 1kg의 온도를 1℃ 올리는 데 드는 열량을 비열이라 하고 액체가 기화하여 기체로 될 때 흡수하는 열을 증발 잠열이라고하는데, 물은 끓는점이 100℃, 비열이 1kcal/kg·℃, 증발 잠열이 539kcal/kg로서 다른 어느 물질보다도 큰 열 흡수 능력을 가지고 있다. 20℃의 물 1kg이 완전히 증기로 변할 때, 물은 온도를 끓는점까지 올리기 위한 80kcal의 열량에 이를 증기로 변하게 하기 위한 539kcal의 열량을 더하여 총 619kcal를 흡수할 수 있게 된다. 화재가 일어나 분당 6,000kcal의 열량이 방출되고 있어 물의 냉각 작용만을 통해 화세를 제어하고자 한다면, 20℃의 물을 분당 10kg 내보내면 물이 증발하면서 총 6,190kcal를 흡수할 수 있으므로 연소물로부터 방출되는 열량을 흡수하여 화세를 제어하고 불을 끌 수 있게 된다.

스프링클러가 화세를 제어하는 또 다른 원리는 물의 증기 팽창을 통해 공기 중 물질의 농도를 희석시키거나 연소물에 얇은 막을 형성하여 산소를 차단하는 것이다. 20℃ 물의 비부피는 0.001m³/kg이고 100℃ 증기의 비부피는 1.673m³/kg로서 물이 증기가 되면서 부피가 약 1,600배 이상 팽창된다. 이러한 증기 팽창은 공기 중 산소의 농도와 가연물이 되는 가연성 증기의 농도를 희석시켜 연소를 억제하는 효과를 준다. 증기 팽창에 의한 작용을 극대화하기 위해서는 물의 증발 효율을 높여야 하는데 이를 위해서는 물 입자의 크기를 작게 만들어 단위 부피당 표면적을 크게 하는 것이 필요하다. 그리고 물방울의 입자를 더욱 작은 미립자로 분무할 경우에는 매우 얇은 막의 형성을 뜻하는 에멀전(emulsion) 효과가 발생한다. 유류 화재와 같이 물이 소화제로서 적합하지 않은 상황에서도 미세한 물 입자를 이용한 분무는, 물이 유류 표면에 얇은 막을 형성할 수 있도록 해 준다. 이렇게 형성된 얇은 막은 산소를 차단하여 질식소화의 효과를 발휘하게 한다. 이러한 원리를 바탕으로 스프링클러가 화재 초기에 화세를 제어하게 되면, 연소의 진행으로 인해 쌓인 가연성 가스가 폭발하여 화재 공간 전체가 화염에 휩싸이는 데 이르는 시간을 지연시킬 수 있다. 또한 실내 거주자가 화재에 견딜 수 있는 상황을 만들어 주기 때문에 피난 시간을 확보할 수 있게 된다. 그리고 스프링클러가 온도를 감지하여 자동으로 작동하는 특성은 야간이나 유동 인원이 적은 공간에서도 화재 감지 및 경보, 소화를 할 수 있게 해 준다는 점에서 의의를 지닌다.

① 물 입자의 단위 부피당 표면적이 클수록 증발 효율이 높다.

② 25℃의 물 1kg이 증기로 변하면 총 614kcal의 열량을 흡수할 수 있다.

③ 연소물에서 방출되는 열량보다 물이 흡수하는 열량이 더 크면 화세를 제어할 수 있다.

④ 스프링클러가 화재 초기에 화세를 제어하면 실내 거주자의 피난 시간을 확보할 수 있다.

⑤ 스프링클러를 통해 방출되는 물의 온도가 낮아지면 연소물로부터 흡수할 수 있는 열량이 적어진다.

해설 스프링클러를 통해 방출되는 물의 온도가 낮아지면, 끓는점인 100℃까지 올리는 데 드는 열량이 많아지므로 연소물로부터 흡수할 수 있는 열량도 많아진다.

① 물 입자의 크기가 작을수록 단위 부피당 표면적이 커지므로 증발 효율은 높아지게 된다.

② 25℃의 물 1kg을 끓는점인 100℃까지 올리기 위해 75kcal, 이를 기체로 변하게 하기 위해 539kcal가 필요하므로 총 614kcal의 열량을 흡수할 수 있다.

③ 냉각 작용으로 불을 끄려면 물이 흡수하는 열량이 연소물로부터 방출되는 열량보다 커야 모든 열을 흡수하고 불을 끌 수 있게 된다.

④ 스프링클러가 화재 초기에 작동하면 화재에 견딜 수 있는 상황을 만들어 주므로 피난 시간이 확보된다.

26 다음 글을 읽고 이 글에서 설명하고 있는 '사전조치'의 개념과 다른 내용은?

> 개인이나 사회는 장기적으로 최선인 일을 의지박약, 감정, 충동, 고질적 습관, 중독 그리고 단기적 이익 추구 등의 이유로 인해 수행하지 못하는 경우가 많다. 예컨대 많은 사람들이 지금 담배를 끊는 것이 자신의 건강을 위해서 장기적으로 최선이라고 판단함에도 불구하고 막상 담배를 피울 수 있는 기회에 접하게 되면 의지박약으로 인해 담배를 피우는 경우가 많다. 이런 경우 개인이나 사회는 더 합리적으로 행동하기 위해서 행위자가 가질 수 있는 객관적인 기회를 제한하거나 선택지를 줄임으로써 의지박약이나 충동 또는 단기적 이익 등에 따라 행동하는 것을 방지할 수 있다. 이런 조치를 '사전조치'라 한다.

① 알코올 중독자가 금주를 목적으로 인근 수십 킬로미터 안에 술을 파는 곳이 없는 깊은 산속으로 이사를 하였다.

② 술에 취할 때마다 헤어진 애인에게 전화를 하는 남학생이 더 이상 그녀에게 전화를 하지 않기 위해 자신의 핸드폰 번호를 변경하였다.

③ 가정 내에서 TV를 통한 미성년자의 등급 외 상영물 시청을 제한하기 위해 TV에 성인물 시청 시 비밀번호를 입력하도록 하는 장치를 설치하였다.

④ 군것질 버릇이 있는 영화배우가 최근 캐스팅된 영화 촬영을 앞두고 몸 관리를 위해 매니저에게 자신의 숙소에 있는 모든 군것질 거리를 치우도록 하였다.

⑤ 국회는 향후 집권당과 정부가 선거에서 유권자의 표를 구할 목적으로 단기적으로만 효과를 발휘하는 통화금융정책을 시행할 위험을 막기 위해서 이자율과 통화량에 대한 결정권을 독립된 중앙은행에 이양하는 법률을 제정하였다.

해설 자신의 핸드폰 번호를 바꾸더라도 헤어진 애인에게 자신이 전화를 할 수 없게 된 것은 아니므로 사전조치에 해당하지 않는다.

Answer 25.⑤ 26.②

27 어느 날 팀장이 다음 자료를 보여주면서 "올해 렌터카 회사와 계약을 하는데, 그 쪽에서 요금표를 보내 주었다."며 "6개월을 사용하면 어떻게 되는지 자네가 검토해서 퇴근 전에 구두로 보고해 달라."고 하신다. 귀하가 팀장에게 보고할 내용으로 가장 적합한 것은 무엇인가?

요금제	기본요금	추가요금
A	1개월 150,000원	초과 1개월당 100,000원
B	3개월 170,000원	초과 1개월당 200,000원

① 암산으로 계산해 보니 A요금은 600,000원, B요금은 800,000원이 나옵니다.

② 이면지에 계산해 보니 A요금이나 B요금이나 6개월 사용하면 똑같습니다.

③ 요금제를 검토해 보니 A요금이 B요금보다 저렴해서 A요금제를 추천합니다.

④ 계산기로 계산해 보니 A요금이 B요금보다 비싸서 B요금제로 추천합니다.

⑤ 박 대리한테 물어보니 A요금이나 B요금이나 비슷하다고 합니다.

✔해설 A요금제와 B요금제를 계산해 보면 6개월에 A요금은 650,000원, B요금은 770,000원이 나오므로 A요금이 더 저렴하다는 것을 보고해야 한다. 그러나 본인에게 검토해서 보고하라고 하였으므로 타인의 의견이 아닌 본인이 직접 검토해 보아야 한다.

28 다음 글을 논리적으로 바르게 배열한 것은?

> (가) 오늘날까지 인류가 알아낸 지식은 한 개인이 한 평생 체험을 거듭할지라도 그 몇 만분의 일도 배우기 어려운 것이다.
> (나) 가령, 무서운 독성을 가진 콜레라균을 어떠한 개인이 먹어 보아서 그 성능을 증명하려 하면, 그 사람은 그 지식을 얻기 전에 벌써 죽어 버리고 말게 될 것이다.
> (다) 지식은 그 종류와 양이 무한하다.
> (라) 또 지식 중에는 체험으로써 배우기에는 너무 위험한 것도 많다.
> (마) 그러므로 체험만으로써 모든 지식을 얻으려는 것은 매우 졸렬한 방법일 뿐 아니라, 거의 불가능한 일이라 하겠다.

① (다)(가)(라)(나)(마)   ② (다)(라)(가)(나)(마)

③ (가)(다)(나)(마)(라)   ④ (가)(나)(라)(마)(다)

⑤ (가)(다)(마)(나)(라)

✔해설 (다) 무한한 지식의 종류와 양 → (가) 인간이 얻을 수 있는 지식의 한계 → (라) 체험으로써 배우기 어려운 지식 → (나) 체험으로 배우기 위험한 지식의 예 → (마) 체험으로써 모든 지식을 얻기란 불가능함

29 귀하는 정기간행물을 발간하는 중소기업에서 편집디자이너로 일하고 있다. 걸핏하면 "이건 당신의 책임 아니냐"고 질책하는 팀장으로 인해 스트레스가 쌓인 귀하는 어느 날 편집디자이너의 작업명세서라는 것을 뒤져 보았더니 다음과 같은 책임이 있는 것으로 나왔다. 용기를 얻은 귀하는 자료를 근거로 팀장 에게 소명하려고 하는데, 다음 중 귀하가 할 주장으로 가장 적절한 것은?

직무 수행에 있어서의 책임과 한계

1. 컴퓨터 및 주변기기를 항상 최적의 상태로 유지관리하고, 소프트웨어의 오류에 의한 간단한 기기 고 장은 보수하여야 한다.
2. 자재 및 소모품에 관한 관리를 철저히 하여 원가절감을 기하고, 제품의 불량이 발생할 경우 불량 원 인을 분석하여 재발방지를 위한 대책을 세워야 한다.
3. 인쇄 공정 별 책임자의 작업 지시에 따라 수행하는 작업내용과 진행상황을 서류나 구두로 보고하고, 인쇄원고의 보관관리는 물론 기밀유지의 책임이 있다.
4. 컴퓨터, 주변기기, 각종 공구 등을 사용할 때 부주의로 인한 안전사고가 일어나지 않도록 각자가 조 심하여야 하고, 공정 진행상의 주의 소홀로 야기되는 공정 지연 등이 되지 않도록 노력하여야 한다.
5. 오탈자에 대한 최종 교정책임을 진다.
6. 사진이 잘못 게재된 것에 대한 책임을 진다.

---

① 보세요. 초상권을 침해한 것은 사진사 잘못이지, 그게 왜 제 책임입니까?

② 보세요. 글 쓴 사람이 오탈자를 잡아야지, 제가 그런 것까지 할 여유가 어디 있습니까?

③ 보세요. 인쇄소로 넘겼으면 끝난 거지. 왜 제가 작업 진행까지 파악해야 합니까?

④ 보세요. 컴퓨터가 파손되었다고 저한테 말씀하시면 너무한 것 아닙니까?

⑤ 보세요. 소프트웨어의 업데이트 오류까지 제가 일일이 확인해야 합니까?

> ✔해설 제시된 작업명세서를 보면 컴퓨터 파손에 대한 책임이나 한계에 대한 내용은 어디에도 없다. 편집디자이너가 컴퓨터 파손에 대한 책임을 갖는 것은 아니다.

30 다음 글을 통해 알 수 없는 것은?

동아시아 삼국에 외국인이 집단적으로 장기 거주함에 따라 생활의 편의와 교통통신을 위한 근대적 편의시설이 갖춰지기 시작하였다. 이른바 문명의 이기로 불린 전신, 우편, 신문, 전차, 기차 등이 그것이다. 민간인을 독자로 하는 신문은 개항 이후 새롭게 나타난 신문물 가운데 하나이다. 신문(新聞) 혹은 신보(新報)라는 이름부터가 그렇다. 물론 그 전에도 정부 차원에서 관료들에게 소식을 전하는 관보가 있었지만 오늘날 우리가 사용하는 의미에서의 신문은 여기서부터 비롯된다.

1882년 서양 선교사가 창간한 「The Universal Gazette」의 한자 표현이 '천하신문'인 데서 알 수 있듯, 선교사들은 가제트를 '신문'으로 번역했다. 이후 신문이란 말은 "마카오의 신문지를 참조하라."거나 "신문관을 설립하자"는 식으로 중국인들이 자발적으로 활발하게 사용하기 시작했다.

상업이 발달한 중국 상하이와 일본 요코하마에서는 각각 1851년과 1861년 영국인에 의해 영자신문이 창간되어 유럽과 미국 회사들에 필요한 정보를 제공했고, 이윽고 이를 모델로 하는 중국어, 일본어 신문이 창간되었다. 상하이 최초의 중국어 신문은 영국의 민간회사 자림양행에 의해 1861년 창간된 「상하이신보」다. 거기에는 선박의 출입일정, 물가정보, 각종 광고 등이 게재되어 중국인의 필요에 부응했다. 이 신문은 'ㅇㅇ신보'라는 용어의 유래가 된 신문이다. 중국에서 자국인에 의해 발행된 신문은 1874년 상인 황타오에 의해 창간된 중국어 신문 「순후안일보」가 최초이다. 이것은 오늘날 '△△일보'라는 용어의 유래가 된 신문이다.

한편 요코하마에서는 1864년 미국 영사관 통역관이 최초의 일본어 신문 「카이가이신문」을 창간하면서 일본 국내외 뉴스와 광고를 게재했다. 1871년 처음으로 일본인에 의해 일본어 신문인 「요코하마마이니치신문」이 창간되었고, 이후 일본어 신문 창간의 붐이 있었다.

개항 자체가 늦었던 조선에서는 정부 주도하에 1883년 외교를 담당하던 통리아문 박문국에서 최초의 근대적 신문 「한성순보」를 창간했다. 그러나 한문으로 쓰인 「한성순보」와는 달리 그 후속으로 1886년 발행된 「한성주보」는 국한문혼용을 표방했다. 한글로 된 최초의 신문은 1896년 독립협회가 창간한 「독립신문」이다. 1904년 영국인 베델과 양기탁 등에 의해 「대한매일신보」가 영문판 외에 국한문 혼용판과 한글 전용판을 발간했다. 그밖에 인천에서 상업에 종사하는 사람들을 위한 정보를 알려주는 신문 등 다양한 종류의 신문이 등장했다.

① 중국 상하이와 일본 요코하마에서 창간된 영자신문은 서양 선교사들이 주도적으로 참여하였다.

② 개항 이전에는 관료를 위한 관보는 있었지만, 민간인 독자를 대상으로 하는 신문은 없었다.

③ 'ㅇㅇ신보'나 '△△일보'란 용어는 민간이 만든 신문들의 이름에서 기인한다.

④ 일본은 중국보다 자국인에 의한 자국어 신문을 먼저 발행하였다.

⑤ 개항 이후 외국인의 필요에 의해 발행된 신문이 있었다.

> ✔해설 상하이와 요코하마에서는 영국인에 의해 영자신문이 창간되었다고 언급했다. 그러나 주어진 글로는 이들이 서양 선교사들인지는 알 수 없다.
>
> ② 정부 차원에서 관료들에게 소식을 전하는 관보가 있었으나 민간인을 독자로 하는 신문은 개항 이후 새롭게 나타난 신문들이다.

③ 'ㅇㅇ신보'라는 용어가 유래된 것은 「상하이신보」로 영국의 민간회사에서 만들었고, 'ㅇㅇ일보'라는 용어가 유래된 것은 「순후안일보」로 상인에 의해 창간되었다.
④ 자국민에 의한 중국어 신문은 1874년에 출간된 「순후안일보」가 최초이고, 자국민에 의한 일본어 신문은 1871년에 출간된 「요코하마마이니치신문」이 최초이다.
⑤ 상하이와 요코하마에서는 유럽과 미국 회사들에게 필요한 정보를 제공하는 영자신문이 창간되었다.

31 다음 글의 (   ) 안에 들어갈 말을 순서대로 바르게 나열한 것은?

차용증서

제1조 : 채권자 "갑"은 20ㅇㅇ년 ㅇㅇ월 ㅇㅇ일에 금 ㅇㅇ만 원을 채무자 "을"에게 빌려주고 채무자 "을"은 이것을 차용하였다.

제2조 : 차용금의 변제기한은 20ㅇㅇ년 ㅇㅇ월 ㅇㅇ일로 한다.

제3조 : 1) 이자는 월 ㅇㅇ푼의 비율로 하고 매월 ㅇㅇ일까지 지불하기로 한다.
2) 원리금의 변제를 지체했을 때에는 채무자는 일변 ㅇㅇ리의 비율에 의한 지연손실금을 (㉠)해서 지불해야 한다.

제4조 : 채무의 변제는 채권자 현재의 주소 또는 지정장소에 지참 또는 송금하여 지불한다.

제5조 : 채무자 "을"이 다음의 어느 하나에 해당하는 경우에 있어서는 채권자 "갑"으로부터의 통지, 최고 등이 없이도 당연히 기한의 이익을 잃고 채무 전부를 즉시 변제한다.
① 본 건 이자의 지불을 ㅇㅇ개월분 이상 (㉡)했을 때
② 다른 채무 때문에 강제집행, 집행보전처분을 받거나, 파산 또는 경매의 신청이 있었을 때

제6조 : 채무자 "을"은 그 채무불이행 시에는 그의 전 재산에 대해 곧 강제집행에 따를 것을 (㉢)했다.

	㉠	㉡	㉢
①	가산	체납	승낙
②	가산	지체	승낙
③	가산	체납	거부
④	감산	지체	승낙
⑤	감산	체납	거부

✔ **해설** ㉠ 가산 : 더하여 셈함
㉡ 지체 : 의무 이행을 정당한 이유 없이 지연하는 일
㉢ 승낙 : 청약(請約)을 받아들이어 계약을 성립시키는 의사 표시

Answer 30.① 31.②

32 다음 글을 통해 알 수 있는 내용이 아닌 것은?

오늘날 인류가 왼손보다 오른손을 선호하는 경향은 어디서 비롯되었을까? 무기를 들고 싸우는 결투에서 오른손잡이는 왼손잡이 상대를 만나 곤혹을 치르곤 한다. 왼손잡이 적수가 무기를 든 왼손은 뒤로 감춘 채 오른손을 내밀어 화해의 몸짓을 보이다가 방심한 틈에 공격을 할 수도 있다. 그러나 이런 상황이 왼손에 대한 폭넓고 뿌리 깊은 반감을 다 설명해 준다고는 생각하지 않는다. 예컨대 그런 종류의 겨루기와 거의 무관했던 여성들의 오른손 선호는 어떻게 설명할 것인가?

오른손을 귀하게 여기고 왼손을 천대하는 현상은 어쩌면 산업화 이전 사회에서 배변 후 사용할 휴지가 없었다는 사실과 관련이 있을 법하다. 인류 역사에서 대부분의 기간 동안 배변 후 뒤처리를 담당한 것은 맨손이었다. 맨손으로 배변 뒤처리를 하는 것은 불쾌할뿐더러 병균을 옮길 위험을 수반하는 일이었다. 이런 위험의 가능성을 낮추는 간단한 방법은 음식을 먹거나 인사할 때 다른 손을 사용하는 것이었다. 기술 발달 이전의 사회에서는 대개 왼손을 배변 뒤처리에, 오른손을 먹고 인사하는 일에 사용했다. 이런 전통에서 벗어난 행동을 보면 사람들은 기겁하지 않을 수 없었다. 오른손과 왼손의 역할 분담에 관한 관습을 따르지 않는 어린아이는 벌을 받았을 것이다.

나는 이런 배경이 인간 사회에서 널리 나타나는 '오른쪽'에 대한 긍정과 '왼쪽'에 대한 반감을 어느 정도 설명해 줄 수 있으리라고 생각한다. 그러나 이 설명은 왜 애초에 오른손이 먹는 일에, 그리고 왼손이 배변 처리에 사용되었는지 설명해 주지 못한다. 확률로 말하자면 왼손이 배변 처리를 담당하게 될 확률은 1/2이다. 그렇다면 인간 사회 가운데 절반 정도는 왼손잡이 사회였어야 할 것이다. 그러나 동서양을 막론하고 왼손잡이 사회는 확인된 바 없다. 세상에는 왜 온통 오른손잡이 사회들뿐인지에 대한 근본적인 설명은 다른 곳에서 찾아야 할 것 같다.

한쪽 손을 주로 쓰는 경향은 뇌의 좌우반구의 기능 분화와 관련되어 있는 것으로 보인다. 보고된 증거에 따르면, 왼손잡이는 읽기와 쓰기, 개념적·논리적 사고 같은 좌반구 기능에서 오른손잡이보다 상대적으로 미약한 대신 상상력, 패턴 인식, 창의력 등 전형적인 우반구 기능에서는 상대적으로 기민한 경우가 많다.

비비원숭이의 두개골 화석을 연구함으로써 오스트랄로피테쿠스가 어느 손을 즐겨 썼는지를 추정할 수 있다. 이들이 비비원숭이를 몽둥이로 때려서 입힌 상처의 흔적이 남아 있기 때문이다. 연구에 따르면 오스트랄로피테쿠스는 약 80%가 오른손잡이였다. 이는 현대인과 거의 일치한다. 사람이 오른손을 즐겨 쓰듯 다른 동물들도 앞발 중에 더 선호하는 쪽이 있는데, 포유류에 속하는 동물들은 대개 왼발을 즐겨 쓰는 것으로 나타났다. 이들 동물에서도 뇌의 좌우반구 기능은 인간과 본질적으로 다르지 않으며, 좌우반구의 신체 제어에서 좌우 교차가 일어난다는 점도 인간과 다르지 않다.

왼쪽과 오른쪽의 대결은 인간이라는 종의 먼 과거까지 거슬러 올라간다. 나는 이성 대 직관의 힘겨루기, 뇌의 두 반구 사이의 힘겨루기가 오른손과 왼손의 힘겨루기로 표면화된 것이 아닐까 생각한다. 즉 오른손이 원래 왼손보다 더 능숙했기 때문이 아니라 뇌의 좌반구가 인간의 행동을 지배하는 권력을 갖게 되었기 때문에 오른손 선호에 이르렀다는 생각이다. 그리고 이것이 사실이라면 직관적 사고에 대한 논리적 비판은 거시적 관점에서 그 타당성을 의심해 볼 만하다. 어쩌면 뇌의 우반구 역시 좌반구의 권력을 못마땅하게 여기고 있는지도 모른다. 다만 논리적인 언어로 반론을 펴지 못할 뿐.

① 위생에 관한 관습은 명문화된 규범 없이도 형성될 수 있다.

② 직관적 사고보다 논리적 사고가 인간의 행위를 더 강하게 지배해 왔다고 볼 수 있다.

③ 인류를 제외한 대부분의 포유류의 경우에는 뇌의 우반구가 좌반구와의 힘겨루기에서 우세하다고 볼 수 있다.

④ 먹는 손과 배변을 처리하는 손이 다르게 된 이유는 먹는 행위와 배변 처리 행위에 요구되는 뇌 기능이 다르기 때문이다.

⑤ 왼손을 천대하는 관습이 가져다 주는 이익이 있다고 해서 오른손잡이가 왼손잡이보다 압도적으로 많은 이유가 설명되는 것은 아니다.

✔해설 먹는 손과 배변을 처리하는 손이 다르게 된 것을 한쪽 손을 주로 쓰는 경향은 뇌의 좌우반구의 기능 분화와 관련이 있다고 언급하였으나 이것이 행위에 요구되는 뇌 기능의 차이 때문이라고 말할 수는 없다. 좌우반구 기능 분화는 논리적 사고와 직관적 사고와 관련된 것이지 먹는 행위와 배변 처리 행위의 차이라고 할 수는 없다.

  ① 위생에 대한 관습으로 왼손은 배변 처리에 이용하고 오른손을 먹고 인사하는 일에 이용했다는 예를 들고 있다. 이는 관습이 규범이 아니라 주로 사용하는 한쪽 손의 경향에 따른 것이다.

  ② 왼쪽 손을 주로 사용하는 경향은 뇌의 좌우반구의 기능 분화와 관련이 있고, 논리적 사고는 좌반구 기능과 관련이 있다. 또한 직관적 사고는 우반구와 관련이 있다. 오른손잡이는 좌반구 기능이 우반구 기능보다 상대적으로 기민한 경우가 많다. 현대인의 약 80%가 오른손잡이이므로 직관적 사고보다는 논리적 사고가 더 지배적이라 볼 수 있다.

  ③ 인류를 제외한 포유류는 대게 왼발을 사용하므로 뇌의 좌반구보다는 우반구의 기능이 더 기민하다고 볼 수 있다.

  ⑤ 관습은 오른손잡이가 많은 것에 대한 근본적인 설명은 아니다.

Answer 32.④

33 다음 글을 통해 알 수 없는 내용은?

> 희생제의란 신 혹은 초자연적 존재에게 제물을 바침으로써 인간 사회에서 발생하는 중요한 문제를 해결하려는 목적으로 이루어지는 의례를 의미한다. 이 제의에서는 제물이 가장 주요한 구성요소인데, 이때 제물은 제사를 올리는 인간들과 제사를 받는 대상 사이의 유대 관계를 맺게 해주어 상호 소통할 수 있도록 매개하는 역할을 수행한다.
>
> 희생제의의 제물, 즉 희생제물의 대명사로 우리는 '희생양'을 떠올린다. 이는 희생제물이 대게 동물일 것이라고 추정하게 하지만, 희생제물에는 인간도 포함된다. 인간 집단은 안위를 위협하는 심각한 위기 상황을 맞게 되면, 이를 극복하고 사회 안정을 회복하기 위해 처녀나 어린아이를 제물로 바쳤다. 이러한 사실은 인신공희(人身供犧) 설화를 통해 찾아볼 수 있다. 이러한 설화에서 인간들은 신이나 괴수에게 처녀나 어린아이를 희생제물로 바쳤다.
>
> 희생제의는 원시사회의 산물로 머문 것이 아니라 아주 오랫동안 동서양을 막론하고 여러 문화권에서 지속적으로 행해져 왔다. 이에 희생제의의 기원이나 형식을 밝히기 위한 종교현상학적 연구들이 시도되어 왔다. 그리고 인류학적 연구에서는 희생제의에 나타난 인간과 문화의 본질에 대한 탐색이 있어 왔다. 인류학적 관점의 대표적인 학자인 지라르는 「폭력과 성스러움」, 「희생양」 등을 통해 인간 사회의 특징, 사회 갈등과 그 해소 등의 문제를 '희생제의'와 '희생양'으로 설명했다.
>
> 인간은 끊임없이 타인과 경쟁하고 갈등하는 존재이다. 이러한 인간들 간의 갈등은 공동체 내에서 무차별적이면서도 심각한 갈등 양상으로 치닫게 되고 극도의 사회적 긴장 관계를 유발한다. 이때 다수의 사회 구성원들은 사회 갈등을 희생양에게 전이시켜 사회 갈등을 해소하고 안정을 되찾고자 하였다는 것이 지라르 논의의 핵심이다.
>
> 희생제의에서 희생제물로서 처녀나 어린아이가 선택되는 경우가 한국뿐 아니라 많은 나라에서도 발견된다. 처녀와 어린아이에게는 인간 사회의 세속적이고 부정적인 속성이 깃들지 않았다는 관념이 오래 전부터 지배적이었기 때문이다. 그러나 지라르는 근본적으로 이들이 희생제물로 선택된 이유를, 사회를 주도하는 주체인 성인 남성들이 스스로 일으킨 문제를 자신들이 해결하지 않고 사회적 역할 차원에서 자신들과 대척점에 있는 타자인 이들을 희생양으로 삼았기 때문인 것으로 설명하였다.

① 종교현상학적 연구는 인간 사회의 특성과 사회 갈등 형성 및 해소를 희생제의와 희생양의 관계를 통해 설명한다.

② 지라르에 의하면 다수의 사회 구성원들은 사회 갈등을 희생양에게 전이시킴으로써 사회 안정을 이루고자 하였다.

③ 희생제물을 통해 위기를 극복하고 사회의 안정을 회복하고자 한 의례 행위는 동양에 국한된 것이 아니다.

④ 지라르에 따르면 희생제물인 처녀나 어린아이들은 성인 남성들과 대척점에 있는 존재이다.

⑤ 인신공희 설화에서 희생제물인 어린아이들은 인간들과 신 혹은 괴수 간에 소통을 매개한다.

"희생제의의 기원이나 형식을 밝히기 위한 종교현상학적 연구들이 시도되어 왔다. 그리고 인류학적 연구에서는 희생제의에 나타난 인간과 문화의 본질에 대한 탐색이 있어 왔다."를 보면 인간 사회의 특성과 사회 갈등 형성 및 해소를 희생제의와 희생양의 관계를 통해 설명하는 것은 인류학적 연구이다.

34 다음 글을 읽고 바르게 추론한 것을 고르면?

청소년기에 또래집단으로부터의 압력은 흡연의 대표적인 원인이다. 우리나라 청소년의 대부분이 친구의 권유를 통해 처음 담배를 접하게 된다는 통계 결과가 이를 뒷받침한다. 청소년기의 흡연은 심각한 문제인데 한 통계에 따르면 우리나라 고등학생의 40%가 흡연을 경험하며 성인 흡연자의 대부분이 흡연을 시작한 시기가 청소년기라고 한다.

한편, 흡연행동과 그에 따른 니코틴 중독을 야기하는 유전적 원인에 초점이 모아지고 있다. 흡연에 관한 쌍둥이 연구자료, 유전자 조사기법 등을 종합한 연구에 의하면 흡연자와 비흡연자를 결정하는 중요한 원인 중 하나는 도파민이라는 신경전달물질을 생산하는 유전자와 관련이 있는 것으로 알려지고 있다. 도파민은 뇌의 쾌락중추를 자극하는 역할을 하는데 이 도파민이 많이 분비되는 유전자형을 가진 사람이 그렇지 않은 사람에 비해 흡연을 적게 한다는 증거가 있다.

① 우리나라 성인 흡연자의 40%는 청소년기에 흡연을 시작하였다.
② 폐암 발생률을 감소시키기 위해 금연 교육프로그램을 개발하여야 한다.
③ 청소년의 흡연율을 낮추면 성인 흡연율도 장기적으로 낮아질 가능성이 높다.
④ 도파민 분비를 억제시키는 약물을 개발한다면 금연에 도움을 줄 수 있을 것이다.
⑤ 부모가 흡연을 할 경우 자녀에게 부모의 흡연사실을 감춘다면 그 자녀가 흡연할 확률을 낮추는 것이 가능하다.

위 글에서 보면 성인 흡연자의 대부분이 흡연을 시작한 시기가 청소년기라고 했으며, 흡연행동과 그에 따른 니코틴 중독을 고려하면, 청소년 흡연율과 성인 흡연율간의 강한 양의 상관관계가 있다고 추론이 가능하므로 청소년의 흡연율은 낮추면 성인 흡연율도 장기적으로 낮아질 가능성이 있다.

35 다음 글에서 추론할 수 있는 내용만을 모두 고른 것은?

'도박사의 오류'라고 불리는 것은 특정 사건과 관련 없는 사건을 관련 있는 것으로 간주했을 때 발생하는 오류이다. 예를 들어, 주사위 세 개를 동시에 던지는 게임을 생각해 보자. 첫 번째 던지기 결과는 두 번째 던지기 결과에 어떤 영향도 미치지 않으며, 이런 의미에서 두 사건은 서로 상관이 없다. 마찬가지로 10번의 던지기에서 한 번도 6의 눈이 나오지 않았다는 것은 11번째 던지기에서 6의 눈이 나온다는 것과 아무런 상관이 없다. 그럼에도 불구하고, 우리는 "10번 던질 동안 한 번도 6의 눈이 나오지 않았으니, 이번 11번째 던지기에는 6의 눈이 나올 확률이 무척 높다."라고 말하는 경우를 종종 본다. 이런 오류를 '도박사의 오류 A'라고 하자. 이 오류는 지금까지 일어난 사건을 통해 미래에 일어날 특정 사건을 예측할 때 일어난다.

하지만 반대 방향도 가능하다. 즉, 지금 일어난 특정 사건을 바탕으로 과거를 추측하는 경우에도 오류가 발생한다. 다음 사례를 생각해보자. 당신은 친구의 집을 방문했다. 친구의 방에 들어가는 순간, 친구는 주사위 세 개를 던지고 있었으며 그 결과 세 개의 주사위에서 모두 6의 눈이 나왔다. 이를 본 당신은 "방금 6의 눈이 세 개가 나온 놀라운 사건이 일어났다는 것에 비춰볼 때, 내가 오기 전에 너는 주사위 던지기를 무척 많이 했음에 틀림없다."라고 말한다. 당신은 방금 놀라운 사건이 일어났다는 것을 바탕으로 당신 친구가 과거에 주사위 던지기를 많이 했다는 것을 추론한 것이다. 하지만 이것도 오류이다. 당신이 방문을 여는 순간 친구가 던진 주사위들에서 모두 6의 눈이 나올 확률은 매우 낮다. 하지만 이 사건은 당신 친구가 과거에 주사위 던지기를 많이 했다는 것에 영향을 받은 것이 아니다. 왜냐하면 문을 열었을 때 처음으로 주사위 던지기를 했을 경우에 문제의 사건이 일어날 확률과, 문을 열기 전 오랫동안 주사위 던지기를 했을 경우에 해당 사건이 일어날 확률은 동일하기 때문이다. 이 오류는 현재에 일어난 특정 사건을 통해 과거를 추측할 때 일어난다. 이를 '도박사의 오류 B'라고 하자.

㉠ 인태가 당첨 확률이 매우 낮은 복권을 구입했다는 사실로부터 그가 구입한 그 복권은 당첨되지 않을 것이라고 추론하는 것은 도박사의 오류 A이다.
㉡ 은희가 오늘 구입한 복권에 당첨되었다는 사실로부터 그녀가 오랫동안 꽤 많은 복권을 구입했을 것이라고 추론하는 것은 도박사의 오류 B이다.
㉢ 승민이가 어제 구입한 복권에 당첨되었다는 사실로부터 그가 구입했던 그 복권의 당첨 확률이 매우 높았을 것이라고 추론하는 것은 도박사의 오류 A가 아니며 도박사의 오류 B도 아니다.

① ㉠
② ㉡
③ ㉠㉢
④ ㉡㉢
⑤ ㉠㉡㉢

✅해설 ㉠ 사건의 확률로 미래를 예측 → 도박사의 오류가 아니다.

㉡ 도박사의 오류 B(확률이 낮은 사건이 일어난 것은 시행을 많이 해봤을 것이다)

㉢ 도박사의 오류는 특정사건을 예측하거나 과거를 추측하는 문제이지 확률이 높고 낮음을 추론하는 것이 아니다. 도박사의 오류 A, B 둘 다 아니다.

36 다음 글을 읽고 가장 옳게 말한 사람은?

바이러스의 감염방식은 두 가지인데 바이러스는 그들 중 하나의 감염방식으로 감염된다. 첫 번째 감염방식은 뮤-파지 방식이라고 불리는 것이고, 다른 하나는 람다-파지라고 불리는 방식이다. 바이러스 감염 경로는 다양하다. 가령 뮤-파지 방식에 의해 감염되는 바이러스는 주로 호흡기와 표피에 감염되지만 중추신경계에는 감염되지 않는다. 반면 람다-파지 방식으로 감염되는 바이러스는 주로 중추신경계에 감염되지만 호흡기와 표피에 감염되는 종류도 있다.

바이러스의 형태는 핵산을 둘러싸고 있는 캡시드의 모양으로 구별하는데 이 형태들 중에서 많이 발견되는 것이 나선형, 원통형, 이십면체형이다. 나선형 바이러스는 모두 뮤-파지 방식으로 감염되고, 원통형 바이러스는 모두 람다-파지 방식으로 감염된다. 그러나 이십면체형 바이러스는 때로는 뮤-파지 방식으로, 때로는 람다-파지 방식으로 감염된다. 작년 가을 유행했던 바이러스 X는 이십면체형이 아닌 것으로 밝혀졌고, 람다-파지 방식으로 감염되었다. 올해 기승을 부리면서 우리를 위협하고 있는 바이러스 Y는 바이러스 X의 변종인데 그 형태와 감염방식은 X와 동일하다.

① 갑 : 바이러스 X는 원통형뿐이다.

② 을 : 바이러스 X는 호흡기에 감염되지 않는다.

③ 병 : 바이러스 Y는 호흡기에만 감염된다.

④ 정 : 바이러스 Y는 나선형이 아니다.

⑤ 무 : 나선형이면서 중추신경계에 감염되는 바이러스가 있다.

✅해설 바이러스 Y는 람다-파지 방식으로 감염되므로 나선형이 될 수 없다.

① 바이러스 X는 람다-파지 방식으로 감염되므로 원통형일 수도 있고 아닐 수도 있다.

② 바이러스 X는 람다-파지 방식으로 감염되므로 호흡기에 감염될 수 있다.

③ 바이러스 Y는 람다-파지 방식으로 감염되므로 호흡기에 감염될 수도 있고 아닐 수도 있다.

⑤ 나선형 바이러스는 뮤-파지 방식으로 감염되고 이는 중추신경계에 감염되지 않는다.

Answer 35.④ 36.④

37 다음 글을 순서대로 바르게 배열한 것은?

> ㉠ 적응의 과정은 북쪽의 문헌이나 신문을 본다든지 텔레비전, 라디오를 시청함으로써 이루어질 수 있는 극복의 원초적 단계이다.
>
> ㉡ 이질성의 극복을 위해서는 이질화의 원인을 밝히고 이를 바탕으로 해서 그것을 극복하는 단계로 나아가야 한다. 극복의 문제도 단계를 밟아야 한다. 일차적으로는 적응의 과정이 필요하다.
>
> ㉢ 남북의 언어가 이질화되었다고 하지만 사실은 그 분화의 연대가 아직 반세기에도 미치지 않았고 맞춤법과 같은 표기법은 원래 하나의 뿌리에서 갈라진 만큼 우리의 노력 여하에 따라서는 동질성의 회복이 생각 밖으로 쉬워질 수 있다.
>
> ㉣ 문제는 어휘의 이질화를 어떻게 극복할 것인가에 귀착된다. 우리가 먼저 밟아야 할 절차는 이질성과 동질성을 확인하는 일이다.

① ㉡-㉠-㉢-㉣   ② ㉡-㉢-㉣-㉠

③ ㉢-㉣-㉡-㉠   ④ ㉣-㉡-㉢-㉠

⑤ ㉣-㉢-㉡-㉠

✅ **해설** ㉠은 적응의 과정을 ㉡은 이질성의 극복 방안, ㉢은 동질성 회복이 쉽다는 이야기로 ㉣은 이질화의 극복에 대한 문제 제기를 하고 있다. 그러므로 ㉢ → ㉣ → ㉡ → ㉠이 가장 자연스럽다.

38 다음 서식을 보고 ㉠과 ㉡에 들어갈 내용을 바르게 짝지은 것은?

거래명세표

견적명	컴퓨터 / 주변기기 납품
견적일자	2018년 8월 1일
㈜WK엔터테인먼트 (귀하)	

공급자	등록번호	123-45-67890		
	상호	㈜서원각	성명	다파라
	주소	경기 고양시 일산서구 가좌동 123		
	(㉠)	도매 및 소매업		
	업종	컴퓨터 및 주변장치, 소프트웨어 도매업		

아래와 같이 견적합니다.

공급가액 합계		일금 육백십이만원정 (₩ 6,120,000)			
품명	규격	수량	단가	공급가액	비고
모니터	A형	5	360,000	1,800,000	
본체	B형	5	(㉡)	2,600,000	
프린터	C형	2	360,000	720,000	
주변기기	D형	5	200,000	1,000,000	
합계		17	1,440,000	6,120,000	

특기사항
1. 부가세 포함
2. 계약금 10%
3. 본 견적서는 견적일부터 30일간 유효합니다.

① ㉠ 종목, ㉡ 280,000

② ㉠ 사업, ㉡ 320,000

③ ㉠ 업체, ㉡ 450,000

④ ㉠ 업태, ㉡ 520,000

⑤ ㉠ 기업, ㉡ 650,000

✔해설 ㉠ 한국표준산업 분류표에서 대분류에 해당하는 것을 '업태'라고 한다. 업태 중에서 세분화된 사업의 분류는 '업종'이라고 한다.
㉡ 본체의 수량이 5개이고, 공급가액이 2,600,000원이므로 단가, 즉 한 단위의 가격은 520,000원임을 알 수 있다.

Answer 37.③ 38.④

39 다음 글을 읽고 이에 대한 설명으로 옳지 않은 것은?

(가) 남자는 여자보다 평균수명이 짧고 사망률도 전반적으로 높다. 남자는 각종 사고에 더 많이 노출되어 있고 살해당하거나 자살할 확률이 여자보다 거의 세 배나 높다. 동물과 마찬가지로 남자들이 짝을 얻기 위해 더 위험한 전략을 많이 구사하는 것이 그 원인이다. 이러한 경쟁 때문에 영원히 짝짓기에 실패하는 경우가 남자 쪽에 더 많이 나타난다. 어느 사회에서든 짝 없이 평생을 지내는 노총각이 노처녀보다 더 많다.

(나) 미국에서 1960년대 후반과 1970년대에 있었던 성해방 풍조하에서는 여성들이 성을 마음껏 표현하고 남자들의 맹세를 심각하게 요구하지 않으면서 성관계에 동의하는 현상을 보였다. 이때는 베이비붐 세대의 여자들에 해당하는 연상의 남자 수가 적었던 시기이다. 남자 수가 적은 짝짓기 환경에서 여자들은 건강을 유지하기 위해 노력을 더 많이 하고 자신의 성적 재산을 남자를 유혹하기 위해 기꺼이 내놓기도 하며 외모를 더 나아 보이게 하기 위해 치열하게 경쟁한다.

(다) 다수의 남자들이 소수의 여자들을 두고 경쟁해야 할 때는 상황이 여자에게 유리하게 바뀐다. 남자들은 매력적인 여자를 유혹하기 위해 재산을 모으려 노력하고 아버지가 되는 투자를 자청하게 되므로 결혼생활이 안정적으로 유지된다. 그러나 남자의 비율이 높다고 모든 상황이 여자에게 유리하게 되는 것은 아니다. 남자의 비율이 높으면 결혼한 여자들은 선택의 여지가 많아져서 가정을 떠나겠다는 위협이 더 큰 효력을 발휘하게 된다. 이는 남자들의 질투심을 자극하여 아내를 통제하기 위한 위협과 폭력, 그리고 자신의 짝을 유혹하려는 다른 남자에 대한 폭력을 증가시킨다.

(라) 여자들은 지위가 높고 재산이 많은 남자를 선호하기 때문에 젊은 남자들은 보통 여자의 공급이 부족한 세계에 살게 된다. 그래서 젊은 남자들은 성폭력이나 구타, 살인과 같은 위험한 전략을 구사하는 경우가 많다. 남자들이 이러한 위험을 잘 극복하고 재산과 지위를 가지게 되면 성비는 남자 쪽에 유리하게 된다. 그들이 선택할 수 있는 잠재적인 여자들의 집합도 커지고 짝짓기 시장에서의 그들의 가치도 올라가게 된다. 그들은 일시적인 연애나 혼외정사, 그리고 반복적인 결혼이나 일부다처제의 형식을 통해 다양한 짝을 유혹할 수 있게 된다. 그러나 어떤 연령대이든 짝으로서의 바람직한 자질을 갖추지 못한 남자들은 이러한 혜택을 얻지 못하거나 짝짓기에서 완전히 배제되기도 한다.

① (가)~(라)는 짝짓기를 위한 동성 간의 경쟁이 어떻게 전개되는지를 설명하고 있다.

② (나)~(라)는 수요와 공급의 원리에 근거하여 사회현상을 해석하고 있다.

③ (가), (다), (라)는 남자들이 짝짓기 경쟁에서 더 큰 위험에 노출됨을 말하고 있다.

④ (가), (라)에서는 남자의 입장이, (나)에서는 여자의 입장이 강조되고 있다.

⑤ (가), (다)는 짝짓기 경쟁으로 인하여 성비의 불균형이 발생한다고 보고 있고, (나), (라)는 성비이 불균형으로 인하여 짝짓기 경쟁이 발생한다고 보고 있다.

✅ **해설** (가)는 짝짓기 경쟁으로 인해 성비의 불균형이 나타난다고 본다. 그러나 (다)는 남자에 비해 여성이 소수인 경우 짝짓기 경쟁의 원인을 성비 불균형으로 보고 있다.

40 다음 글을 읽고 '이것'에 대한 설명으로 가장 적절한 것은?

미국 코넬 대학교 심리학과 연구팀은 본교 32명의 여대생을 대상으로 미국의 식품산업 전반에 대한 의견 조사를 실시하였다. '텔레비전에 등장하는 음식 광고가 10년 전에 비해 줄었는지 아니면 늘었는지'를 중심으로 여러 가지 질문을 던졌다. 모든 조사가 끝난 후 설문에 참가한 여대생들에게 다이어트 여부에 대한 추가 질문을 하였다. 식사량에 신경을 쓰고 있는지, 지방이 많은 음식은 피하려고 노력하고 있는지 등에 대한 질문들이었다. 현재 다이어트에 신경 쓰고 있는 여대생들은 그렇지 않은 여대생보다 텔레비전의 식품 광고가 더 늘었다고 인식한 분석 결과가 나타났다. 이들은 서로 다른 텔레비전 프로그램을 봤기 때문일까? 물론 그렇지 않다. 이유는 간단하다. 다이어트를 하는 여대생들은 음식에 대한 '이것'으로 세상을 보고 있었기 때문이다.

코넬 대학교 연구팀은 미국의 한 초등학교 교사와 교직원을 대상으로 아동들이 직면하고 있는 위험 요소가 5년 전에 비하여 증가했는지 감소했는지 조사했다. 그런 다음 응답자들에게 신상 정보를 물었는데, 그 중 한 질문이 첫 아이가 태어난 연도였다. 그 5년 사이에 첫 아이를 낳은 응답자와 그렇지 않은 응답자의 위험 지각 정도를 비교했다. 그 기간 동안에 부모가 된 교사와 직원들이, 그렇지 않은 사람들에 비해 아이들이 직면한 위험 요소가 훨씬 더 늘었다고 답했다. 부모가 되는 순간 세상을 위험한 곳으로 인식하기 시작하는 것이다. 그런 이유로 이들은 영화나 드라마에 등장하는 'F'로 시작하는 욕도 더 예민하게 받아들인다. 이 점에 대해 저널리스트 엘리자베스 오스틴은 이렇게 지적한다. "부모가 되고 나면 영화, 케이블 TV, 음악 그리고 자녀가 없는 친구들과의 대화 중에 늘 등장하는 비속어에 매우 민감해진다." 이처럼 우리가 매일 보고 듣는 말이나 그 내용은 개개인의 '이것'에 의해 결정된다.

① 자기 자신의 관심에 따라 세상을 규정하는 사고방식이다.
② 자기 자신에 의존하여 자신이 모든 것을 결정하려고 하는 욕구이다.
③ 특정한 부분에 순간적으로 집중하여 선택적으로 지각하는 능력이다.
④ 자기 자신의 경험과 인식이 정확하고 객관적이라고 믿는 입장이다.
⑤ 어떤 일에 깊이 몰입해서 자기 자신을 분명하게 자각하려는 태도이다.

✔해설 이 글에서 말하고 있는 '이것'은 자기 자신의 관심에 따라 세상을 규정하는 사고방식에 따라 세상을 보고 결정을 한다는 것을 의미한다. 다이어트를 하고 있는 여대생은 그렇지 않은 여대생에 비해 식품광고가 늘었다고 생각하고, 5년 사이에 아이를 낳은 사람은 5년 전에 비하여 아동들이 직면하고 있는 위험요소가 증가했다고 생각하는 것을 보면 알 수 있다.

41 아래의 글을 읽고 ⓐ의 내용을 뒷받침할 수 있는 경우로 보기 가장 어려운 것을 고르면?

범죄 사건을 다루는 언론 보도의 대부분은 수사기관으로부터 얻은 정보에 근거하고 있고, 공소제기 전인 수사 단계에 집중되어 있다. 따라서 언론의 범죄 관련 보도는 범죄사실이 인정되는지 여부를 백지상태에서 판단하여야 할 법관이나 배심원들에게 유죄의 예단을 심어줄 우려가 있다. 이는 헌법상 적법절차 보장에 근거하여 공정한 형사재판을 받을 피고인의 권리를 침해할 위험이 있어 이를 제한할 필요성이 제기된다. 실제로 피의자의 자백이나 전과, 거짓말탐지기 검사 결과 등에 관한 언론 보도는 유죄판단에 큰 영향을 미친다는 실증적 연구도 있다. 하지만 보도 제한은 헌법에 보장된 표현의 자유에 대한 침해가 된다는 반론도 만만치 않다. 미국 연방대법원은 어빈 사건 판결에서 지나치게 편향적이고 피의자를 유죄로 취급하는 언론 보도가 예단을 형성시켜 실제로 재판에 영향을 주었다는 사실이 입증되면, 법관이나 배심원이 피고인을 유죄라고 확신하더라도 그 유죄판결을 파기하여야 한다고 했다. 이 판결은 이른바 '현실적 예단'의 법리를 형성시켰다. 이후 리도 사건 판결에 와서는, 일반적으로 보도의 내용이나 행태 등에서 예단을 유발할 수 있다고 인정이 되면, 개개의 배심원이 실제로 예단을 가졌는지의 입증 여부를 따지지 않고, 적법 절차의 위반을 들어 유죄판결을 파기할 수 있다는 '일반적 예단'의 법리로 나아갔다.

세퍼드 사건 판결에서는 유죄 판결을 파기하면서, '침해 예방'이라는 관점을 제시하였다. 즉, 배심원 선정 절차에서 상세한 질문을 통하여 예단을 가진 후보자를 배제하고, 배심원이나 증인을 격리하며, 재판을 연기하거나, 관할을 변경하는 등의 수단을 언급하였다. 그런데 법원이 보도기관에 내린 '공판 전 보도금지명령'에 대하여 기자협회가 연방대법원에 상고한 네브래스카 기자협회 사건 판결에서는 침해의 위험이 명백하지 않은데도 가장 강력한 사전 예방 수단을 쓰는 것은 위헌이라고 판단하였다.

이러한 판결들을 거치면서 미국에서는 언론의 자유와 공정한 형사절차를 조화시키면서 범죄 보도를 제한할 수 있는 방법을 모색하였다. 그리하여 세퍼드 사건에서 제시된 수단과 함께 형사 재판의 비공개, 형사소송 관계인의 언론에 대한 정보제공금지 등이 시행되었다. 하지만 ⓐ 예단 방지 수단들의 실효성을 의심하는 견해가 있고, 여전히 표현의 자유와 알 권리에 대한 제한의 우려도 있어, 이 수단들은 매우 제한적으로 시행되고 있다. 그런데 언론 보도의 자유와 공정한 재판이 꼭 상충된다고만 볼 것은 아니며, 피고인 측의 표현의 자유를 존중하는 것이 공정한 재판에 도움이 된다는 입장에서 네브래스카 기자협회 사건 판결의 의미를 새기는 견해도 있다.

이 견해는 수사기관으로부터 얻은 정보에 근거한 범죄 보도로 인하여 피고인을 유죄로 추정하는 구조에 대항하기 위하여 변호인이 적극적으로 피고인 측의 주장을 보도기관에 전하여, 보도가 일방적으로 편향되는 것을 방지할 필요가 있다고 한다. 일반적으로 변호인이 피고인을 위하여 사건에 대해 발언하는 것은 범죄 보도의 경우보다 적법절차를 침해할 위험성이 크지 않은데도 제한을 받는 것은 적절하지 않다고 보며, 반면에 수사기관으로부터 얻은 정보를 기반으로 하는 언론 보도는 예단 형성의 위험성이 큰데도 헌법상 보호를 두텁게 받는다고 비판한다. 미국과 우리나라의 헌법상 변호인의 조력을 받을 권리는 변호인의 실질적 조력을 받을 권리를 의미한다. 실질적 조력에는 법정 밖의 적극적 변호 활동도 포함된다. 따라서 형사절차에서 피고인 측에게 유리한 정보를 언론에 제공할 기회나 반론권을 제약하지 말고, 언론이 검사 측 못지않게 피고인 측에게도 대등한 보도를 할 수 있도록 해야 한다.

① 법원이 재판을 장기간 연기했지만 재판 재개에 임박하여 다시 언론 보도가 이어진 경우

② 검사가 피의자의 진술거부권 행사 사실을 공개하려고 하였으나 법원이 검사에게 그 사실에 대한 공개 금지명령을 내린 경우

③ 변호사가 배심원 후보자에게 해당 사건에 대한 보도를 접했는지에 대해 질문했으나 후보자가 정직하게 답변하지 않은 경우

④ 법원이 관할 변경 조치를 취하였으나 이미 전국적으로 보도가 된 경우

⑤ 법원이 배심원을 격리하였으나 격리 전에 보도가 있었던 경우

> ✔해설 ⓐ의 이전 문장을 보면 알 수 있는데, "언론의 자유와 공정한 형사절차를 조화시키면서 범죄 보도를 제한할 수 있는 방법을 모색하였다. 그리하여 셰퍼드 사건에서 제시된 수단과 함께 형사 재판의 비공개, 형사소송 관계인의 언론에 대한 정보제공금지 등이 시행되었다."에서 볼 수 있듯이 ②의 경우에는 예단 방지를 위한 것이다. 하지만, 예단 방지 수단들에 대한 실효성이 떨어진다는 것은 알 수가 없다.

42 다음 말하기의 문제점을 해결하기 위한 의사소통 전략으로 적절한 것은?

> • (부장님이 팀장님께) "어이, 김팀장 이번에 성과 오르면 내가 술 사줄게."
> • (팀장님이 거래처 과장에게) "그럼 그렇게 일정을 맞혀보도록 하죠."
> • (뉴스에서 아나운서가) "이번 부동산 정책은 이전과 비교해서 많이 틀려졌습니다."

① 청자의 배경지식을 고려해서 표현을 달리한다.

② 문화적 차이에서 비롯되는 갈등에 효과적으로 대처한다.

③ 상대방의 공감을 이끌어 낼 수 있는 전략을 효과적으로 활용한다.

④ 상황이나 어법에 맞는 적절한 언어표현을 사용한다.

⑤ 정확한 의사전달을 위해 비언어적 표현을 효과적으로 사용한다.

> ✔해설 제시된 글들은 모두 상황이나 어법에 맞지 않는 표현을 사용한 것이다. 상황에 따라 존대어, 겸양어를 적절히 사용하고 의미가 분명하게 드러나도록 어법에 맞는 적절한 언어표현이 필요하다.

43 다음 글을 읽고 이에 관련한 내용으로 보기 가장 어려운 것을 고르면?

현대는 소비의 시대다. 소비가 하나의 이데올로기가 된 세상이다. 소비자들은 쏟아져 나오는 여러 상품들을 선택하는 행위를 통해 욕구 충족을 할 뿐 아니라 개인의 개성과 정체성을 형성한다. 소비가 인간을 만드는 것이다. 그뿐 아니다. 다른 사람의 소비를 보면서 그를 평가하기도 한다. 그 사람이 무엇을 소비하느냐에 따라 그 사람의 값을 매긴다.

거기서 자연스럽게 배태되는 게 바로 유행이다. 온통 소비에 신경을 쓰다 보니 유명인이나 트렌드 세터들이 만들어내는 소비패턴에 민감하다. 옷이든 장신구든 아니면 먹거리든 간에 이런 유행을 타지 않은 게 드물 정도다. 유행을 따르지 않으면 어딘지 시대에 뒤지고 소외되는 것 같은 강박관념이 사람들을 짓누르고 있다.

문제는 유행이 무척 짧은 수명을 갖는다는 것이다. 옷 같은 경우는 일 년이 멀다하고 새로운 패션이 밀려온다. 소비시장이 그만큼 다양화, 개성화, 전문화됐다는 뜻이다. 제대로 유행의 첨단에 서자면 정신이 달아날 지경일 것이다.

원래 제품 수명주기이론에서는 제품이 태어나 사라질 때까지를 보통 3-5년 정도로 본다. 즉 도입기와 성장기-성숙기-쇠퇴기를 거치는 데 몇 년 정도는 걸린다는 설명이다. 상품의 생명력이 이 정도 유지되는 게 정상이다. 그래야 생산자들도 어느 정도 이 속도에 맞춰 신상품을 개발하는 등 마케팅 전략을 세울 수 있다. 그런데 최근 풍조는 상품 수명이 1년을 넘기지 못하는 경우가 잦다고 한다. 소득이 늘면서 유행에 목을 매다보니 남보다 한 발짝이라도 빨리 가고 싶은 욕망이 생기고 그것이 유행의 주기를 앞당기는 것이다. 한 때 온 나라를 떠들썩하게 했던 아웃도어 열풍이 급격히 식어가고 있다는 보도다. 업계에 따르면 국내 아웃도어 시장 규모는 2014년 7조 4000억 원을 정점으로 급격한 내림세에 접어들었다. 작년 백화점 등 유통업체들은 아웃도어에서 6-9% 마이너스 성장을 했다. 업체들은 일부 브랜드를 접고 감원에 들어가는가 하면 백화점에서도 퇴점하는 사례가 증가하고 있다.

과거에도 하얀국물 라면 등 음식이나 패션 등 일부 상품에서 빠른 트렌드 변화가 읽혔다. 소비자 요구는 갈수록 복잡다단해지고 기업이 이에 적응하는 데는 한계가 있는 것이다. 피곤한 것은 기업 쪽이다. 한편으로는 갈수록 부박해지는 소비문화가 걱정스럽기도 하다. 환경보호 등 여러 측면에서 소비가 미덕인 시대는 아닌 것 같기 때문이다.

① 사람들은 제품구매를 통해 니즈를 충족하고 그들의 개성을 형성하게 된다.
② 현대에 들어 분야를 막론하고 유행을 좇지 않는 게 거의 없다.
③ 제품수명주기는 도입기-성장기-성숙기-쇠퇴기의 4단계를 겪게 된다.
④ 소득이 증가하면서 제품의 유행주기가 점차적으로 느리게 된다.
⑤ 빠른 트렌드의 변화로 인해 소비자들의 욕구충족이 되는 반면에 기업의 경우에는 이에 맞추기 위해 상당히 피곤해진다.

✅**해설** "소득이 늘면서 유행에 목을 매다보니 남보다 한 발짝이라도 빨리 가고 싶은 욕망이 생기고 그것이 유행의 주기를 앞당기는 것이다."에서 보듯이 유행과 소비자들의 복잡한 욕구가 서로 얽혀 유행 풍조를 앞당기고 있다고 할 수 있다.

44 다음은 SNS 회사에 함께 인턴으로 채용된 두 친구의 대화이다. 두 사람이 제출했을 토론 주제로 적합한 것은?

> 여 : 대리님께서 말씀하신 토론 주제는 정했어? 난 인터넷에서 저무는 육필의 시대라는 기사를 찾았는데 토론 주제로 괜찮을 것 같아서 그걸 정리해 가려고 하는데.
> 남 : 난 아직 마땅한 게 없어서 찾는 중이야. 그런데 육필이 뭐야?
> 여 : SNS 회사에 입사했다는 애가 그것도 모르는 거야? 컴퓨터로 글을 쓰는 게 디지털 글쓰기라면 손으로 글을 쓰는 걸 육필이라고 하잖아.
> 남 : 아! 그런 거야? 그럼 우리는 디지털 글쓰기 세대겠네?
> 여 : 그런 셈이지. 요즘 다들 컴퓨터로 글을 쓰니까. 그나저나 너는 디지털 글쓰기의 장점이 뭐라고 생각해?
> 남 : 음, 우선 떠오르는 대로 빨리 쓸 수 있다는 점 아닐까? 또 쉽게 고칠 수도 있고. 그래서 누구나 쉽게 글을 쓸 수 있다는 점이 디지털 글쓰기의 최대 장점이라고 생각하는데.
> 여 : 맞아. 기존의 글쓰기가 소수의 전유물이었다면, 디지털 글쓰기 덕분에 누구나 쉽게 글을 쓰고 의사소통을 할 수 있게 되었다는 게 내가 본 기사의 핵심이었어. 한마디로 글쓰기의 민주화가 이루어진 거지.
> 남 : 글쓰기의 민주화……. 멋있어 보이기는 하는데, 디지털 글쓰기가 꼭 장점만 있는 것 같지는 않아. 누구나 쉽게 글을 쓸 수 있게 됐다는 건, 그만큼 글이 가벼워졌다는 거 아냐? 우리 주변에서도 그런 글들은 엄청나잖아.
> 여 : 하긴, 디지털 글쓰기 때문에 과거보다 진지하게 글을 쓰는 사람이 적어진 건 사실이야. 남의 글을 베끼거나 근거 없는 내용을 담은 글들도 많아지고.
> 남 : 우리 이 주제로 토론을 해 보는 게 어때?

① 세대 간 정보화 격차
② 디지털 글쓰기와 정보화
③ 디지털 글쓰기의 장단점
④ 디지털 글쓰기와 의사소통의 관계
⑤ 디지털 글쓰기와 인간과의 관계

✔해설 대화 속의 남과 여는 디지털 글쓰기의 장점과 단점에 대해 이야기하고 있다. 따라서 두 사람이 제출했을 토론 주제로는 디지털 글쓰기의 장단점이 적합하다.

45 아래의 글을 읽고 컨스터블의 풍경화에 대한 내용으로 가장 적절한 것을 고르면?

건초 더미를 가득 싣고 졸졸 흐르는 개울물을 건너는 마차, 수확을 앞둔 밀밭 사이로 양 떼를 몰고 가는 양치기 소년과 개, 이른 아침 농가의 이층 창밖으로 펼쳐진 청록의 들녘 등, 이런 평범한 시골 풍경을 그린 컨스터블(1776~1837)은 오늘날 영국인들에게 사랑을 받는 영국의 국민 화가이다. 현대인들은 그의 풍경화를 통해 영국의 전형적인 농촌 풍경을 떠올리지만, 사실 컨스터블이 활동하던 19세기 초반까지 이와 같은 소재는 풍경화의 묘사 대상이 아니었다. 그렇다면 평범한 농촌의 일상 정경을 그린 컨스터블은 왜 영국의 국민 화가가 되었을까?

컨스터블의 그림은 당시 풍경화의 주요 구매자였던 영국 귀족의 취향에서 어긋나 그다지 인기를 끌지 못했다. 당시 유행하던 픽처레스크 풍경화는 도식적이고 이상화된 풍경 묘사에 치중했지만, 컨스터블의 그림은 평범한 시골의 전원 풍경을 사실적으로 묘사한 것처럼 보인다. 이 때문에 그의 풍경화는 자연에 대한 과학적이고 객관적인 관찰을 바탕으로, 아무도 눈여겨보지 않았던 평범한 농촌의 아름다운 풍경을 포착하여 표현해 낸 결과물로 여겨져 왔다. 객관적 관찰과 사실적 묘사를 중시하는 관점에서 보면 컨스터블은 당대 유행하던 화풍과 타협하지 않고 독창적인 화풍을 추구한 화가이다.

그러나 1980년대에 들어서면서 이와 같은 관점에 대해 의문을 제기하는 비판적 해석이 등장한다. 새로운 해석은 작품이 제작 될 당시의 구체적인 사회적 상황을 중시하며 작품에서 지배 계급의 왜곡된 이데올로기를 읽어내는 데 중점을 둔다. 이 해석에 따르면 컨스터블의 풍경화는 당시 농촌의 모습을 있는 그대로 전달 해 주지 않는다. 사실 컨스터블이 활동하던 19세기 전반 영국은 산업혁명과 더불어 도시화가 급속히 진행되어 전통적 농촌 사회 가 와해되면서 농민 봉기가 급증하였다. 그런데 그의 풍경화에 등장하는 인물들은 거의 예외 없이 원경으로 포착되어 얼굴이나 표정을 알아보기 어렵다. 시골에서 나고 자라 복잡한 농기구까지 세밀하게 그릴 줄 알았던 컨스터블이 있는 그대로의 자연을 포착 하려 했다면 왜 농민들의 모습은 구체적으로 표현하지 않았을까? 이는 풍경의 관찰자인 컨스터블과 풍경 속 인물들 간에는 항상 일정한 심리적 거리가 유지되고 있기 때문이다. 수정주의 미술 사학자들은 컨스터블의 풍경화에 나타나는 인물과 풍경의 불편한 동거는 바로 이러한 거리 두기에서 비롯한다고 주장하면서, 이 거리는 계급 간의 거리라고 해석한다. 지주의 아들이었던 그는 19세기 전반 영국 농촌 사회의 불안한 모습을 애써 외면했고, 그 결과 농민들은 적당히 화면에서 떨어져 있도록 배치하여 결코 그들의 일 그러지고 힘든 얼굴을 볼 수 없게 하였다는 것이다.

여기서 우리는 위의 두 견해가 암암리에 공유하는 기본 전제에 주목할 필요가 있다. 두 견해는 모두 작품이 가진 의미의 생산자를 작가로 보고 있다. 유행을 거부하고 남들이 보지 못한 평범한 농촌의 아름다움을 발견한 '천재' 컨스터블이나 지주 계급 출신으로 불안한 농촌 현실을 직시하지 않으려 한 '반동적' 컨스터블은 결국 동일한 인물로서 작품의 제작자이자 의미의 궁극적 생산자로 간주된다. 그러나 생산자가 있으면 소비자가 있게 마련이다. 기존의 견해는 소비자의 역할에 주목하지 않았다. 하지만 소비자는 생산자가 만들어낸 작품을 수동적으로 수용하는 존재가 아니다. 미술 작품을 포함한 문화적 텍스트의 의미는 그 텍스트를 만들어 낸 생산자나 텍스트 자체에 내재하는 것이 아니라 텍스트를 수용하는 소비자와의 상호 작용에 의해 결정된다.

다시 말해 수용자는 이해와 수용의 과정을 통해 특정 작품의 의미를 끊임없이 재생산하는 능동적 존재인 것이다. 따라서 앞에서 언급한 해석들은 컨스터블 풍경화가 함축한 의미의 일부만 드러낸 것이고 나머지 의미는 그것을 바라보는 감상자의 경험과 기대가 투사되어 채워지는 것이라고 할 수 있다. 즉 컨스터블의 풍경화가 지니는 가치는 풍경화 그 자체가 아니라 감상자의 의미 부여에 의해 완성되는 것이다. 이런 관점에서 보면 컨스터블의 풍경화에 담긴 풍경이 실재와 얼마나 일치하는가는 크게 문제가 되지 않는다.

① 객관적인 관찰에 입각하여 19세기 전반 영국 농촌의 현실을 가감 없이 그려 냈다.
② 목가적 전원을 그려서 당대 그에게 커다란 명성을 안겨 주었다.
③ 세부적인 묘사가 결여되어 있어 그가 인물 표현에는 재능이 없었음을 보여준다.
④ 사실적인 화풍으로 제작되어 당시에 영국 귀족들로부터 선호되지 못했다.
⑤ 서정적 농촌 정경을 담고 있는 전형적인 픽처레스크 풍경화이다.

✔ 해설 윗글의 8번째 줄에서 보면 컨스터블의 그림은 당시 풍경화의 주요 구매자였던 영국 귀족의 취향에서 어긋나 그다지 인기를 끌지 못했다. 당시 유행하던 픽처레스크 풍경화는 도식적이고 이상화된 풍경 묘사에 치중했지만, 컨스터블의 그림은 평범한 시골의 전원 풍경을 사실적으로 묘사한 것처럼 보인다.

46 다음은 야구선수들이 국어시간에 배운 아래의 작품에 대해 토론하고 있다. 이에 대한 설명을 바르게 하지 않은 사람을 고르면?

㉠ 공무도하(公無渡河) – 임이여 물을 건너지 마오
㉡ 공경도하(公竟渡河) – 임은 결국 물을 건너시네
㉢ 공무도하(墮河而死) – 물에 빠져 죽었으니
㉣ 장내공하(將奈公何) – 장차 임을 어이할꼬
㉤ 위 작품에 대한 평가 – 두 가지로 대표되는 종족 간의 대립, 갈등을 노래한 집단적인 서사시로서 가요의 형태상의 변화뿐만 아니라, 인간의 생활 감정이 복잡해져 감에 따른 예술의 분화 과정을 이해할 수 있다.

---

① 선동열 – ㉠은 '물' 다시 말해 저 임이 건너지 말아야 할 물은 임과 나를 영원히 이별하게 만들 수 있으므로, 여기서 시적 화자가 부르는 '公'은 간절한 사랑이 담겨 있는 절박한 호소라 할 수 있어

② 최동원 – ㉡의 '竟'과 결합되는 '물'은 사랑의 종말을 의미함과 동시에 임의 부재를 불러일으킨다. 이 경우 물은 사랑을 뜻하기보다는 임과의 이별을 뜻하므로 죽음의 이미지가 강하다고 할 수 있어

③ 김인식 – ㉢ '물'은 임의 부재라는 소극적인 뜻이 아니라, 죽음의 의미로 확대되고 있고, 사랑하는 임의 죽음을 통해 깊은 단절감을 느끼게 됨을 알 수 있어

④ 이광환 – ㉣ 서정적 자아의 심정이 집약된 구절로 탄식과 원망의 애절한 울부짖음을 나타내며, 이 비극적 심리의 폭발은 결국 여인의 자살을 몰고 왔다고 할 수 있어.

⑤ 김기태 – ㉤ 화희와 치희로 대표되는 종족 간의 대립을 의미하고 있으며, 이 노래를 우리나라에 현존하는 최초의 개인적 서사시로 이해하는 것이 옳아

> **✔해설** 위에 제시된 작품은 〈공무도하가(公無渡河歌)〉이다. 이 작품은 우리나라 문학사상 가장 오래된 작품으로써, 제작 연대는 알 수 없다. 어느 백수광부가 술병을 들고 강물을 건너려다 빠져 죽고, 그의 부인이 강물을 건너는 남편을 만류하며 노래를 부르다 함께 빠져 죽었다는 이야기이다. 곽리자고가 아내 여옥에게 이 이야기를 전해주자, 여옥이 이 광경에 대해 부른 노래가 바로 〈공무도하가〉이다. ⑤번에서 말하고 있는 ㉤이 의미하는 작품은 황조가(黃鳥歌)이다.

47 다음 글의 내용을 가장 적절하게 요약한 것은 어느 것인가?

프랑스는 1999년 고용상의 남녀평등을 강조한 암스테르담 조약을 인준하고 국내법에 도입하여 시행하였으며, 2006년에는 양성 간 임금 격차축소와 일·가정 양립을 주요한 목표로 삼는 「남녀 임금평등에 관한 법률」을 제정하였다. 동 법에서는 기업별, 산업별 교섭에서 남녀 임금격차 축소에 대한 내용을 포함하도록 의무화하고, 출산휴가 및 입양휴가 이후 임금 미상승분을 보충하도록 하고 있다. 스웨덴은 사회 전반에서 기회·권리 균등을 촉진하고 각종 차별을 방지하기 위한 「차별법(The Discrimination Act)」 시행을 통해 남녀의 차별을 시정하였다. 또한 신축적인 파트타임과 출퇴근시간 자유화, 출산 후 직장복귀 등을 법제화하였다. 나아가 공공보육시설 무상 이용(평균 보육료 부담 4%)을 실시하고 보편적 아동수당과 저소득층에 대한 주택보조금 지원 정책도 시행하고 있다. 노르웨이 역시 특정 정책보다는 남녀평등 분위기 조성과 일과 양육을 병행할 수 있는 사회적 환경 조성이 출산율을 제고하는 데 기여하였다. 한편 일본은 2005년 신신(新新)엔젤플랜을 발족하여 보육환경을 개선함으로써 여성의 경제활동을 늘리고, 남성의 육아휴직, 기업의 가족지원 등을 장려하여 저출산 문제의 극복을 위해 노력하고 있다.

① 각 국의 근로정책 소개
② 선진국의 남녀 평등문화
③ 남녀평등에 관한 국가별 법률 현황
④ 남녀가 평등한 문화 및 근로정책
⑤ 국가별 근로정책의 도입 시기

✔해설 몇 개 국가의 남녀평등 문화와 근로정책에 대하여 간략하게 기술하고 있다. ③을 정답으로 고르기에는 노르웨이와 일본의 경우에는 법률을 구체적으로 언급하고 있지 않다. 또한 단순한 근로정책 소개가 아닌, 남녀평등에 관한 내용을 일관되게 소개하고 있으므로 전체를 포함하는 논지는 '남녀평등과 그에 따른 근로정책'이라고 볼 수 있다.

Answer 46.⑤ 47.④

48 다음 글의 문맥상 빈 칸 ㈎에 들어갈 가장 적절한 말은 어느 것인가?

여름이 빨리 오고 오래 가다보니 의류업계에서 '쿨링'을 컨셉으로 하는 옷들을 앞다퉈 내놓고 있다. 그물망 형태의 옷감에서 냉감(冷感)을 주는 멘톨(박하의 주성분)을 포함한 섬유까지 접근방식도 제각각이다. 그런데 가까운 미래에는 미생물을 포함한 옷이 이 대열에 합류할지도 모르겠다. 박테리아 같은 미생물은 여름철 땀냄새의 원인이라는데 어떻게 옷에 쓰일 수 있을까.

생물계에서 흡습형태변형은 널리 관찰되는 현상이다. 솔방울이 대표적인 예로 습도가 높을 때는 비늘이 닫혀있어 표면이 매끈한 덩어리로 보이지만 습도가 떨어지면 비늘이 삐죽삐죽 튀어나온 형태로 바뀐다. 밀이나 보리의 열매(낟알) 끝에 달려 있는 까끄라기도 습도가 높을 때는 한 쌍이 거의 나란히 있지만 습도가 낮아지면 서로 벌어진다. 이런 현상은 한쪽 면에 있는 세포의 길이(크기)가 반대 쪽 면에 있는 세포에 비해 습도에 더 민감하게 변하기 때문이다. 즉 습도가 낮아져 세포 길이가 짧아지면 그쪽 면을 향해 휘어지는 것이다.

MIT의 연구자들은 미생물을 이용해서도 이런 흡습형태변형을 구현할 수 있는지 알아보기로 했다. 즉 습도에 영향을 받지 않는 재질인 천연라텍스 천에 농축된 대장균 배양액을 도포해 막을 형성했다. 대장균은 별도의 접착제 없이도 소수성 상호작용으로 라텍스에 잘 달라붙는다. 라텍스 천의 두께는 150~500㎛(마이크로미터. 1㎛는 100만분의 1m)이고 대장균 막의 두께는 1~5㎛다. 이 천을 상대습도 15%인 건조한 곳에 두자 대장균 세포에서 수분이 빠져나가며 대장균 막이 도포된 쪽으로 휘어졌다. 이 상태에서 상대습도 95%인 곳으로 옮기자 천이 서서히 펴지며 다시 평평해졌다. 이 과정을 여러 차례 반복해도 같은 현상이 재현됐다.

연구자들은 원자힘현미경(AFM)으로 대장균 막을 들여다봤고 상대습도에 따라 크기(부피)가 변한다는 사실을 확인했다. 즉 건조한 곳에서는 대장균 세포부피가 30% 정도 줄어드는데 이 효과가 천에서 세포들이 나란히 배열된 쪽을 수축시키는 현상으로 나타나 그 방향으로 휘어지는 것이다. 연구자들은 이런 흡습형태변형이 대장균만의 특성인지 미생물의 일반 특성인지 알아보기 위해 몇 가지 박테리아와 단세포 진핵생물인 효모에 대해서도 같은 실험을 해봤다. 그 결과 정도의 차이는 있었지만 패턴은 동일했다.

다음으로 연구자들은 양쪽 면에 미생물이 코팅된 천이 쿨링 소재로 얼마나 효과적인지 알아보기로 했다. 연구팀은 흡습형태변형이 효과를 낼 수 있도록 독특한 형태로 옷을 디자인했다. 즉, (㈎   ) 그 결과 공간이 생기면서 땀의 배출을 돕는다. 측정 결과 미생물이 코팅된 천으로 만든 옷을 입을 경우 같은 형태의 일반 천으로 만든 옷에 비해 피부 표면 공기의 온도가 2도 정도 낮아 쿨링 효과가 있는 것으로 나타났다.

① 체온이 높은 등 쪽으로 천이 휘어지게 되는 성질을 이용해 평상시에는 옷이 바깥쪽으로 더 튀어 나오도록 디자인했다.

② 미생물이 코팅된 천이 땀으로 인한 습도의 영향을 잘 받을 수 있도록 옷의 안쪽 면에 부착하여 옷의 바깥쪽과는 완전히 다른 환경을 유지할 수 있도록 디자인했다.

③ 땀이 많이 나는 등 쪽에 칼집을 낸 형태로 만들어 땀이 안 날 때는 평평하다가 땀이 나면 피부 쪽 면의 습도가 높아져 미생물이 팽창해 천이 바깥쪽으로 휘어지도록 디자인했다.

④ 땀이 나서 습도가 올라가면 등 쪽의 세포 길이가 짧아질 것을 고려해 천이 안쪽으로 휘어져 공간 이 생길 수 있도록 디자인했다.

⑤ 땀이 흐르는 등과 천 사이에 일정한 공간이 유지될 수 있도록 천에 미생물 코팅 면을 부착해 공간 사이로 땀이 흘러내리며 쿨링 효과를 일으킬 수 있도록 디자인했다.

✔해설 흡습형태변형은 한쪽 면에 있는 세포의 길이(크기)가 반대 쪽 면에 있는 세포에 비해 습도에 더 민감하게 변하여, 습도가 낮아져 세포 길이가 짧아지면 그쪽 면을 향해 휘어지는 것을 의미한다고 언급되어 있다. 따라서 등에 땀이 나면 세포 길이가 더 짧은 바깥쪽으로 옷이 휘어지게 되므로 등 쪽 면에 공간이 생기게 되는 원리를 이용한 것임을 알 수 있다.

Answer 48.③

49 다음의 2가지 기사를 읽고 문맥 상 공통적으로 들어갈 말로 가장 적절한 것을 고르면?

1번째 기사

강릉 시의회는 18일 의회 대회의실에서 조례안·예산 심사 등 전문지식 (　　)을/를 위한 전문가 초청 특강이 진행됐다. 이번 특강은 제11대 강릉시의회가 개원해 곧 있을 임시회에서 업무보고와 추경예산 등 본격적인 의정활동을 앞두고 열리는 것으로 조례안 심사와 예산심의 등 의정활동에 필요한 지식함양을 위해 마련됐다. 특강은 최민수 국회의정연수원 교수로부터 '지방의원, 4년간 의정활동을 어떻게 할 것인가?'를 주제로 특강을 펼쳤다. 최선근 강릉시의회 의장은 "제11대 개원이후 처음으로 갖는 특강으로 의원 스스로 열심히 공부하는 의회 상 정립을 해야 한다"며 "더불어 행정사무감사를 실시하게 되는 9월 정례회를 대비한 8월 의정연수에도 모두 참석해 초선의원은 물론 모든 의원의 전문성 향상과 창의적인 의정활동 역량을 배가시키는 장이 되길 바란다"고 밝혔다.

2번째 기사

우리는 신문, TV, 인터넷, 도서, 사회 관계망 서비스(SNS) 등 다양한 매체들을 통해 살고 있다. 그 중 건강 정보'는 인간의 기본 욕구(생존·안전)와 밀접한 만큼 소재로 많이 쓰인다. 이에 따라 오류도 무분별하게 전달돼 건강정보가 범람하기에 이르렀다. 사람들을 무력하고 혼란스럽게 만들며 나아가 잘못된 건강습관을 합리화하는 문제를 낳기도 한다.

예를 들어 우리 사회에서는 술이 암을 유발한다는 인식이 아직 낮은 편이다. 모든 것'이 암의 원인이 될 수 있다. 음주는 암의 원인 중 하나일 뿐이라고 생각한다. 음주와 암의 연관성을 알린다고 해도 비판적으로 받아들이거나 심각하게 받아들이지 않을 가능성이 높다. 질병을 일으킬 수 있는 생활습관이나 위험 물질이라고 알려진 것들이 너무 많다. 이를 모두 회피하는 것은 어쩌면 불가능하기 때문에 술 하나쯤 더 추가됐다고 해서 크게 달라질 것 없다고 생각할 수 있다. 왜 잘못된 건강정보가 확산되고 있는 것일까?

첫째, 건강 욕구는 높으나 선별할 수 있는 사전 지식이 부족해 잘못된 인식을 갖게 되고 이에 자신에게 필요하고 유리한 정보에 대해서만 (　　)한다.

둘째, 보건의료인을 통한 상담에 대해 심리적 부담을 가지고 있어 접근이 어렵다고 생각한다. 건강을 위한 치료나 관리 등의 지출 부담이 커지면서 건강과 관련된 사고 발생 시 이를 비난하는 사회 분위기로 인해 전문가에 대한 사회적 불신이 증가해 정확한 건강정보에 대한 의구심을 가지게 되는 것이다.

셋째, 문제의 증상이 심하지 않다는 이유, 대상자가 직접 건강 상담을 하지 않고 가족 또는 지인 등을 통해 간접적인 상담을 하는 등도 정확한 건강정보 전달의 장애가 된다.

그렇다면 어떻게 해야 건강정보를 올바르게, 정확하게 알 수 있을까?

첫째, 우리가 사는 지역마다 보건소·보건진료소, 의원, 건강증진센터 등이 있다. 이곳에는 보건의료 전문가가 상주하고 있다. 이들의 의무는 대상자의 질병 예방 및 치료, 재활, 그리고 정확한 건강정보 제공이다.

둘째, 매스컴, 도서 등에 나오는 민간요법, 건강에 좋다는 식재료, 음식, 운동법 등은 개인의 체질, 질병 이력 등에 따라 독이 될 수 있다. 정보가 풍부해져 사회의 상식 수준도 높아졌다. 하지만 과도한 정보는 오히려 합리적 사고의 체계에 혼란을 줄 수 있는 문제점이 있다. 복잡한 사회에서도 깨어있는 지혜를 가지고 올바른 정보를 받아 실천하는 우리가 되기를 기원해 본다.

① 허가(許可)

② 습득(習得)

③ 채취(採取)

④ 채집(採集)

⑤ 구걸(求乞)

✔ 해설 "습득"이라 함은 학문이나 기술 따위 등을 배워서 자신의 것으로 한다는 것을 의미한다. 첫 번째 기사에서 "외부 전문가 초빙을 통해 의정활동에 필요로 하는 지식함양을 위해 마련됐다"와 두 번째 기사에서 "사전 지식이 부족해 잘못된 인식을 갖게 되고 이에 자신에게 필요하고 유리한 정보에 대해서"에서 알 수 있듯이 "학문이나 기술 따위" 등을 배워서 자신의 것으로 한다는 것과 일맥상통한다.

Answer 49.②

50 다음 글을 통해 답을 찾을 수 없는 질문은?

사진은 자신의 주관대로 끌고 가야 한다. 일정한 규칙이 없는 사진 문법으로 의사소통을 하고자 할 때 필요한 것은 대상이 되는 사물의 객관적 배열이 아니라 주관적 조합이다. 어떤 사물을 어떻게 조합해서 어떤 생각이나 느낌을 나타내는가 하는 것은 작가의 주관적 판단에 의할 수밖에 없다. 다만 철저하게 주관적으로 엮어야 한다는 것만은 확실하다.

주관적으로 엮고, 사물을 조합한다고 해서 소위 '만드는 사진'처럼 합성을 하고 이중촬영을 하라는 뜻은 아니다. 특히 요즈음 디지털 사진이 보편화되면서 포토샵을 이용한 합성이 많이 보이지만, 그런 것을 권하려는 것이 아니다. 사물을 있는 그대로 찍되, 주위 환경과 어떻게 어울리게 하여 어떤 의미로 살려 낼지를 살펴서 그들끼리 연관을 지을 줄 아는 능력을 키우라는 뜻이다.

사람들 중에는 아직도 사진이 객관적인 매체라고 오해하는 사람들이 퍽 많다. 그러나 사진의 형태만 보면 객관적일 수 있지만, 내용으로 들어가 보면 객관성은 한 올도 없다. 어떤 대상을 찍을 것인가 하는 것부터가 주관적인 선택 행위이다. 아름다움을 표현하기 위해서 꽃을 찍는 사람이 있는가 하면 꽃 위를 나는 나비를 찍는 사람도 있을 것이고 그 곁의 여인을 찍는 사람도 있을 것이다. 이처럼 어떤 대상을 택하는가 하는 것부터가 주관적인 작업이며, 이것이 사진이라는 것을 머리에 새겨 두고 사진에 임해야 한다. 특히 그 대상을 어떻게 찍을 것인가로 들어가면 이제부터는 전적으로 주관적인 행위일 수밖에 없다. 렌즈의 선택, 셔터 스피드나 조리개 값의 결정, 대상과의 거리 정하기 등 객관적으로는 전혀 찍을 수 없는 것이 사진이다. 그림이나 조각만이 주관적 예술은 아니다.

때로 객관적이고자 하는 마음으로 접근할 수도 있기는 하다. 특히 다큐멘터리 사진의 경우 상황을 객관적으로 파악, 전달하고자 하는 마음은 이해가 되지만, 어떤 사람도 완전히 객관적으로 접근할 수는 없다. 그 객관이라는 것도 그 사람 입장에서의 객관이지 절대적 객관이란 이 세상에 있을 수가 없는 것이다. 더구나 예술로서의 사진으로 접근함에 있어서야 말할 것도 없는 문제이다. 객관적이고자 하는 시도도 과거의 예술에서 있기는 했지만, 그 역시 객관적이고자 실험을 해 본 것일 뿐 객관적 예술을 이루었다는 것은 아니다. 예술이 아닌 단순 매체로서의 사진이라 해도 객관적일 수는 없다. 그 이유는 간단하다. 사진기가 저 혼자 찍으면 모를까, 찍는 사람이 있는 한 그 사람의 생각과 느낌은 어떻게든지 그 사진에 작용을 한다. 하다못해 무엇을 찍을 것인가 하는 선택부터가 주관적인 행위이다. 더구나 예술로서, 창작으로서의 사진은 주관을 배제하고는 존재조차 할 수 없다는 사실을 깊이 새겨서, 언제나 '나는 이렇게 보았다. 이렇게 생각한다. 이렇게 느꼈다.'라는 점에 충실하도록 노력해야 할 것이다.

① 사진의 주관성을 염두에 두어야 하는 까닭은 무엇인가?
② 사진으로 의사소통을 하고자 할 때 필요한 것은 무엇인가?
③ 단순 매체로서의 사진도 객관적일 수 없는 까닭은 무엇인가?
④ 사진의 객관성을 살리기 위해서는 구체적으로 어떤 작업을 해야 하는가?
⑤ 사진을 찍을 때 사물을 주관적으로 엮고 조합하라는 것은 어떤 의미인가?

✔해설 ④ 이 글에서는 사진의 주관성에 대해 설명하면서 주관적으로 사진을 찍어야 함을 강조하고 있을 뿐, 사진을 객관적으로 찍으려면 어떻게 작업해야 한다는 구체적인 정보는 나와있지 않다.

Answer 50.④

CHAPTER 02 수리능력

[수리능력] NCS 출제유형

① 기초연산능력 : 사칙연산, 검산과 관련한 문제가 출제된다. 데이터나 통계를 확인하여 기초연산을 하는 문제가 주로 출제된다.
② 기초통계능력 : 업무 수행에 필요한 수량계산, 표본을 통한 특성 유추, 논리적으로 결론을 추출하기 위한 문제가 출제된다.
③ 도표분석능력 : 도표가 제시되고 그에 따른 연산문제가 출제된다.
④ 도표작성능력 : 제시된 통계를 확인하고 도표를 작성하는 문제이다.

[수리능력] 출제경향

업무를 수행함에 있어 필요한 기본적인 수리능력은 물론이고 지원자의 논리성까지 파악할 수 있는 문항들로 구성된다. 사칙연산, 방정식과 부등식, 응용계산, 수열추리, 자료해석 등이 혼합형으로 출제된다. 난이도가 높은 편은 아니지만 짧은 시간 내에 정확하게 암산해 내는 능력을 요구하며 문제해결능력과 결합된 복합형 문제들로 다수 출제되고 있다.

[수리능력] 빈출유형

응용계산									
도표 분석									
그래프 분석									

01 수리능력 모듈형 연습문제

예제 01 도표 분석능력

다음 자료를 보고 주어진 상황에 대한 물음에 답하시오.

근로소득에 대한 간이 세액표						
월 급여액(천 원) (비과세 및 학자금 제외)		공제대상 가족 수				
이상	미만	1	2	3	4	5
2,500	2,520	38,960	29,280	16,940	13,570	10,190
2,520	2,540	40,670	29,960	17,360	13,990	10,610
2,540	2,560	42,380	30,640	17,790	14,410	11,040
2,560	2,580	44,090	31,330	18,210	14,840	11,460
2,580	2,600	45,800	32,680	18,640	15,260	11,890
2,600	2,620	47,520	34,390	19,240	15,680	12,310
2,620	2,640	49,230	36,100	19,900	16,110	12,730
2,640	2,660	50,940	37,810	20,560	16,530	13,160
2,660	2,680	52,650	39,530	21,220	16,960	13,580
2,680	2,700	54,360	41,240	21,880	17,380	14,010
2,700	2,720	56,070	42,950	22,540	17,800	14,430
2,720	2,740	57,780	44,660	23,200	18,230	14,850
2,740	2,760	59,500	46,370	23,860	18,650	15,280

※ 1) 갑근세는 제시되어 있는 간이 세액표에 따름
  2) 주민세 = 갑근세의 10%
  3) 국민연금 = 급여액의 4.50%
  4) 고용보험 = 국민연금의 10%
  5) 건강보험 = 급여액의 2.90%
  6) 교육지원금 = 분기별 100,000원(매 분기별 첫 달에 지급)

5월 급여내역이 다음과 같고 전월과 동일하게 근무하였으나, 특별수당은 없고 차량지원금으로 100,000원을 받게 된다면, 6월에 받게 되는 급여는 얼마인가?(단, 원 단위 절삭)

5월 급여내역			
성명	박○○	지급일	5월 12일
기본급여	2,240,000	갑근세	39,530
직무수당	400,000	주민세	3,950
명절 상여금		고용보험	11,970
특별수당	20,000	국민연금	119,700
차량지원금		건강보험	77,140
교육지원		기타	
급여계	2,660,000	공제합계	252,290
지급총액			**2,407,710**

① 2,443,910
② 2,453,910
③ 2,463,910
④ 2,473,910

예제 02 기초 연산능력

둘레의 길이가 4.4km인 정사각형 모양의 공원이 있다. 이 공원의 넓이는 몇 a인가?

① 12,100a
② 1,210a
③ 121a
④ 12.1a

출제의도
길이, 넓이, 부피, 들이, 무게, 시간, 속도 등 단위에 대한 기본적인 환산 능력을 평가하는 문제로서, 소수점 계산이 필요하며, 자릿수를 읽고 구분할 줄 알아야 한다.

해설
공원의 한 변의 길이는
$4.4 \div 4 = 1.1 (\text{km})$ 이고
$1\text{km}^2 = 10000a$ 이므로
공원의 넓이는
$1.1\text{km} \times 1.1\text{km} = 1.21\text{km}^2$
$= 12100a$

〉〉 ①

예제 03 기초 통계능력

인터넷 쇼핑몰에서 회원가입을 하고 디지털 캠코더를 구매하려고 한다. 다음은 구입하고자 하는 모델에 대하여 인터넷 쇼핑몰 세 곳의 가격과 조건을 제시한 표이다. 표에 있는 모든 혜택을 적용하였을 때 디지털 캠코더의 배송비를 포함한 실제 구매가격을 바르게 비교한 것은?

구분	A 쇼핑몰	B 쇼핑몰	C 쇼핑몰
정상가격	129,000원	131,000원	130,000원
회원혜택	7,000원 할인	3,500원 할인	7% 할인
할인쿠폰	5% 쿠폰	3% 쿠폰	5,000원
중복할인여부	불가	가능	불가
배송비	2,000원	무료	2,500원

① A < B < C
② B < C < A
③ C < A < B
④ C < B < A

출제의도
직장생활에서 자주 사용되는 기초적인 통계기법을 활용하여 자료의 특성과 경향성을 파악하는 능력이 요구되는 문제이다.

해설
㉠ A 쇼핑몰
• 회원혜택을 선택한 경우 :
129,000 − 7,000 + 2,000 = 124,000
• 5% 할인쿠폰을 선택한 경우 :
$129,000 \times 0.95 + 2,000 =$
124,550
㉡ B 쇼핑몰 :
$131,000 \times 0.97 - 3,500$
= 123,570
㉢ C 쇼핑몰
• 회원혜택을 선택한 경우 :
$130,000 \times 0.93 + 2,500$
= 123,400
• 5,000원 할인쿠폰을 선택한 경우 :
$130,000 - 5,000 + 2,500 =$
127,500
∴ C < B < A

〉〉 ④

다음 표는 2020 ~ 2021년 지역별 직장인들의 자기개발에 관해 조사한 내용을 정리한 것이다. 이에 대한 분석으로 옳은 것은?

(단위 : %)

연도	2020년				2021년			
구분	자기개발 하고 있음	자기개발 비용 부담 주체			자기개발 하고 있음	자기개발 비용 부담 주체		
지역		직장 100%	본인 100%	직장50% + 본인50%		직장 100%	본인 100%	직장50% + 본인50%
충청도	36.8	8.5	88.5	3.1	45.9	9.0	65.5	24.5
제주도	57.4	8.3	89.1	2.9	68.5	7.9	68.3	23.8
경기도	58.2	12	86.3	2.6	71.0	7.5	74.0	18.5
서울시	60.6	13.4	84.2	2.4	72.7	11.0	73.7	15.3
경상도	40.5	10.7	86.1	3.2	51.0	13.6	74.9	11.6

① 2020년과 2021년 모두 자기개발 비용을 본인이 100% 부담하는 사람의 수는 응답자의 절반 이상이다.

② 자기개발을 하고 있다고 응답한 사람의 수는 2020년과 2021년 모두 서울시가 가장 많다.

③ 자기개발 비용을 직장과 본인이 각각 절반씩 부담하는 사람의 비율은 2020년과 2021년 모두 서울시가 가장 높다.

④ 2020년과 2021년 모두 자기개발을 하고 있다고 응답한 비율이 가장 높은 지역에서 자기개발비용을 직장이 100% 부담한다고 응답한 사람의 비율이 가장 높다.

출제의도

그래프, 그림, 도표 등 주어진 자료를 이해하고 의미를 파악하여 필요한 정보를 해석하는 능력을 평가하는 문제이다.

해설

② 지역별 인원수가 제시되어 있지 않으므로, 각 지역별 응답자 수는 알 수 없다.

③ 2020년에는 경상도에서, 2021년에는 충청도에서 가장 높은 비율을 보인다.

④ 2020년과 2021년 모두 '자기개발을 하고 있다'고 응답한 비율이 가장 높은 지역은 서울시이며, 2021년의 경우 자기개발 비용을 직장이 100% 부담한다고 응답한 사람의 비율이 가장 높은 지역은 경상도이다.

» ①

1 다음은 소정연구소에서 제습기 A ～ E의 습도별 연간소비전력량을 측정한 자료이다. 이에 대한 설명 중 옳은 것끼리 바르게 짝지어진 것은?

제습기 A ～ E이 습도별 연간소비전력량

(단위 : kWh)

습도 제습기	40%	50%	60%	70%	80%
A	550	620	680	790	840
B	560	640	740	810	890
C	580	650	730	800	880
D	600	700	810	880	950
E	660	730	800	920	970

㉠ 습도가 70%일 때 연간소비전력량이 가장 적은 제습기는 A이다.

㉡ 각 습도에서 연간소비전력량이 많은 제습기부터 순서대로 나열하면, 습도 60%일 때와 습도 70%일 때의 순서를 동일하다.

㉢ 습도가 40%일 때 제습기 E의 연간소비전력량은 습도가 50%일 때 제습기 B의 연간소비전력량보다 많다.

㉣ 제습기 각각에서 연간소비전력량은 습도가 80%일 때가 40%일 때의 1.5배 이상이다.

① ㉠㉡
② ㉠㉢
③ ㉡㉣
④ ㉠㉢㉣
⑤ ㉡㉢㉣

 해설 ㉠ 습도가 70%일 때 연간소비전력량은 790으로 A가 가장 적다.

㉡ 60%와 70%를 많은 순서대로 나열하면 60%일 때 D-E-B-C-A, 70%일 때 E-D-B-C -A이다.

㉢ 40%일 때 E=660, 50%일 때 B=640이다.

㉣ 40%일 때의 값에 1.5배를 구하여 80%와 비교해 보면 E는 1.5배 이하가 된다.

A＝550×1.5＝825   840
B＝560×1.5＝840   890
C＝580×1.5＝870   880
D＝600×1.5＝900   950
E＝660×1.5＝990   970

2 다음 표는 통신사 A, B, C의 스마트폰 소매가격 및 평가점수 자료이다. 이에 대한 〈보기〉의 설명 중 옳은 것만을 모두 고른 것은?

통신사별 스마트폰의 소매가격 및 평가점수

(단위 : 달러, 점)

통신사	스마트폰	소매가격	평가항목					종합 품질점수
			화질	내비게이션	멀티미디어	배터리 수명	통화성능	
A	a	150	3	3	3	3	1	13
	b	200	2	2	3	1	2	10
	c	200	3	3	3	1	1	11
B	d	180	3	3	3	2	1	12
	e	100	2	3	3	2	1	11
	f	70	2	1	3	2	1	9
C	g	200	3	3	3	2	2	13
	h	50	3	2	3	2	1	11
	i	150	3	2	2	3	2	12

㉠ 소매가격이 200달러인 스마트폰 중 '종합품질점수'가 가장 높은 스마트폰은 c이다.
㉡ 소매가격이 가장 낮은 스마트폰은 '종합품질점수'도 가장 낮다.
㉢ 통신사 각각에 대해서 해당 통신사 스마트폰의 '통화성능' 평가점수의 평균을 계산하여 통신사별로 비교하면 C가 가장 높다.
㉣ 평가항목 각각에 대해서 스마트폰 a~i 평가점수의 합을 계산하여 평가항목별로 비교하면 '멀티미디어'가 가장 높다.

① ㉠
② ㉢
③ ㉠㉡
④ ㉡㉣
⑤ ㉢㉣

✔ 해설 ㉠ 200달러인 스마트폰 중 종합품질점수가 가장 높은 스마트폰은 g이다.
㉡ 소매가격이 가장 낮은 스마트폰은 h이며, 종합품질점수가 가장 낮은 스마트폰은 f이다.
㉢ A : $\frac{1+2+1}{3}=\frac{4}{3}$, B : $\frac{1+1+1}{3}=1$, C : $\frac{2+1+2}{3}=\frac{5}{3}$
㉣ 화질 : $3+2+3+3+2+2+3+3+3=24$
내비게이션 : $3+2+3+3+3+1+3+2+2=22$
멀티미디어 : $3+3+3+3+3+3+3+3+2=26$
배터리 수명 : $3+1+1+2+2+2+2+2+3=18$
통화성능 : $1+2+1+1+1+1+2+1+2=12$

3 다음은 15개 종목이 개최된 2018 자카르타-팔렘방 아시안게임 참가국 A ~ D의 메달 획득 결과를 나타낸 자료이다. 이에 대한 설명으로 옳은 것은?

종목 \ 국가	A 금	A 은	A 동	B 금	B 은	B 동	C 금	C 은	C 동	D 금	D 은	D 동
배드민턴	3	1	1					1				
복싱	3	1	2	1							1	1
사격	3	1	3				1	3	2			
사이클 트랙	3	1		1						1		1
요트				1						1	1	3
기계체조		1	1	4	2	1				1	2	1
소프트볼		1										
역도	1	3					2	1	2			
유도						1	2	1	1	1	1	
롤러스포츠		1		1							1	1
다이빙				1	1	1	1	4	2			
볼링								1		1		
레슬링				1			7	4	3			
수영				1	2	1	1			4	2	1
태권도	1					2				2		2

※ 빈칸은 0을 의미한다.

① 동일 종목에서, A국이 획득한 모든 메달 수와 B국이 획득한 모든 메달 수를 합하여 종목별로 비교하면, 15개 종목 중 기계체조가 가장 많다.

② A국이 획득한 금메달 수와 C국이 획득한 동메달 수는 같다.

③ A국이 복싱, 사이클 트랙, 소프트볼 종목에서 획득한 모든 메달 수의 합은 C국이 레슬링 종목에서 획득한 모든 메달 수보다 많다.

④ A ~ D국 중 메달을 획득한 종목의 수가 가장 많은 국가는 D국이다.

⑤ 획득한 은메달 수가 많은 국가부터 순서대로 나열하면 C, B, A, D국이다.

✔️ **해설** ① 기계체조를 기준으로 하면 A, B국의 메달 수 합은 $1+1+4+2+1=9$로 다른 종목들에 비해 가장 많다.

② A국이 획득한 금메달 수 $3+3+3+3+1+1=14$

　　C국이 획득한 동메달 수 $2+2+1+2+1+3=11$

③ A국이 복싱, 사이클 트랙, 소프트볼 종목에서 획득한 모든 메달 수의 합

　　$3+1+2+3+1+1=11$

　　C국이 레슬링 종목에서 획득한 모든 메달 수 $7+4+3=14$

④ A국 $5+6+7+4+2+1+4+1+1=31$

　　B국 $1+1+1+7+1+1+3+1+1+4+2=23$

　　C국 $1+6+5+4+7+1+14+1=39$

　　D국 $2+2+5+4+2+2+1+7+4=29$

⑤ 획득한 은메달의 수

　　A국 $1+1+1+1+1+1+3+1=10$

　　B국 $1+1+1+2+1+2=8$

　　C국 $1+3+1+1+4+4=14$

　　D국 $1+1+2+1+1+2=8$

Answer 　 3.①

4 다음은 우리나라 흥행순위별 2018년 영화개봉작 정보와 월별 개봉편수 및 관객수에 대한 자료이다. 이에 대한 설명으로 옳지 않은 것은?

우리나라 흥행별 2018년 영화개봉작 정보

(단위 : 천 명)

흥행순위	영화명	개봉시기	제작	관객 수
1	신과 함께라면	8월	국내	12,100
2	탐정님	12월	국내	8,540
3	베테랑인가	1월	국내	7,817
4	어벤져스팀	7월	국외	7,258
5	범죄시티	10월	국내	6,851
6	공작왕	7월	국내	6,592
7	마녀다	8월	국내	5,636
8	히스토리	1월	국내	5,316
9	미션 불가능	3월	국외	5,138
10	데드푸우	9월	국외	4,945
11	툼레이더스	10월	국외	4,854
12	공조자	11월	국내	4,018
13	택시운전수	12월	국내	4,013
14	1987년도	10월	국내	3,823
15	곰돌이	6월	국외	3,689
16	별들의 전쟁	4월	국외	3,653
17	서서히 퍼지는	4월	국외	3,637
18	빨간 스페로	7월	국외	3,325
19	독화살	9월	국내	3,279
20	통근자	5월	국외	3,050

※ 관객 수는 개봉일로부터 2018년 12월 31일까지 누적한 값이다.

우리나라의 2018년 월별 개봉편수 및 관객 수

(단위 : 편, 천 명)

구분 \ 제작 월	국내		국외	
	개봉편수	관객 수	개봉편수	관객 수
1	35	12,682	105	10,570
2	39	8,900	96	6,282
3	31	4,369	116	9,486
4	29	4,285	80	6,929
5	31	6,470	131	12,210
6	49	4,910	124	10,194
7	50	6,863	96	14,495
8	49	21,382	110	8,504
9	48	5,987	123	6,733
10	35	12,964	91	8,622
11	56	6,427	104	6,729
12	43	18,666	95	5,215
전체	495	113,905	1,271	105,969

※ 관객 수는 당월 상영영화에 대해 월말 집계한 값이다.

① 흥행순위 1 ~ 20위 내의 영화 중 한 편의 영화도 개봉되지 않았던 달에는 국외제작영화 관객 수가 국내제작영화 관객 수보다 적다.

② 10월에 개봉된 영화 중 흥행순위 1 ~ 20위 내에 든 영화는 국내제작영화일 뿐이다.

③ 국외제작영화 개봉편수는 국내제작영화 개봉편수보다 매달 많다.

④ 국외제작영화 관객 수가 가장 많았던 달에 개봉된 영화 중 흥행순위 1 ~ 20위 내에 든 국외제작영화 개봉작은 2편이다.

⑤ 흥행순위가 1위인 영화의 관객 수는 국내제작영화 전체 관객 수의 10% 이상이다.

✔해설 ① 2월은 국내 8,900명, 국외 6,282명이다.
② 툼레이더스는 국외제작영화이다.
③ 월별 개봉편수를 보면 국외제작영화 개봉편수가 매달 많다.
④ 7월의 국외제작영화 개봉작은 어벤져스팀, 빨간 스페로 2편이다.
⑤ 1위의 관객 수는 12,100천 명
국내제작영화 전체 관객 수
$12,100 + 8,540 + 7,817 + 6,851 + 6,592 + 5,636 + 5,316 + 4,018 + 4,013 + 3,823 + 3,279 = 67,985$ 천 명

Answer 4.②

5 다음은 물품 A∼E의 가격에 대한 자료이다. 아래 조건에 부합하는 물품의 가격으로 가장 가능한 것은?

(단위 : 원/개)

물품	가격
A	24,000
B	㉠
C	㉡
D	㉢
E	16,000

[조건]
- 갑, 을, 병의 가방에 담긴 물품은 각각 다음과 같다.
- 갑 : B, C, D
- 을 : A, C
- 병 : B, D, E
- 가방에는 해당 물품이 한 개씩만 담겨 있다.
- 가방에 담긴 물품 가격의 합이 높은 사람부터 순서대로 나열하면 갑 > 을 > 병 순이다.
- 병의 가방에 담긴 물품 가격의 합은 44,000원이다.

	㉠	㉡	㉢
①	11,000	23,000	14,000
②	12,000	14,000	16,000
③	12,000	19,000	16,000
④	13,000	19,000	15,000
⑤	13,000	23,000	15,000

✔ **해설** 조건을 잘 보면 병의 가방에 담긴 물품 가격의 합이 44,000원
병의 가방에는 B, D, E가 들어 있고 E의 가격은 16,000원
그럼 B와 D의 가격의 합이(㉠+㉢) 44,000 − 16,000 = 28,000원이 되어야 한다.
①은 답이 될 수 없다.
가방에 담긴 물품 가격의 합이 높은 사람부터 순서대로 나열하면 갑 > 을 > 병 순이므로
을은 A와 C를 가지고 있는데 A는 24,000원, 병 44,000원보다 많아야 하므로 C의 가격(㉡)은 적어도
44,000 − 24,000 = 20,000원 이상이 되어야 한다.
②③④는 답이 될 수 없다.

6 다음은 2020 ~ 2024년 A국의 사회간접자본(SOC) 투자 규모에 대한 자료이다. 이에 대한 설명으로 옳지 않은 것은?

(단위 : 조, %)

구분　　연도	2020	2021	2022	2023	2024
SOC 투자규모	20.5	25.4	25.1	24.4	23.1
총지출 대비 SOC 투자규모 비중	7.8	8.4	8.6	7.9	6.9

① 2024년 총지출은 300조 원 이상이다.

② 2021년 SOC 투자규모의 전년대비 증가율은 30% 이하이다.

③ 2021 ~ 2024년 동안 SOC 투자규모가 전년에 비해 가장 큰 비율로 감소한 해는 2024년이다.

④ 2021 ~ 2024년 동안 SOC 투자규모와 총지출 대비 SOC 투자규모 비중의 전년대비 증감방향은 동일하다.

⑤ 2025년 SOC 투자규모의 전년대비 감소율이 2024년과 동일하다면, 2024년 SOC 투자규모는 20 조 원 이상이다.

✔해설 SOC 투자규모는 계속적으로 감소하는 방향이나 총지출 대비 SOC 투자규모 비중은 2022년에 증가하다 가 계속 감소하는 방향이므로 증감방향은 동일하지 않다.

7 다음은 우리나라 시·군 중 2024년 경지 면적, 논 면적, 밭 면적 상위 5개 시·군에 대한 자료이다. 이에 대한 설명 중 옳은 것들로만 바르게 짝지어진 것은?

(단위 : ha)

구분	순위	시·군	면적
경지 면적	1	해남군	35,369
	2	제주시	31,585
	3	서귀포시	31,271
	4	김제시	28,501
	5	서산시	27,285
논 면적	1	김제시	23,415
	2	해남군	23,042
	3	서산시	21,730
	4	당진시	21,726
	5	익산시	19,067
밭 면적	1	제주시	31,577
	2	서귀포시	31,246
	3	안동시	13,231
	4	해남군	12,327
	5	상주시	11,047

※ 경지 면저＝논 면적＋밭 면적
※ 순위는 면적이 큰 시·군부터 순서대로 부여

> ㉠ 해남군의 논 면적은 해남군 밭 면적의 2배 이상이다.
> ㉡ 서귀포시의 논 면적은 제주시 논 면적보다 크다.
> ㉢ 서산시의 밭 면적은 김제시 밭 면적보다 크다.
> ㉣ 상주시의 논 면적은 익산시 논 면적의 90% 이하이다.

① ㉠, ㉡
② ㉡, ㉢
③ ㉡, ㉣
④ ㉠, ㉢, ㉣
⑤ ㉡, ㉢, ㉣

✔해설 ㉠ 해남군의 논 면적은 23,042ha 해남군 밭 면적은 12,327ha로 2배가 되지 않는다.
㉡ 서귀포시 논 면적은 31,271 - 31,246 = 25ha이고, 제주시 논 면적은 31,585 - 31,577 = 8ha이므로 서귀포시 논 면적이 더 크다.
㉢ 서산시의 밭 면적은 27,285 - 21,730 = 5,555ha이고, 김제시 밭 면적은 28,501 - 23,415 = 5,086ha이므로 서산시의 밭 면적이 더 크다.
㉣ 익산시의 논 면적은 19,067ha이고 상주시의 논 면적은 경지 면적이 5위 안에 들지 않으므로 27,285ha보다 적어야 한다. 그러므로 상주시의 논 면적은 아무리 커도 16,238ha가 된다. 익산시 논 면적의 90%는 17,160ha이므로 상주시의 논 면적은 익산시 논 면적의 90% 이하가 맞다.

8 다음은 8월 1 ~ 10일 동안 도시 5곳에 대한 슈퍼컴퓨터 예측 날씨와 실제 날씨를 정리한 표이다. 이에 대한 설명으로 옳은 내용만 모두 고른 것은?

도시 \ 구분 \ 날짜		8.1.	8.2.	8.3.	8.4.	8.5.	8.6.	8.7.	8.8.	8.9.	8.10.
서울	예측	☂	☁	☀	☂	☀	☀	☂	☂	☀	☁
	실제	☂	☀	☂	☂	☀	☀	☂	☀	☀	☂
인천	예측	☀	☂	☀	☂	☁	☀	☂	☂	☂	☀
	실제	☂	☀	☀	☂	☁	☀	☂	☂	☀	☀
파주	예측	☂	☀	☂	☂	☀	☂	☀	☂	☂	☂
	실제	☂	☂	☀	☁	☂	☂	☁	☂	☂	☂
춘천	예측	☂	☂	☀	☀	☀	☂	☂	☀	☀	☂
	실제	☂	☁	☂	☂	☂	☂	☂	☂	☀	☀
태백	예측	☂	☀	☀	☂	☂	☂	☀	☁	☀	☂
	실제	☂	☂	☁	☂	☂	☀	☂	☀	☂	☀

ⓐ 서울에서는 예측 날씨가 '비'인 날 실제 날씨도 모두 '비'였다.
ⓑ 5개 도시 중 예측 날씨와 실제 날씨가 일치한 일수가 가장 많은 도시는 인천이다.
ⓒ 8월 1 ~ 10일 중 예측 날씨와 실제 날씨가 일치한 도시 수가 가장 적은 날은 8월 2일이다.

① ㉠
② ㉡
③ ㉢
④ ㉡㉢
⑤ ㉠㉡㉢

✔해설 ㉠ 8월 8일 서울 날씨를 보면 예측 날씨가 '비'이지만 실제 날씨는 '맑음'이었다.

9 다음은 면접관 A ~ E가 신용보증기금 응시자 갑 ~ 정에게 부여한 면접 점수이다. 이에 대한 설명으로 옳은 내용만 모두 고른 것은?

(단위 : 점)

면접관＼응시자	갑	을	병	정	범위
A	7	8	8	6	2
B	4	6	8	10	( )
C	5	9	8	8	( )
D	6	10	9	7	4
E	9	7	6	5	4
중앙값	( )	( )	8	( )	–
교정점수	( )	8	( )	7	–

※ 범위는 해당 면접관이 각 응시자에게 부여한 면접 점수 중 최댓값에서 최솟값을 뺀 값이다.
※ 중앙값은 해당 응시자가 면접관에게서 받은 모든 면접 점수를 크기순으로 나열할 때 한가운데 값이다.
※ 교정점수는 해당 응시자가 면접관에게 받은 모든 면접 점수 중 최댓값과 최솟값을 제외한 면접 점수의 산술 평균값이다.

┌───┐
│ ㉠ 면접관 중 범위가 가장 큰 면접관은 B이다. │
│ ㉡ 응시자 중 중앙값이 가장 작은 응시자는 정이다. │
│ ㉢ 교정점수는 병이 갑보다 크다. │
└───┘

① ㉠ ② ㉡
③ ㉠㉢ ④ ㉡㉢
⑤ ㉠㉡㉢

✔ 해설 먼저 표를 완성하여 보면

면접관＼응시자	갑	을	병	정	범위
A	7	8	8	6	2
B	4	6	8	10	(6)
C	5	9	8	8	(4)
D	6	10	9	7	4
E	9	7	6	5	4
중앙값	(6)	(8)	8	(7)	–
교정점수	(6)	8	(8)	7	–

㉠ 면접관 중 범위가 가장 큰 면접관은 범위가 6인 B가 맞다.
㉡ 응시자 중 중앙값이 가장 작은 응시자는 6인 갑이다.
㉢ 교정점수는 병이 8, 갑이 6이므로 병이 크다.

10 다음은 갑국 ~ 정국의 성별 평균소득과 대학진학률의 격차지수만으로 계산한 간이 성평등지수에 대한 표이다. 이에 대한 설명으로 옳은 것만 모두 고른 것은?

(단위 : 달러, %)

국가＼항목	평균소득			대학진학률			간이 성평등 지수
	여성	남성	격차지수	여성	남성	격차지수	
갑	8,000	16,000	0.50	68	48	1.00	0.75
을	36,000	60,000	0.60	( )	80	( )	( )
병	20,000	25,000	0.80	70	84	0.83	0.82
정	3,500	5,000	0.70	11	15	0.73	0.72

※ 격차지수는 남성 항목값 대비 여성 항목값의 비율로 계산하며, 그 값이 1을 넘으면 1로 한다.

※ 간이 성평등지수는 평균소득 격차지수와 대학진학률 격차지수의 산술 평균이다.

※ 격차지수와 간이 성평등지수는 소수점 셋째자리에서 반올림한다.

> ㉠ 갑국의 여성 평균소득과 남성 평균소득이 각각 1,000달러씩 증가하면 갑국의 간이 성평등지수는 0.80 이상이 된다.
>
> ㉡ 을국의 여성 대학진학률이 85%이면 간이 성평등지수는 을국이 병국보다 높다.
>
> ㉢ 정국의 여성 대학진학률이 4%p 상승하면 정국의 간이 성평등지수는 0.80 이상이 된다.

① ㉠

② ㉡

③ ㉢

④ ㉠㉡

⑤ ㉠㉢

✔해설 ㉠ 갑국의 평균소득이 각각 1,000달러씩 증가하면 여성 9,000, 남성 17,000

격차지수를 구하면 $\dfrac{9,000}{17,000} = 0.529 = 0.53$

간이 성평등지수를 구하면 $\dfrac{0.53+1}{2} = 0.765 = 0.77$

갑국의 간이 성평등지수는 0.80 이하이다.

㉡ 을국의 여성 대학진학률이 85%이면 격차지수는 $\dfrac{85}{80} = 1.0625 = 1$

간이 성평등지수를 구하면 $\dfrac{0.60+1}{2} = 0.8$

병국의 간이 성평등지수는 0.82, 을국의 간이 성평등지수는 0.8이므로 병국이 더 높다.

㉢ 정국의 여성 대학진학률이 4%p 상승하면 격차지수는 $\dfrac{15}{15} = 1$

간이 성평등지수는 $\dfrac{0.70+1}{2} = 0.85$

정국의 간이 성평등지수는 0.80 이상이 된다.

Answer 9.③ 10.③

11 다음은 2021년과 2024년 한국, 중국, 일본의 재화 수출액 및 수입액을 정리한 표와 무역수지와 무역특화지수에 대한 용어정리이다. 이에 대한 〈보기〉의 내용 중 옳은 것만 고른 것은?

(단위 : 억 달러)

국가 연도 · 재화	한국		중국		일본	
수출입액	수출액	수입액	수출액	수입액	수출액	수입액
2021년 원자재	578	832	741	1,122	905	1,707
소비재	117	104	796	138	305	847
자본재	1,028	668	955	991	3,583	1,243
2024년 원자재	2,015	3,232	5,954	9,172	2,089	4,760
소비재	138	375	4,083	2,119	521	1,362
자본재	3,444	1,549	12,054	8,209	4,541	2,209

[용어정리]

• 무역수지 = 수출액 − 수입액
– 우역수지 값이 양(+)이면 흑자, 음(−)이면 적자이다.

• 무역특화지수 = $\dfrac{\text{수출액} - \text{수입액}}{\text{수출액} + \text{수입액}}$
– 무역특화지수의 값이 클수록 수출경쟁력이 높다.

〈보기〉

㉠ 2024년 한국, 중국, 일본 각각에서 원자재 무역수지는 적자이다.
㉡ 2024년 한국의 원자재, 소비재, 자본재 수출액은 2021년 비해 각각 50% 이상 증가하였다.
㉢ 2024년 자본재 수출경쟁력은 일본이 한국보다 높다.

① ㉠　　　　　　　　　　　② ㉡
③ ㉠㉡　　　　　　　　　　④ ㉠㉢
⑤ ㉡㉢

✔ **해설**　㉠ 한국 2,015 − 3,232 = −1,217, 중국 5,954 − 9,172 = −3,218, 일본 2,089 − 4,760 = −2,671
모두 적자이다.

ⓛ 소비재는 50% 이상 증가하지 않았다.

	원자재	소비재	자본재
2024	2,015	138	3,444
2021	578	117	1,028

ⓒ 자본재 수출경쟁력을 구하면 한국이 일본보다 높다.

$$한국 = \frac{3,444 - 1,549}{3,444 + 1,549} = 0.38$$

$$일본 = \frac{4,541 - 2,209}{4,541 + 2,209} = 0.34$$

12 다음 A, B 두 국가 간의 시간차와 비행시간으로 옳은 것은?

A ↔ B 국가 간의 운항 시간표

구간	출발시각	도착시각
A → B	09 : 00	13 : 00
B → A	18 : 00	06 : 00(다음날)

- 출발 및 도착시간은 모두 현지시각이다.
- 비행시간은 A → B 구간, B → A 구간 동일하다.
- A가 B보다 1시간 빠르다는 것은 A가 오전 5시일 때, B가 오전 4시임을 의미한다.

	시차	비행시간
①	A가 B보다 4시간 느리다.	12시간
②	A가 B보다 4시간 빠르다.	8시간
③	A가 B보다 2시간 느리다.	10시간
④	A가 B보다 2시간 빠르다.	8시간
⑤	A가 B보다 4시간 느리다.	10시간

✔해설 출발시각과 도착시각은 모두 현지 시각이므로 시차를 고려하지 않으면 A → B가 4시간, B → A가 12시간 차이가 난다. 비행시간은 양 구간이 동일하므로 $\frac{4+12}{2} = 8$, 비행시간은 8시간이 된다.

비행시간이 8시간인데 시차를 고려하지 않은 A → B 구간의 이동시간이 4시간이므로 A가 B보다 4시간 빠르다는 것을 알 수 있다.

13 다음 표와 그림은 2024년 한국 골프 팀 A ~ E의 선수 인원수 및 총 연봉과 각각의 전년대비 증가율을 나타낸 것이다. 이에 대한 설명으로 옳지 않은 것은?

2024년 골프 팀 A ~ E의 선수 인원수 및 총 연봉

(단위 : 명, 억 원)

골프 팀	선수 인원수	총 연봉
A	5	15
B	10	25
C	8	24
D	6	30
E	6	24

※ 팀 선수 평균 연봉 $= \dfrac{\text{총 연봉}}{\text{선수 인원수}}$

2024년 골프 팀 A ~ E의 선수 인원수 및 총 연봉의 전년대비 증가율

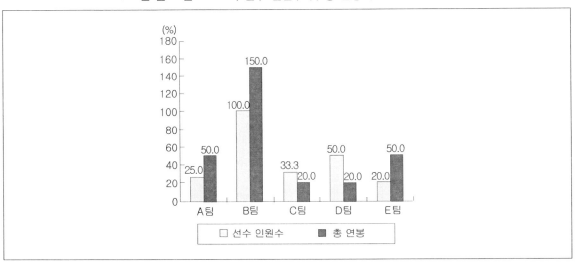

※ 전년대비 증가율은 소수점 둘째자리에서 반올림한 값이다.

① 2024년 팀 선수 평균 연봉은 D팀이 가장 많다.
② 2024년 전년대비 증가한 선수 인원수는 C팀과 D팀이 동일하다.
③ 2024년 A팀이 팀 선수 평균 연봉은 전년대비 증가하였다.
④ 2024년 선수 인원수가 전년대비 가장 많이 증가한 팀은 총 연봉도 가장 많이 증가하였다.
⑤ 2023년 총 연봉은 A팀이 E팀보다 많다.

✔ 해설

① 팀 선수 평균 연봉 $=\dfrac{\text{총 연봉}}{\text{선수 인원수}}$

    A : $\dfrac{15}{5}=3$

    B : $\dfrac{25}{10}=2.5$

    C : $\dfrac{24}{8}=3$

    D : $\dfrac{30}{6}=5$

    E : $\dfrac{24}{6}=4$

② C팀 2023년 선수 인원수 $\dfrac{8}{1.333}=6$명, 2024년 선수 인원수 8명

   D팀 2023년 선수 인원수 $\dfrac{6}{1.5}=4$명, 2024년 선수 인원수 6명

   C, D팀은 모두 전년대비 2명씩 증가하였다.

③ A팀의 2023년 총 연봉은 $\dfrac{15}{1.5}=10$억 원, 2023년 선수 인원수는 $\dfrac{5}{1.25}=4$명

   2023년 팀 선수 평균 연봉은 $\dfrac{10}{4}=2.5$억 원

   2024년 팀 선수 평균 연봉은 3억 원

④ 2023년 선수 인원수를 구해보면 A-4명, B-5명, C-6명, D-4명, E-5명

   전년대비 증가한 선수 인원수는 A-1명, B-5명, C-2명, D-2명, E-1명

   2023년 총 연봉을 구해보면 A-10억, B-10억, C-20억, D-25억, E-16억

   전년대비 증가한 총 연봉은 A-5억, B-15억, C-4억, D-5억, E-8억

⑤ 2023년 총 연봉은 A팀이 10억 원, E팀이 16억 원으로 E팀이 더 많다.

14 다음은 근무지 이동 전 ○○기업의 근무 현황에 대한 표이다. 표와 근무지 이동 지침에 따라 이동한 후 근무지별 인원수로 가능한 것은?

근무지	팀명	인원수
본관 1층	인사팀	10명
	지원팀	16명
	기획1팀	16명
본관 2층	기획2팀	21명
	영업1팀	27명
본관 3층	영업2팀	30명
	영업3팀	23명
별관	–	0명
전체		143명

※ 근무지는 본관 1, 2, 3층과 별관만 존재하며, 팀별 인원수의 변동은 없다.

[근무지 이동 지침]
• 본관 내 이동은 없고, 인사팀은 이동하지 않는다.
• 팀별로 전원 이동하며, 본관에서 별관으로 2개 팀만 이동한다.
• 1개 층에서는 최대 1개 팀만 별관으로 이동할 수 있다.
• 이동한 후 별관 인원수는 40명을 넘지 않도록 한다.

①

본관 1층	본관 2층	본관 3층	별관
26명	48명	30명	38명

②

본관 1층	본관 2층	본관 3층	별관
26명	27명	53명	37명

③

본관 1층	본관 2층	본관 3층	별관
42명	21명	43명	37명

④

본관 1층	본관 2층	본관 3층	별관
44명	21명	40명	38명

⑤

본관 1층	본관 2층	본관 3층	별관
42명	27명	30명	44명

✔해설 근무지 이동 지침을 보면 본관 1층의 인사팀 10명은 그대로 있어야 한다.

그리고 별관은 40명이 넘으면 안 된다. 본관 내 이동은 없으므로 2팀만 별관으로 보내면 된다.

2개 팀이 별관으로 가야 하는데 한 층에서 한 팀만 가야 하므로 가능한 조합은

지원팀 16명과 기획2팀 21명 / 기획1팀 16명과 기획2팀 21명 / 지원팀 16명과 영업3팀 23명 / 기획1팀 16명과 영업3팀 23명이 된다.

본관 1층에서는 지원팀 또는 기획1팀이 이동하게 되면 26명이 근무하게 되고,

본관 1층이 26명으로 제시된 것은 ①②만 해당한다.

본관 2층에서 만약 기획2팀이 이동하게 되면 영업1팀 27명만 근무하게 되고, 이렇게 두 팀이 이동하면 본관 3층은 변함없이 53명이 근무하게 된다.

또한 별관은 두 팀의 인원수 합이 37명 또는 39명이 되므로 ②가 가장 가능한 인원수가 된다.

Answer 14.②

15 다음은 한 통신사의 요금제별 요금 및 할인 혜택에 관한 표이다. 이번 달에 전화통화와 함께 100건 이상의 문자메시지를 사용하였는데, A요금제를 이용했을 경우 청구되는 요금은 14,000원, B요금제를 이용했을 경우 청구되는 요금은 16,250원이다. 이번 달에 사용한 문자메시지는 모두 몇 건인가?

요금제	기본료	통화요금	문자메시지요금	할인 혜택
A	없음	5원/초	10원/건	전체 요금의 20% 할인
B	5,000원/월	3원/초	15원/건	문자메시지 월 100건 무료

① 125건   ② 150건

③ 200건   ④ 250건

⑤ 300건

✔ 해설   통화량을 x, 문자메시지를 y라고 하면

A요금제 → $(5x + 10y) \times \left(1 - \dfrac{1}{5}\right) = 4x + 8y = 14,000$원

B요금제 → $5,000 + 3x + 15 \times (y - 100) = 16,250$원

두 식을 정리해서 풀면

$y = 250$, $x = 3,000$

16 다음 그림처럼 화살표에서 시작해서 시계방향으로 수와 사칙연산기호가 배열되어 있다. (?)에서 시작한 값이 마지막에 등호(=)로 연결되어 식을 완성한다. (?) 안에 알맞은 수로 옳은 것은? (단, 사칙연산기호의 연산순서는 무시하고, 그림에 있는 순서대로 계산한다)

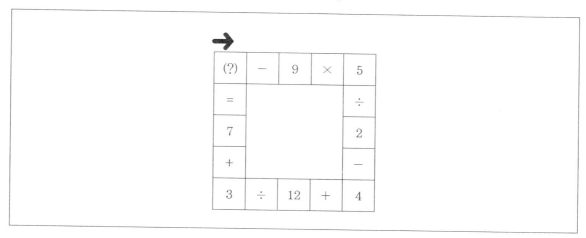

① 11

② 12

③ 13

④ 14

⑤ 15

✔**해설** 화살표로부터 시작해서 9를 빼고 5를 곱한 값이 짝수가 되어야 2로 나누었을 때 정수가 된다. 따라서 (?)의 수는 홀수가 되어야 한다. 그러므로 짝수는 일단 정답에서 제외해도 된다.
보기의 번호를 대입하여 계산해 보면 된다.
① $11 - 9 = 2$, $2 \times 5 = 10$, $10 \div 2 = 5$, $5 - 4 = 1$, $1 + 12 = 13$, $13 \div 3 = 4.3333$ $(\times)$
② $12 - 9 = 3$, $3 \times 5 = 15$, $15 \div 2 = 7.5$ $(\times)$
③ $13 - 9 = 4$, $4 \times 5 = 20$, $20 \div 2 = 10$, $10 - 4 = 6$, $6 + 12 = 18$, $18 \div 3 = 6$, $6 + 7 = 13$
④ $14 - 9 = 5$, $5 \times 5 = 25$, $25 \div 2 = 12.5$ $(\times)$
⑤ $15 - 9 = 6$, $6 \times 5 = 30$, $30 \div 2 = 15$, $15 - 4 = 11$, $11 + 12 = 23$, $23 \div 3 = 7.666$ $(\times)$

17 다음은 2015 ~ 2024년 5개 자연재해 유형별 피해금액에 관한 자료이다. 이에 대한 설명으로 옳은 것만을 모두 고른 것은?

5개 자연재해 유형별 피해금액

(단위 : 억 원)

연도 유형	2015	2016	2017	2018	2019	2020	2021	2022	2023	2024
태풍	3,416	1,385	118	1,609	9	0	1,725	2,183	8,765	17
호우	2,150	3,520	19,063	435	581	2,549	1,808	5,276	384	1,581
대설	6,739	5,500	52	74	36	128	663	480	204	113
강풍	0	93	140	69	11	70	2	0	267	9
풍랑	0	0	57	331	0	241	70	3	0	0
전체	12,305	10,498	19,430	2,518	637	2,988	4,268	7,942	9,620	1,720

㉠ 2015 ~ 2024년 강풍 피해금액 합계는 풍랑 피해금액 합계보다 적다.
㉡ 2023년 태풍 피해금액은 2023년 5개 자연재해 유형 전체 피해금액의 90% 이상이다.
㉢ 피해금액이 매년 10억 원보다 큰 자연재해 유형은 호우뿐이다.
㉣ 피해금액이 큰 자연재해 유형부터 순서대로 나열하면 2021년과 2022년의 순서는 동일하다.

① ㉠㉡   ② ㉠㉢
③ ㉢㉣   ④ ㉠㉡㉣
⑤ ㉡㉢㉣

 해설 ㉠ 주어진 기간 동안 강풍 피해금액과 풍랑 피해금액의 합계를 각각 계산하여 비교하기 보다는 소거법을 이용하여 비교하는 것이 좋다. 비슷한 크기의 값들을 서로 비교하여 소거한 뒤 남은 값들의 크기를 비교해주는 것으로 2020년 강풍과 2021년 풍랑 피해금액이 70억 원으로 동일하고 2016, 2017, 2019년 강풍 피해금액의 합 244억 원과 2020년 풍랑 피해금액 241억 원이 비슷하다. 또한 2018, 2023년 강풍 피해금액의 합 336억 원과 2018년 풍랑 피해금액 331억 원이 비슷하다. 이 값들을 소거한 뒤 남은 값들을 비교해보면 강풍 피해금액의 합계가 풍랑 피해금액의 합계보다 더 작다는 것을 알 수 있다.

㉡ 2023년 태풍 피해금액이 2023년 5개 자연재해 유형 전체 피해금액의 90% 이상이라는 것은 즉, 태풍을 제외한 나머지 4개 유형 피해금액의 합이 전체 피해금액의 10% 미만이라는 것을 의미한다. 2023년 태풍을 제외한 나머지 4개 유형 피해금액의 합을 계산하면 전체 피해금액의 10% 밖에 미치지 못함을 알 수 있다.

㉢ 피해금액이 매년 10억 원보다 큰 자연재해 유형은 호우, 대설이 있다.

㉣ 피해금액이 큰 자연재해 유형부터 순서대로 나열하면 2021년 호우, 태풍, 대설, 풍랑, 강풍이며 이 순서는 2022년의 순서와 동일하다.

18 다음은 개인 기업인 ○○상점의 총계정원장의 일부이다. 이를 통해 알 수 있는 내용으로 옳은 것을 모두 고른 것은? (단, 상품은 3분법으로 회계 처리한다.)

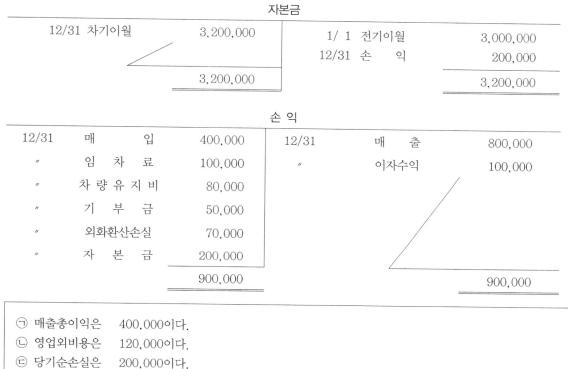

자본금

12/31 차기이월	3,200,000	1/ 1 전기이월 3,000,000
		12/31 손 익 200,000
	3,200,000	3,200,000

손 익

12/31 매 입	400,000	12/31 매 출 800,000
〃 임 차 료	100,000	〃 이자수익 100,000
〃 차 량 유 지 비	80,000	
〃 기 부 금	50,000	
〃 외화환산손실	70,000	
〃 자 본 금	200,000	
	900,000	900,000

㉠ 매출총이익은   400,000이다.
㉡ 영업외비용은   120,000이다.
㉢ 당기순손실은   200,000이다.
㉣ 기초 자본금은   3,200,000이다.

① ㉠㉡　　　　　　　　　　　② ㉠㉢
③ ㉡㉢　　　　　　　　　　　④ ㉡㉣
⑤ ㉢㉣

해설 ㉠ 손익 계정의 매출에서 매입을 차감한 400,000원이 매출총이익이다.
㉡ 영업외비용은 기부금과 외화환산손실을 더한 120,000원이다.
㉢ 손익 계정의 자본금 200,000원은 당기순이익이다.
㉣ 자본 계정의 전기이월액 3,000,000원이 기초 자본금이다.

다음은 갑국의 최종에너지 소비량에 대한 자료이다. 이에 대한 설명으로 옳은 것들로만 바르게 짝지어진 것은?

2022 ~ 2024년 유형별 최종에너지 소비량 비중

(단위 : %)

연도 \ 유형	석탄		석유제품	도시가스	전력	기타
	무연탄	유연탄				
2022	2.7	11.6	53.3	10.8	18.2	3.4
2023	2.8	10.3	54.0	10.7	18.6	3.6
2024	2.9	11.5	51.9	10.9	19.1	3.7

2024년 부문별 유형별 최종에너지 소비량

(단위 : 천TOE)

부문 \ 유형	석탄		석유제품	도시가스	전력	기타	합
	무연탄	유연탄					
산업	4,750	15,317	57,451	9,129	23,093	5,415	115,155
가정·상업	901	4,636	6,450	11,105	12,489	1,675	37,256
수송	0	0	35,438	188	1,312	0	36,938
기타	0	2,321	1,299	669	152	42	4,483
계	5,651	22,274	100,638	21,091	37,046	7,132	193,832

※ TOE는 석유 환산 톤수를 의미

ㄱ 2022 ~ 2024년 동안 전력소비량은 매년 증가한다.
ㄴ 2024에는 산업부문의 최종에너지 소비량이 전체 최종에너지 소비량의 50% 이상을 차지한다.
ㄷ 2022 ~ 2024년 동안 석유제품 소비량 대비 전력 소비량의 비율이 매년 증가한다.
ㄹ 2024년에는 산업부문과 가정·상업부문에서 유연탄 소비량 대비 무연탄 소비량의 비율이 각각 25% 이하이다.

① ㄱㄴ
③ ㄴㄷ
⑤ ㄷㄹ

② ㄱㄹ
④ ㄴㄹ

✔ 해설 ㉠ 2022 ~ 2024년 동안의 유형별 최종에너지 소비량 비중이므로 전력 소비량의 수치는 알 수 없다.

㉡ 2024년의 산업부문의 최종에너지 소비량은 115,155천TOE이므로 전체 최종 에너지 소비량인 193,832천TOE의 50%인 96,916천TOE보다 많으므로 50% 이상을 차지한다고 볼 수 있다.

㉢ 2022 ~ 2024년 동안 석유제품 소비량 대비 전력 소비량의 비율은 $\dfrac{전력}{석유제품}$ 으로 계산하면 2022년 $\dfrac{18.2}{53.3} \times 100 = 34.1\%$, 2023년 $\dfrac{18.6}{54} \times 100 = 34.4\%$, 2024년 $\dfrac{19.1}{51.9} \times 100 = 36.8\%$ 이므로 매년 증가함을 알 수 있다.

㉣ 2024년 산업부문과 가정·상업부문에서 $\dfrac{무연탄}{유연탄}$ 을 구하면 산업부문의 경우 $\dfrac{4,750}{15,317} \times 100 = 31\%$, 가정·상업부문의 경우 $\dfrac{901}{4,636} \times 100 = 19.4\%$ 이므로 모두 25% 이하인 것은 아니다.

20 다음은 A, B 두 경쟁회사의 판매 제품별 시장 내에서의 기대 수익을 표로 나타낸 자료이다. 3분기의 양사의 수익 변동에 대한 설명으로 옳은 것은? (A회사의 3분기 수익은 월 평균 수익과 동일하다)

판매 제품별 수익체계

A회사		B회사		
		X제품	Y제품	Z제품
	P 제품	(4, −3)	(5, −1)	(−2, 5)
	Q 제품	(−1, −2)	(3, 4)	(−1, 7)
	R 제품	(−3, 5)	(11, −3)	(8, −2)

- 괄호 안의 숫자는 A회사와 B회사의 제품으로 얻는 수익(억 원)을 뜻한다. (A회사 월 수익 액, B회사의 월 수익 액)
- ex) A회사가 P제품을 판매하고 B회사가 X제품을 판매하였을 때 A회사의 월 수익 액은 4억 원이고, B회사의 월 수익 액은 −3억 원이다.

B회사의 분기별 수익체계 증감 분포

	1분기	2분기	3분기	4분기
X제품	0%	30%	20%	−50%
Y제품	50%	0%	−30%	0%
Z제품	−50%	−20%	50%	20%

- 제품별로 분기에 따른 수익의 증감률을 의미한다.
- 50% : 월 수익에서 50% 증가, 월 손해에서 50% 감소
- −50% : 월 수익에서 50% 감소, 월 손해에서 50% 증가

① 두 회사의 수익의 합이 가장 커지는 제품의 조합은 변하지 않는다.
② X제품은 P제품과 판매하였을 때의 수익이 가장 많다.
③ 두 회사의 수익의 합이 가장 적은 제품의 조합은 Q제품과 X제품이다.
④ 3분기의 수익액 합이 가장 큰 B회사의 제품은 Y제품이다.
⑤ 3분기에는 B회사가 Y제품을 판매할 때의 양사의 수익액 합의 총합이 가장 크다.

③ 3분기에는 B회사의 수익이 분기별 증감 분포표에 따라 바뀌게 되므로 다음과 같은 수익체계표가 작성될 수 있다.

A회사		B회사		
		X제품	Y제품	Z제품
	P 제품	(4, −2.4)	(5, −1.3)	(−2, 7.5)
	Q 제품	(−1, −1.6)	(3, 2.8)	(−1, 10.5)
	R 제품	(−3, 6)	(11, −3.9)	(8, −1)

따라서 Q제품과 X제품을 판매할 때의 수익의 합이 −1−1.6=−2.6억 원으로 가장 적은 것을 알 수 있다.

① R제품, Y제품 조합에서 Q제품, Z제품의 조합으로 바뀌게 된다.

② X제품은 R제품과 함께 판매하였을 때의 수익이 6억 원으로 가장 크게 된다.

④ 3분기의 수익액 합이 가장 큰 제품은 Z(7.5 + 10.5 − 1 = 17)제품이다.

⑤ B회사가 Y제품을 판매할 때의 양사의 수익액 합의 총합은 5−1.3+3+2.8+11−3.9=16.6억 원이며, Z제품을 판매할 때의 양사의 수익액 합의 총합은 22억 원이며, X제품을 판매할 때의 양사의 수익액 합의 총합은 2억 원이 된다.

21 다음 표는 A지역 전체 가구를 대상으로 원자력발전소 사고 전·후 식수 조달원 변경에 대해 사고 후 설문조사한 결과이다. 사고 전에 비해 사고 후에 이용 가구 수가 감소한 식수 조달원의 수는 몇 개인 가? (단, A지역 가구의 식수 조달원은 수돗물, 정수, 약수, 생수로 구성되며, 각 가구는 한 종류의 식수 조달원만 이용한다.)

〈원자력발전소 사고 전·후 A지역 조달원별 가구 수〉

(단위 : 가구)

사고 후 조달원 / 사고 전 조달원	수돗물	정수	약수	생수
수돗물	40	30	20	30
정수	10	50	10	30
약수	20	10	10	40
생수	10	10	10	40

① 0개　　　　　　　　　　　② 1개

③ 2개　　　　　　　　　　　④ 3개

⑤ 4개

 해설

사고 후 조달원 / 사고 전 조달원	수돗물	정수	약수	생수	합계
수돗물	40	30	20	30	120
정수	10	50	10	30	100
약수	20	10	10	40	80
생수	10	10	10	40	70
합계	80	100	50	140	370

수돗물은 120가구에서 80가구로, 약수는 80가구에서 50가구로 각각 이용 가구 수가 감소하였다. 정수는 100가구로 변화가 없으며, 생수는 70가구에서 140가구로 증가하였다.

따라서 사고 전에 비해 사고 후에 이용 가구 수가 감소한 식수 조달원의 수는 2개이다.

22 다음은 2022 ~ 2024년 동안 ○○지역의 용도별 물 사용량 현황을 나타낸 표이다. 이에 대한 설명으로 옳지 않은 것을 모두 고른 것은?

(단위 : m³, %, 명)

용도 \ 연도 구분	2022 사용량	2022 비율	2023 사용량	2023 비율	2024 사용량	2024 비율
생활용수	136,762	56.2	162,790	56.2	182,490	56.1
가정용수	65,100	26.8	72,400	25.0	84,400	26.0
영업용수	11,000	4.5	19,930	6.9	23,100	7.1
업무용수	39,662	16.3	45,220	15.6	47,250	14.5
욕탕용수	21,000	8.6	25,240	8.7	27,740	8.5
농업용수	45,000	18.5	49,050	16.9	52,230	16.1
공업용수	61,500	25.3	77,900	26.9	90,300	27.8
총 사용량	243,262	100.0	289,740	100.0	325,020	100.0
사용인구	379,300		430,400		531,250	

※ 1명당 생활용수 사용량(m³/명) = $\dfrac{\text{생활용수 총 사용량}}{\text{사용인구}}$

> ⊙ 총 사용량은 2023년과 2024년 모두 전년대비 15% 이상 증가하였다.
> ⓒ 1명당 생활용수 사용량은 매년 증가하였다.
> ⓒ 농업용수 사용량은 매년 증가하였다.
> ⓔ 가정용수와 영업용수 사용량의 합은 업무용수와 욕탕용수 사용량의 합보다 매년 크다.

① ⊙ⓒ
② ⓒⓒ
③ ⓒⓔ
④ ⊙ⓒⓔ
⑤ ⊙ⓒⓔ

✔ 해설 ⊙ 2023년의 총사용량은 전년대비 46,478m³ 증가하여 약 19%의 증가율을 보이며, 2024년의 총사용량은 전년대비 35,280m³ 증가하여 약 12.2%의 증가율을 보여 모두 전년대비 15% 이상 증가한 것은 아니다.

ⓒ 1명당 생활용수 사용량을 보면 2022년 0.36m³/명$\left(\dfrac{136,762}{379,300}\right)$, 2023년은 0.38m³/명$\left(\dfrac{162,790}{430,400}\right)$, 2024년은 0.34m³/명$\left(\dfrac{182,490}{531,250}\right)$이 되어 매년 증가하는 것은 아니다.

ⓒ 45,000 → 49,050 → 52,230으로 농업용수 사용량은 매년 증가함을 알 수 있다.

ⓔ 가정용수와 영업용수 사용량의 합은 업무용수와 욕탕용수의 사용량의 합보다 매년 크다는 것을 알 수 있다.
2022년 65,100 + 11,000 = 76,100 > 39,662 + 21,000 = 60,662
2023년 72,400 + 19,930 = 92,330 > 45,220 + 25,240 = 70,460
2024년 84,400 + 23,100 = 107,500 > 47,250 + 27,740 = 74,990

Answer 21.③ 22.①

다음은 ○○회사 직원들 갑, 을, 병, 정, 무의 국외 출장 현황과 출장 국가별 여비 기준을 나타낸 자료이다. 이 자료를 근거로 출장 여비를 지급받을 때, 출장 여비를 가장 많이 지급받는 출장자부터 순서대로 바르게 나열한 것은?

갑, 을, 병, 정, 무의 국외 출장 현황

출장자	출장국가	출장기간	숙박비 지급 유형	1박 실지출 비용($/박)	출장 시 개인 마일리지 사용여부
갑	A	3박 4일	실비지급	145	미사용
을	A	3박 4일	정액지급	130	사용
병	B	3박 5일	실비지급	110	사용
정	C	4박 6일	정액지급	75	미사용
무	D	5박 6일	실비지급	75	사용

※ 각 출장자의 출장 기간 중 매박 실지출 비용은 변동 없음

출장 국가별 1인당 여비 지급 기준액

출장국가 \ 구분	1일 숙박비 상한액($/박)	1일 식비($/일)
A	170	72
B	140	60
C	100	45
D	85	35

㉠ 출장 여비($)＝숙박비＋식비
㉡ 숙박비는 숙박 실지출 비용을 지급하는 실비지급 유형과 출장국가 숙박비 상한액의 80%를 지급하는 정액지급 유형으로 구분
  • 실비지급 숙박비($)＝(1박 실지출 비용)×('박' 수)
  • 정액지급 숙박비($)＝(출장국가 1일 숙박비 상한액)×('박' 수)×0.8
㉢ 식비는 출장 시 개인 마일리지 사용여부에 따라 출장 중 식비의 20% 추가지급
  • 개인 마일리지 미사용 시 지급 식비($)＝(출장국가 1일 식비)×('일' 수)
  • 개인 마일리지 사용 시 지급 식비($)＝(출장국가 1일 식비)×('일' 수)×1.2

① 갑, 을, 병, 정, 무
② 갑, 을, 병, 무, 정
③ 을, 갑, 정, 병, 무
④ 을, 갑, 병, 무, 정
⑤ 을, 갑, 무, 병, 정

✔해설
- 갑$= (145 \times 3) + (72 \times 4) = 435 + 288 = 723\$$
- 을$= (170 \times 3 \times 0.8) + (72 \times 4 \times 1.2) = 408 + 345.6 = 753.6\$$
- 병$= (110 \times 3) + (60 \times 5 \times 1.2) = 330 + 360 = 690\$$
- 정$= (100 \times 4 \times 0.8) + (45 \times 6) = 320 + 270 = 590\$$
- 무$= (75 \times 5) + (35 \times 6 \times 1.2) = 375 + 252 = 627\$$

순서대로 나열하면 을, 갑, 병, 무, 정

24 다음에 제시된 도시철도운영기관별 교통약자 편의시설에 대한 표를 참고할 때, 표의 내용을 올바르게 이해한 것은? (단, 한 역에는 한 종류의 편의시설만 설치된다)

구분	A도시철도운영기관		B도시철도운영기관		C도시철도운영기관	
	설치 역 수	설치 대수	설치 역 수	설치 대수	설치 역 수	설치 대수
엘리베이터	116	334	153	460	95	265
에스컬레이터	96	508	143	742	92	455
휠체어리프트	28	53	53	127	50	135

① B도시철도운영기관은 모든 종류의 교통약자 편의시설의 개수가 A, C도시철도운영기관보다 많다.
② 세 도시철도운영기관의 평균 휠체어리프트 설치 대수는 100개 미만이다.
③ 총 교통약자 편의시설의 설치 역당 설치 대수는 A도시철도운영기관이 가장 많다.
④ C도시철도운영기관의 교통약자 편의시설 중, 설치 역당 설치 대수는 엘리베이터가 가장 많다.
⑤ 휠체어리프트의 설치 역당 설치 대수는 C도시철도운영기관이 가장 많다.

✔해설
⑤ A기관 : $53 \div 28 = $약 1.9대, B기관 : $127 \div 53 = $ 약 2.4대, C기관 : $135 \div 50 = 2.7$대이므로 C도시철도운영기관이 가장 많다.
① 휠체어리프트는 C도시철도운영기관이 가장 많다.
② $(53 + 127 + 135) \div 3 = 105$이므로 100개보다 많다.
③ A기관 : $895 \div 240 = $약 3.7대, B기관 : $1,329 \div 349 = $ 약 3.8대, C기관 : $855 \div 237 = $약 3.6대이다.
④ $265 \div 95 = $약 2.8대 $455 \div 92 = $ 약 4.9대 $135 \div 50 = 2.7$대이므로 에스컬레이터가 가장 많다.

25 다음은 ○○시 '가' ~ '다' 지역의 월별 아파트 실거래 가격지수를 나타낸 것이다. 이에 대한 설명으로 옳은 것은?

지역 월	가	나	다
1	100.0	100.0	100.0
2	101.1	101.6	99.9
3	101.9	103.2	100.0
4	102.6	104.5	99.8
5	103.0	105.5	99.6
6	103.8	106.1	100.6
7	104.0	106.6	100.4
8	105.1	108.3	101.3
9	106.3	110.7	101.9
10	110.0	116.9	102.4
11	113.7	123.2	103.0
12	114.8	126.3	102.6

※ N월 아파트 실거래 가격지수 = $\dfrac{\text{해당 지역의 } N\text{월 아파트 실거개 가격}}{\text{해당 지역의 1월 아파트 실거래 가격}} \times 100$

① '가' 지역의 12월 아파트 실거래 가격은 '다' 지역의 12월 아파트 실거래 가격보다 높다.

② '나' 지역의 아파트 실거래 가격은 다른 두 지역의 아파트 실거래 가격보다 매월 높다.

③ '다' 지역의 1월 아파트 실거래 가격과 3월 아파트 실거래 가격은 같다.

④ '가' 지역의 1월 아파트 실거래 가격이 1억 원이라면 '가' 지역의 7월 아파트 실거래 가격은 1억 4천만 원이다.

⑤ 7 ~ 12월 동안 아파트 실거래 가격이 각 지역에서 매월 상승하였다.

✔해설 ③ 같은 지역 안에서는 월간 가격 비교가 가능하다. '다' 지역의 경우 3월 아파트 실거래 가격지수가 100.0이므로 3월의 가격과 1월의 가격이 서로 같다는 것을 알 수 있다.
① 각 지역의 아파트 실거래 가격지수의 기준이 되는 해당 지역의 1월 아파트 실거래 가격이 제시되어 있지 않으므로 다른 월의 가격도 알 수 없으므로 비교가 불가능하다.
② 아파트 실거래 가격지수가 높다고 하더라도 기준이 되는 1월의 가격이 다른 지역에 비하여 현저하게 낮다면 실제 가격은 더 낮아질 수 있으나 가격이 제시되어 있지 않으므로 비교가 불가능하다.
④ '가' 지역의 7월 아파트 실거래 가격지수가 104.0이므로 1월 가격이 1억 원일 경우, 7월 가격은 1억 4천만 원이 아니라 1억 4백만 원이 된다.
⑤ '다' 지역의 경우 12월 아파트 실거래 가격지수가 11월에 비하여 하락한 것으로 볼 때, 12월에는 전월에 비하여 가격이 하락하였음을 알 수 있다.

26 서원각 경영진은 최근 경기 침체로 인한 이익감소를 극복하기 위하여 신규사업을 검토 중이다. 현재 회사는 기존 사업에서 평균 투자액 기준으로 12%의 회계적 이익률을 보이고 있으며, 신규사업에서 예상되는 당기순이익은 다음과 같을 때, 회사는 신규사업을 위해 2,240,000을 투자해야 하며 3년 후의 잔존가치는 260,000원으로 예상된다. 최초투자액을 기준으로 하여 신규사업의 회계적 이익률을 구하면? (회사는 정액법에 의해 감가상각한다. 또한 회계적 이익률은 소수점 둘째 자리에서 반올림한다)

구분	신규사업으로 인한 당기순이익
1	200,000
2	300,000
3	400,000

① 약 11.4%

② 약 12.4%

③ 약 13.4%

④ 약 14.4%

⑤ 약 15.4%

✔ 해설 회계적 이익률은 $\dfrac{\text{연평균 순이익}}{\text{초기투자액}} \times 100$ 이므로

연평균 순이익 $= \dfrac{200,000 + 300,000 + 400,000}{3} = 300,000$

이익률 $= \dfrac{300,000}{2,240,000} \times 100 = 13.392 \cdots ≒ 13.4\%$

27 다음은 어느 회사의 성과상여금 지급기준이다. 다음 기준에 따를 때 성과상여금을 가장 많이 받는 사원과 가장 적게 받는 사원의 금액 차이는 얼마인가?

〈성과상여금 지급기준〉

지급원칙
- 성과상여금은 적용대상사원에 대하여 성과(근무성적, 업무난이도, 조직 기여도의 평점 합) 순위에 따라 지급한다.

성과상여금 지급기준액

5급 이상	6급~7급	8급~9급	계약직
500만 원	400만 원	200만 원	200만 원

지급등급 및 지급률
- 5급 이상

지급등급	S등급	A등급	B등급	C등급
성과 순위	1위	2위	3위	4위 이하
지급률	180%	150%	120%	80%

- 6급 이하 및 계약직

지급등급	S등급	A등급	B등급
성과 순위	1~2위	3~4위	5위 이하
지급률	150%	130%	100%

지급액 산정방법
- 개인별 성과상여금 지급액은 지급기준액에 해당등급의 지급율을 곱하여 산정한다.

〈소속사원 성과 평점〉

사원	평점			직급
	근무성적	업무난이도	조직기여도	
현우	8	5	7	계약직
미현	10	6	9	계약직
소영	8	8	6	4급
상민	5	5	8	5급
유주	9	9	10	6급
정민	9	10	8	7급

① 260만 원

② 340만 원

③ 400만 원

④ 450만 원

⑤ 500만 원

✔ 해설 사원별로 성과상여금을 계산해보면 다음과 같다.

사원	평점 합	순위	산정금액
현우	20	5	200만 원×100%=200만 원
미현	25	3	200만 원×130%=260만 원
소영	22	4	500만 원×80%=400만 원
상민	18	6	500만 원×80%=400만 원
유주	28	1	400만 원×150%=600만 원
정민	27	2	400만 원×150%=600만 원

가장 많이 받은 금액은 600만 원이고 가장 적게 받은 금액은 200만 원이므로 이 둘의 차는 400만 원이다.

28 ○○자동차회사는 오늘을 포함하여 30일 동안에 자동차를 생산할 계획이며 ○○자동차회사의 하루 최대투입가능 근로자 수는 100명이다. 다음 〈공정표〉에 근거할 때 ○○자동차회사가 벌어들일 수 있는 최대 수익은 얼마인가? (단, 작업은 오늘부터 개시되며 각 근로자는 자신이 투입된 자동차의 생산이 끝나야만 다른 자동차의 생산에 투입될 수 있고 1일 필요 근로자 수 이상의 근로자가 투입되더라도 자동차당 생산 소요기간은 변하지 않는다)

〈공정표〉

자동차	소요기간	1일 필요 근로자 수	수익
A	5일	20명	15억 원
B	10일	30명	20억 원
C	10일	50명	40억 원
D	15일	40명	35억 원
E	15일	60명	45억 원
F	20일	70명	85억 원

① 150억 원

② 155억 원

③ 160억 원

④ 165억 원

⑤ 170억 원

✔ 해설 30일 동안 최대 수익을 올릴 수 있는 진행공정은 다음과 같다.

F(20일, 70명)			C(10일, 50명)
B(10일, 30명)	A(5일, 20명)		

F(85억)+B(20억)+A(15억)+C(40억)=160억 원

29 다음은 어린이집 및 유치원의 11개 특별활동프로그램 실시 현황에 관한 자료이다. 이에 대한 설명으로 옳은 것들만 바르게 짝지어진 것은?

어린이집 및 유치원의 11개 특별활동프로그램 실시 현황

(단위 : %, 개, 명)

구분 특별활동 프로그램	어린이집			유치원		
	실시율	실시 기관 수	파견 강사 수	실시율	실시 기관 수	파견 강사 수
미술	15.7	6,677	834	38.5	3,250	671
음악	47.0	19,988	2,498	62.7	5,294	1,059
체육	53.6	22,794	2,849	78.2	6,600	1,320
과학	6.0	( )	319	27.9	( )	471
수학	2.9	1,233	206	16.2	1,366	273
한글	5.8	2,467	411	15.5	1,306	291
컴퓨터	0.7	298	37	0.0	0	0
교구	15.2	6,464	808	15.5	1,306	261
한자	0.5	213	26	3.7	316	63
영어	62.9	26,749	6,687	70.7	5,968	1,492
서예	1.0	425	53	0.6	51	10

※ 해당 특별활동프로그램 실시율(%) = $\dfrac{\text{해당 특별활동프로그램 실시 어린이집(유치원) 수}}{\text{특별활동프로그램 실시 전체 어린이집(유치원) 수}} \times 100$

※ 어린이집과 유치원은 각각 1개 이상의 특별활동프로그램을 실시하며, 2018년 특별활동프로그램 실시 전체 어린이집 수는 42,527개이고, 특별활동프로그램 실시 전체 유치원 수는 8,443개임

ⓐ 특별활동프로그램 실시율이 40% 이상인 특별활동프로그램 수는 어린이집과 유치원이 동일하다.
ⓑ 어린이집의 특별활동프로그램 중 실시기관 수 대비 파견강사 수의 비율은 '영어'가 '음악'보다 높다.
ⓒ 파견강사 수가 많은 특별활동프로그램부터 순서대로 나열하면, 어린이집과 유치원의 특별활동프로그램 순위는 동일하다.
ⓓ 특별활동프로그램 중 '과학' 실시기관 수는 유치원이 어린이집보다 많다.

---

① ㉠, ㉡
② ㉠, ㉢
③ ㉢, ㉣
④ ㉠, ㉡, ㉣
⑤ ㉡, ㉢, ㉣

✔해설 ㉠ 실시율이 40% 이상인 어린이집 특별활동프로그램은 음악, 체육, 영어 3개이고, 유치원 특별활동프로그램은 음악, 체육, 영어 3개로 동일하다.

㉡ 영어 $= \dfrac{6,687}{26,749} = 0.25$, 음악 $= \dfrac{2,498}{19,988} = 0.12$이므로 영어가 더 높다.

㉢ 어린이집 : 영어 > 체육 > 음악 > 미술 > 교구 > 한글 > 과학 > 수학 > 서예 > 컴퓨터 > 한자

유치원 : 영어 > 체육 > 음악 > 미술 > 과학 > 한글 > 수학 > 교구 > 한자 > 서예 > 컴퓨터

㉣ 실시율 $= \dfrac{\text{실시 수}}{\text{전체 수}}$ 로 계산하면 되므로 어린이집의 경우 과학 6.0이고 한자가 0.5이므로

한자의 12배가 많을 것이다. $213 \times 12 = 2,556$

유치원의 경우 과학은 27.9, 서예는 0.6인데 서예의 실시율을 가지고 전체 실시 유치원 수를 구하면

$\dfrac{51}{0.006} = 8,500$개, 여기에 30%를 구하면 $8,500 \times 0.3 = 2,550$

27.9에 해당하면 더 작을 것이므로 어린이집의 과학 실시기관의 수가 더 많다.

30 다음은 로봇 시장현황과 R&D 예산의 분야별 구성비에 대한 자료이다. 이에 대한 설명 중 옳은 것만을 모두 고른 것은?

용도별 로봇 시장현황(2024년)

용도 \ 구분	시장규모 (백만 달러)	수량(천개)	평균단가 (천 달러/개)
제조용	9,719	178	54.6
전문 서비스용	3,340	21	159.0
개인 서비스용	1,941	4,000	0.5
전체	15,000	4,199	3.6

분야별 로봇 시장규모

(단위 : 백만 달러)

용도	분야 \ 연도	2022년	2023년	2024년
제조용	제조	8,926	9,453	9,719
전문	건설	879	847	883
	물류	166	196	216
	의료	1,356	1,499	1,449
	국방	748	818	792
개인 서비스용	가사	454	697	799
	여가	166	524	911
	교육	436	279	231

※ 로봇의 용도 및 분야는 중복되지 않음

로봇 R&D 예산의 분야별 구성비(2024년)

(단위 : %)

분야	제조	건설	물류	의료	국방	가사	여가	교육	합계
구성비	21	13	3	22	12	12	14	3	100

ⓐ 2024년 전체 로봇 시장규모 대비 제조용 로봇 시장 규모의 비중은 70% 이상이다.

ⓑ 2024년 전문 서비스용 로봇 평균단가는 제조용 로봇 평균단가의 3배 이하이다.

ⓒ 2024년 전체 로봇 R&D 예산 대비 전문 서비스용 로봇 R&D 예산의 비중은 50%이다.

ⓓ 개인 서비스용 로봇 시장규모는 각 분야에서 매년 증가하였다.

① ㉠㉡   ② ㉠㉣

③ ㉡㉢   ④ ㉡㉣

⑤ ㉢㉣

✔해설 ㉠ 2024년 전체 로봇 시장규모는 15,000백만 달러이며, 이 중 70%는 10,500백만 달러이다. 2024년 제조용 로봇 시장규모는 9,719백만 달러에 불과하여 전체 규모 대비 70%에 미치지 못하고 있다.

㉡ 2024년 제조용 로봇 평균단가(54.6천 달러/개)의 3배는 160천 달러가 넘는 반면, 2024년 전문 서비스용 로봇 평균단가는 159.0천 달러/개로 이에 미치지 못하고 있다.

㉢ 전문 서비스용 로봇은 건설, 물류, 의료, 국방 분야에 사용되고 있음을 알 수 있다. 이들 분야에서의 전체 로봇 R&D 예산 대비 비중의 합을 구하면 50%이므로 옳은 설명이다.

㉣ 분야별 로봇 시장규모를 보면 개인 서비스용 로봇 중 교육 분야의 경우에는 매년 시장규모가 감소하고 있다.

Answer 30.③

31 다음은 2022 ~ 2024년 설날연휴 교통사고에 관한 자료이다. 이에 대한 〈뉴스기사〉의 설명으로 옳은 것만을 모두 고른 것은?

설날연휴 및 평소 주말교통사고 현황 (단위 : 건, 명)

구분	설날연휴 하루 평균			평소 주말 하루 평균		
	사고	부상자	사망자	사고	부상자	사망자
전체 교통사고	487.4	885.1	11.0	581.7	957.3	12.9
졸음운전사고	7.8	21.1	0.6	8.2	17.1	0.3
어린이사고	45.4	59.4	0.4	39.4	51.3	0.3

※ 2022 ~ 2024년 동안 평균 설날연휴기간은 4.7일이었으며, 설날연휴에 포함된 주말의 경우 평소 주말 통계에 포함시키지 않음

설날 전후 일자별 하루 평균 전체교통사고 현황 (단위 : 건, 명)

구분	설날연휴전날	설날전날	설날당일	설날다음날
사고	822.0	505.3	448.0	450.0
부상자	1,178.0	865.0	1,013.3	822.0
사망자	17.3	15.3	10.0	8.3

〈뉴스기사〉

2022 ~ 2024년 설날 전후 발생한 교통사고를 분석한 결과, 설날연휴전날에 교통사고가 많이 발생한 것으로 나타났다. ㉠ 설날연휴전날에는 평소 주말보다 하루 평균 사고건수는 240.3건, 부상자 수는 220.7명 많았고, 사망자 수는 30% 이상 많은 것으로 나타났다. ㉡ 교통사고 건당 부상자 수와 교통사고 건당 사망자 수는 각각 설날당일이 설날전날보다 많았다.
㉢ 졸음운전사고를 살펴보면, 설날연휴 하루 평균 사고건수는 평소 주말보다 적었으나 설날연휴 하루 평균 부상자 수와 사망자 수는 평소 주말보다 각각 많았다. 특히 ㉣ 졸음운전사고의 경우 평소 주말 대비 설날연휴 하루 평균 사망자의 증가율은 하루 평균 부상자의 증가율의 10배 이상이었다. 시간대별로는 졸음운전사고가 14시 ~ 16시에 가장 많이 발생했다.
㉤ 어린이사고의 경우 평소 주말보다 설날연휴 하루 평균 사고건수는 6.0건, 부상자 수는 8.1명, 사망자 수는 0.1명 많은 것으로 나타났다.

① ㉠㉡㉣
② ㉠㉢㉣
③ ㉠㉢㉤
④ ㉡㉢㉤
⑤ ㉡㉣㉤

✔ 해설 ㉠

구분	설날연휴전날	평소 주말	비교
사고건수	822.0	581.7	240.3건 증가
부상자 수	1,178.0	957.3	220.7명 증가
사망자 수	17.3	12.9	4.4명 증가(34% 증가)

㉡

구분	설날전날	설날당일	비교
건당 부상자 수	$\dfrac{865}{505.3}=1.71$	$\dfrac{1,013.3}{448}=2.26$	설날당일이 더 많음
건당 사망자 수	$\dfrac{15.3}{505.3}=0.03$	$\dfrac{10}{448}=0.02$	설날전날이 더 많음

㉢

구분	설날연휴	평소 주말	비교
사고건수	7.8	8.2	평소 주말이 더 많음
부상자 수	21.1	17.1	설날연휴가 더 많음
사망자 수	0.6	0.3	설날연휴가 더 많음

㉣

구분	설날연휴	평소 주말	비고
부상자 수	21.1	17.1	$\dfrac{21.1}{17.1}=1.234$이므로 설날 연휴 부상자 증가율 23.4% 증가
사망자 수	0.6	0.3	설날 연휴 하루 평균 사망자 증가율 100% 증가

㉤

구분	설날연휴	평소 주말	비교
사고건수	45.4	39.4	6건 증가
부상자 수	59.4	51.3	8.1명 증가
사망자 수	0.4	0.3	0.1명 증가

32 다음은 학생들의 시험성적에 관한 자료이다. 순위산정방식을 이용하여 순위를 산정할 경우 옳은 설명만으로 바르게 짝지어진 것은?

학생들의 시험성적

(단위 : 점)

학생 \ 과목	국어	영어	수학	과학
미연	75	85	90	97
수정	82	83	79	81
대현	95	75	75	85
상민	89	70	91	90

〈순위산정방식〉
- A방식 : 4개 과목의 총점이 높은 학생부터 순서대로 1, 2, 3, 4위로 하되, 4개 과목의 총점이 동일한 학생의 경우 국어 성적이 높은 학생을 높은 순위로 한다.
- B방식 : 과목별 등수의 합이 작은 학생부터 순서대로 1, 2, 3, 4위로 하되, 과목별 등수의 합이 동일한 학생의 경우 A방식에 따라 산정한 순위가 높은 학생을 높은 순위로 한다.
- C방식 : 80점 이상인 과목의 수가 많은 학생부터 순서대로 1, 2, 3, 4위로 하되, 80점 이상인 과목의 수가 동일한 학생의 경우 A방식에 따라 산정한 순위가 높은 학생은 높은 순위로 한다.

ㄱ A방식과 B방식으로 산정한 대현의 순위는 동일하다.
ㄴ C방식으로 산정한 상민의 순위는 2위이다.
ㄷ 상민의 과학점수만 95점으로 변경된다면, B방식으로 산정한 미연의 순위는 2위가 된다.

① ㄱ 　　　　　　② ㄴ

③ ㄷ 　　　　　　④ ㄱㄴ

⑤ ㄱㄴㄷ

✓해설 A방식

구분	미연	수정	대현	상민
총점	347	325	330	340
순위	1	4	3	2

B방식

구분	미연	수정	대현	상민
등수의 합	8	12	11	9
순위	1	4	3	2

C방식

구분	미연	수정	대현	상민
80점 이상 과목 수	3	3	2	3
순위	1	3	4	2

Answer 32.④

33 다음은 'A'국의 4대 범죄 발생건수 및 검거건수에 대한 자료이다. 이에 대한 설명으로 옳지 않은 것은?

2020 ~ 2024년 4대 범죄 발생건수 및 검거건수

(단위 : 건, 천명)

연도 \ 구분	발생건수	검거건수	총인구	인구 10만 명당 발생건수
2020	15,693	14,492	49,194	31.9
2021	18,258	16,125	49,346	( )
2022	19,498	16,404	49,740	39.2
2023	19,670	16,630	50,051	39.3
2024	22,310	19,774	50,248	44.4

2024년 4대 범죄 유형별 발생건수 및 검거건수

(단위 : 건)

범죄 유형 \ 구분	발생건수	검거건수
강도	5,753	5,481
살인	132	122
절도	14,778	12,525
방화	1,647	1,646
합계	22,310	19,774

① 인구 10만 명당 4대 범죄 발생건수는 매년 증가한다.

② 2021년 이후, 전년대비 4대 범죄 발생건수 증가율이 가장 낮은 연도와 전년대비 4대 범죄 검거건수 증가율이 가장 낮은 연도는 동일하다.

③ 2024년 발생건수 대비 검거건수 비율이 가장 낮은 범죄 유형의 발생건수는 해당 연도 4대 범죄 발생건수의 60% 이상이다.

④ 4대 범죄 발생건수 대비 검거건수 비율은 매년 80% 이상이다.

⑤ 2024년 강도와 살인 발생건수의 합이 4대 범죄 발생건수에서 차지하는 비율은 2024년 강도와 살인 검거건수의 합이 4대 범죄 검거건수에서 차지하는 비율보다 높다.

✅해설 2024년 강도와 살인의 발생건수 합은 $5,753+132=5,885$건으로 4대 범죄 발생건수의 26.4% $\left(\dfrac{5,885}{22,310}\times100=26.37\right)$를 차지하고 검거건수의 합은 $5,481+122=5,603$건으로 4대 범죄 검거건수의 28.3%$\left(\dfrac{5,603}{19,771}\times100=28.3\right)$를 차지한다.

① 2021년 인구 10만 명당 발생건수는 $\dfrac{18,258}{49,346}\times100=36.99 ≒ 37$이므로 매년 증가한다.

② 발생건수와 검거건수가 가장 적게 증가한 연도는 2023년으로 동일하다. 발생건수 증가율은 2022년 6.8%, 2023년 0.9%, 2024년 13.4%, 검거건수 증가율은 2022년 1.73%, 2023년 1.38%, 2024년 18.9%이다.

③ 2024년 발생건수 대비 검거건수 비율이 가장 낮은 범죄 유형의 발생건수는 강도 95%, 살인 92%, 절도 85%, 방화 99%에서 절도이다. 2024년 4대 범죄 유형별 발생건수 총 22,310건이고 60%는 13,386건이 된다. 절도의 발생건수는 14,778건이므로 60%가 넘는다.

④ 2020년 92.3%, 2021년 88.3%, 2022년 84.1%, 2023년 84.5%, 2024년 88.6%로 매년 80% 이상이다.

34 다음 표는 'A'국 전체 근로자의 회사 규모 및 근로자 직급별 출퇴근 소요시간 분포와 유연근무제도 유형별 활용률에 관한 자료이다. 이에 대한 설명으로 옳은 것은?

회사 규모 및 근로자 직급별 출퇴근 소요시간 분포 (단위 : %)

규모 및 직급	출퇴근 소요시간	30분 이하	30분 초과 60분 이하	60분 초과 90분 이하	90분 초과 120분 이하	120분 초과 150분 이하	150분 초과 180분 이하	180분 초과	전체
규모	중소기업	12.2	34.6	16.2	17.4	8.4	8.5	2.7	100.0
	중견기업	22.8	35.7	16.8	16.3	3.1	3.4	1.9	100.0
	대기업	21.0	37.7	15.3	15.6	4.7	4.3	1.4	100.0
직급	대리급 이하	20.5	37.3	15.5	13.8	5.0	5.3	2.6	100.0
	과장급	16.9	31.6	16.7	19.8	5.6	7.7	1.7	100.0
	차장급 이상	12.6	36.3	18.3	19.4	7.3	4.2	1.9	100.0

회사 규모 및 근로자 직급별 유연근무제도 유형별 활용률 (단위 : %)

규모 및 직급	유연근무제도 유형	재택근무제	원격근무제	탄력근무제	시차출퇴근제
규모	중소기업	10.4	54.4	15.6	41.7
	중견기업	29.8	11.5	39.5	32.0
	대기업	8.6	23.5	19.9	27.0
직급	대리급 이하	0.7	32.0	23.6	29.0
	과장급	30.2	16.3	27.7	28.7
	차장급 이상	14.2	26.4	25.1	33.2

① 출퇴근 소요시간이 60분 이하인 근로자 수는 출퇴근 소요시간이 60분 초과인 근로자 수보다 모든 직급에서 많다.

② 출퇴근 소요시간이 90분 초과인 대리급 이하 근로자 비율은 탄력근무제를 활용하는 대리급 이하 근로자 비율보다 낮다.

③ 출퇴근 소요시간이 120분 이하인 과장급 근로자 중에는 원격근무제를 활용하는 근로자가 있다.

④ 원격근무제를 활용하는 중소기업 근로자 수는 탄력근무제와 시차출퇴근제 중 하나 이상을 활용하는 중소기업 근로자 수보다 적다.

⑤ 출퇴근 소요시간 60분 이하인 차장급 이상 근로자 수는 원격근무제와 탄력근무제 중 하나 이상을 활용하는 차장급 이상 근로자 수보다 적다.

✔ 해설 ① 출퇴근 소요시간이 60분 이하인 직급의 비율
  - 대리급 이하= 20.5 + 37.3 = 57.8
  - 과장급= 16.9 + 31.6 = 48.5
  - 차장급 이상= 12.6 + 36.3 = 48.9
② 출퇴근 소요시간이 90분 초과인 대리급 이하 근로자 비율= 13.8 + 5.0 + 5.3 + 2.6 = 26.7
  탄력근무제를 활용하는 대리급 이하 근로자 비율= 23.6
③ 출퇴근 소요시간이 120분 이하인 과장급 근로자 비율= 100 - 5.6 - 7.7 - 1.7 = 85
  원격근무제를 활용하는 과장급 근로자 비율= 16.3
④ 근로자 수는 알 수 없으므로 판단이 불가능하다.
⑤ 근로자 수를 알 수 없으므로 판단이 불가능하다.

Answer 34.③

35 다음은 'A' 도시 주민 일일 통행 횟수의 통행목적에 따른 시간대별 비율을 정리한 자료이다. 이에 대한 설명 중 옳은 것들로만 바르게 짝지어진 것은?

일일 통행 횟수의 통행목적에 따른 시간대별 비율

(단위 : %)

시간대 \ 통행목적	업무	여가	쇼핑	전체통행
00:00 ~ 03:00	3.00	1.00	1.50	2.25
03:00 ~ 06:00	4.50	1.50	1.50	3.15
06:00 ~ 09:00	40.50	1.50	6.00	24.30
09:00 ~ 12:00	7.00	12.00	30.50	14.80
12:00 ~ 15:00	8.00	9.00	31.50	15.20
15:00 ~ 18:00	24.50	7.50	10.00	17.60
18:00 ~ 21:00	8.00	50.00	14.00	16.10
21:00 ~ 24:00	4.50	17.50	5.00	6.60
계	100.00	100.00	100.00	100.00

※ 전체통행은 업무, 여가, 쇼핑의 3가지 통행목적만으로 구성되며, 각각의 통행은 하나의 통행목적을 위해서만 이루어짐
※ 모든 통행은 각 시간대 내에서만 출발과 도착이 모두 이루어짐

> ㉠ 업무목적 통행 비율이 하루 중 가장 높은 시간대와 전체통행 횟수가 하루 중 가장 많은 시간대는 동일하다.
> ㉡ 일일 통행목적별 통행횟수는 '업무', '쇼핑', '여가' 순으로 많다.
> ㉢ 여가목적 통행 비율이 하루 중 가장 높은 시간대의 여가목적 통행횟수는 09:00 ~ 12:00시간대의 전체통행 횟수보다 많다.
> ㉣ 쇼핑목적 통행 비율이 하루 중 가장 높은 시간대의 쇼핑목적 통행횟수는 같은 시간대의 업무목적 통행횟수의 2.5배 이상이다.

① ㉠㉡
② ㉠㉢
③ ㉠㉡㉢
④ ㉠㉡㉣
⑤ ㉡㉢㉣

✔해설 ㉠ 업무목적 통행 비율이 하루 중 가장 높은 시간대은 $06:00 \sim 09:00$이고 전체통행 횟수가 하루 중 가장 많은 시간대는 $06:00 \sim 09:00$대로 동일하다.

㉡ 일일 통행목적별 통행횟수는 x를 업무, y를 여가, z를 쇼핑이라 놓고

$3x + y + 1.5z = 2.25$

$4.5x + 1.5y + 1.5z = 3.15$

$40.5x + 1.5y + 6z = 24.3$

위 방정식을 계산하면 $x = 0.55$, $y = 0.15$, $z = 0.3$으로

업무, 쇼핑, 여가의 순으로 많다.

㉢ 여가목적 통행 비율이 가장 높은 시간대는 $18:00 \sim 21:00$

여가목적 통행횟수는 $0.15 \times 50 = 7.5$

$09:00 \sim 12:00$시간대의 통행횟수는 14.8이므로 전체통행 횟수가 많다.

㉣ 쇼핑목적 통행비율이 가장 높은 시간대는 $12:00 \sim 15:00$

쇼핑목적 통행횟수는 $0.3 \times 31.5 = 9.45$

쇼핑목적 통행횟수와 같은 시간대의 업무목적 통행횟수는 $0.55 \times 8 = 4.4$이므로 2.5배 보다 낮다.

36 아래 표에는 ○○반도체의 올해 3분기까지의 판매 실적이 나와 있다. ○○반도체는 표에 나온 4가지 제품만을 취급한다고 할 때, 다음 중 옳지 않은 설명을 고르면?

실적 / 제품	분기별 판매량(단위 : 만 개)			분기별 판매액(단위 : 억 원)		
	1분기	2분기	3분기	1분기	2분기	3분기
A	70	100	140	65	120	160
B	55	50	80	70	60	130
C	85	80	110	75	120	130
D	40	70	70	65	60	100
합계	250	300	400	275	360	520

① 1분기부터 3분기까지 판매액 합계 상위 2개 제품은 A와 C이다.
② 2분기에 전 분기 대비 판매량, 판매액 모두 증가한 제품은 A뿐이다.
③ 1분기보다 2분기, 2분기보다 3분기에 제품의 평균 판매 단가가 높았다.
④ 3분기 A제품의 판매량과 판매액 모두 전체의 1/3을 넘었다.
⑤ B 제품은 2분기에 판매량과 판매액이 일시 감소했으나 3분기에 회복되었다.

✔해설 분기별 판매량과 판매액의 합을 구하면 다음과 같다.

실적 / 제품	분기별 판매량(단위 : 만 개)				분기별 판매액(단위 : 억 원)			
	1분기	2분기	3분기	합계	1분기	2분기	3분기	합계
A	70	100	140	310	65	120	160	345
B	55	50	80	185	70	60	130	260
C	85	80	110	275	75	120	130	325
D	40	70	70	180	65	60	100	225
합계	250	300	400	950	275	360	520	1,155

④ 3분기 A제품의 판매량은 3분기 전체의 판매량 중 $\frac{140}{400} \times 100 = 35\%$를 차지하며, 3분기 A제품의 판매액은 3분기 전체의 판매액 중 $\frac{160}{520} \times 100 =$ 약 31%를 차지한다. 따라서 3분기 A제품의 판매액은 3분기 전체 판매액의 1/3을 넘지 못했다.

① 1분기부터 3분기까지 판매액 합계 상위 2개 제품은 345억 원의 A와 325억 원의 C이다.
② 제품 A는 1분기 대비 2분기에 판매량과 판매액 모두가 증가하였다.
③ 판매 단가는 전체 분기별 판매액을 분기별 판매량으로 나누어 구할 수 있다. 분기별 평균 판매 단가는 1분기 11,000원, 2분기 12,000원, 3분기 13,000원이다.
⑤ B 제품은 2분기에 1분기 대비 판매량 5만 개, 판매액 10억 원이 감소했으나 3분기에 다시 회복되었다.

37 다음은 '갑'국의 복지종합지원센터, 노인복지관, 자원봉사자, 등록노인 현황에 대한 자료이다. 이에 대한 설명 중 옳은 것들로만 바르게 짝지어진 것은?

(단위 : 개소, 명)

지역 \ 구분	복지종합지원센터	노인복지관	자원봉사자	등록노인
A	20	1,336	8,252	397,656
B	2	126	878	45,113
C	1	121	970	51,476
D	2	208	1,388	69,395
E	1	164	1,188	59,050
F	1	122	1,032	56,334
G	2	227	1,501	73,825
H	3	362	2,185	106,745
I	1	60	529	27,256
전국	69	4,377	30,171	1,486,980

㉠ 전국의 노인복지관, 자원봉사자 중 A 지역의 노인복지관, 자원봉사자의 비중은 각각 25% 이상이다.
㉡ A ~ I 지역 중 복지종합지원센터 1개소당 노인복지관 수가 100개소 이하인 지역은 A, B, D, I이다.
㉢ A ~ I 지역 중 복지종합지원센터 1개소당 자원봉사자 수가 가장 많은 지역과 복지종합지원센터 1개소당 등록노인 수가 가장 많은 지역은 동일하다.
㉣ 노인복지관 1개소당 자원봉사자 수는 H 지역이 C 지역보다 많다.

① ㉠㉡
② ㉠㉢
③ ㉠㉣
④ ㉡㉢
⑤ ㉡㉣

✔해설 ㉠ A 지역의 노인복지관, 자원봉사자 수를 각각 4배할 경우 전국의 노인복지관, 자원봉사자 수를 초과한다. 그러므로 A 지역의 노인복지관, 자원봉사자 수는 각각 전국의 25% 이상이다.
㉡ D 지역의 경우 복지종합지원센터 1개소당 노인복지관 수는 104개로 100개소를 초과한다.
㉢ 복지종합지원센터 1개소당 자원봉사자 수 또는 등록노인 수가 가장 많으려면 분모에 해당하는 복지종합지원센터의 수는 작고, 자원봉사자 수 또는 등록노인의 수가 많아야 한다. E 지역의 경우 복지종합지원센터의 수가 1개소인 지역(C, E, F, I) 중 자원봉사자 수와 등록노인 수 각각에서 가장 많은 수를 차지하고 있으며, 그 외 지역과 비교해보아도 상대적으로 많은 자원봉사자 수와 등록노인 수를 보유하고 있어 복지종합지원센터 1개소당 자원봉사자 및 등록노인 수 각각에서 가장 많은 지역에 해당한다.
㉣ H 지역과 C 지역의 노인복지관 1개소당 자원봉사자 수를 비교하면 C 지역은 $\frac{970}{121}$ ≒ 8명, H 지역은 $\frac{2,185}{362}$ ≒ 6명이므로 H 지역이 더 적다.

38 다음은 스마트폰 기종별 출고가 및 공시지원금에 대한 자료이다. 〈조건〉과 〈정보〉를 바탕으로 A ~ D 에 해당하는 스마트폰 기종 '갑 ~ '정'을 바르게 나열한 것은?

(단위 : 원)

기종 ＼ 구분	출고가	공시지원금
A	858,000	210,000
B	900,000	230,000
C	780,000	150,000
D	990,000	190,000

〈조건〉

◎ 모든 소비자는 스마트폰을 구입할 때 '요금할인' 또는 '공시지원금' 중 하나를 선택한다.

◎ 사용요금은 월정액 51,000원이다.

◎ '요금할인'을 선택하는 경우의 월 납부액은 사용요금의 80%에 출고가를 24(개월)로 나눈 월 기기값을 합한 금액이다.

◎ '공시지원금'을 선택하는 경우의 월 납부액은 출고가에서 공시지원금과 대리점보조금(공시지원금의 10%)을 뺀 금액을 24(개월)로 나눈 월 기기값에 사용요금을 합한 금액이다.

◎ 월 기기값, 사용요금 이외의 비용은 없고, 10원 단위 이하 금액을 절사한다.

◎ 구입한 스마트폰의 사용기간은 24개월이고, 사용기간 연장이나 중도해지는 없다.

〈정보〉

○ 출고가 대비 공시지원금의 비율이 20% 이하인 스마트폰 기종은 '병'과 '정'이다.

○ '공시지원금'을 선택하는 경우의 월 납부액보다 '요금할인'을 선택하는 경우의 월 납부액이 더 큰 스마트폰 기종은 '갑' 뿐이다.

○ '공시지원금'을 선택하는 경우 월 기기값이 가장 작은 스마트폰 기종은 '정'이다.

	A	B	C	D
①	갑	을	정	병
②	을	갑	병	정
③	을	갑	정	병
④	병	을	정	갑
⑤	정	병	갑	을

✔해설 ㉠ 출고가 대비 공시지원금의 비율을 계산해 보면

• A=$\dfrac{210,000}{858,000}\times100=24.48\%$

• B=$\dfrac{230,000}{900,000}\times100=25.56\%$

• C=$\dfrac{150,000}{780,000}\times100=19.23\%$

• D=$\dfrac{190,000}{990,000}\times100=19.19\%$

그러므로 '병'과 '정'은 C아니면 D가 된다.

㉡ 공시지원금을 선택하는 경우 월 납부액보다 요금할인을 선택하는 경우 월 납부액이 더 큰 스마트폰은 '갑'이다. A와 B를 비교해보면

• A

−공시지원금=$\dfrac{858,000-(210,000\times1.1)}{24}+51,000=77,120$원

−요금할인=$51,000\times0.8+\dfrac{858,000}{24}=76,550$원

• B

−공시지원금=$\dfrac{900,000-(230,000\times1.1)}{24}+51,000=77,950$원

−요금할인=$51,000\times0.8+\dfrac{900,000}{24}=78,300$원

B가 '갑'이 된다.

㉢ 공시지원금을 선택하는 경우 월 기기값이 가장 작은 스마트폰 기종은 '정'이다.
C와 D를 비교해 보면

• C=$\dfrac{780,000-(150,000\times1.1)}{24}=25,620$원

• D=$\dfrac{990,000-(190,000\times1.1)}{24}=32,540$원

C가 '정'이 된다.
그러므로 A=을, B=갑, C=정, D=병이 된다.

39 다음 표는 2020 ~ 2024년 한국을 포함한 OECD 주요국의 공공복지예산에 관한 자료이다. 이에 대한 설명으로 옳은 것들만 바르게 짝지어진 것은?

2020 ~ 2024년 한국의 공공복지예산과 분야별 GDP 대비 공공복지예산 비율

(단위 : 십억 원, %)

연도 \ 구분	공공복지예산	분야별 GDP 대비 공공복지예산 비율					
		노령	보건	가족	실업	기타	합
2020	84,466	1.79	3.28	0.68	0.26	1.64	7.65
2021	99,856	1.91	3.64	0.74	0.36	2.02	8.67
2022	105,248	1.93	3.74	0.73	0.29	1.63	8.32
2023	111,090	1.95	3.73	0.87	0.27	1.52	8.34
2024	124,824	2.21	3.76	1.08	0.27	1.74	9.06

2020 ~ 2024년 OECD 주요국의 GDP 대비 공공복지예산 비율

(단위 : %)

국가 \ 연도	2020	2021	2022	2023	2024
한국	7.65	8.67	8.32	8.34	9.06
호주	17.80	17.80	17.90	18.20	18.80
미국	17.00	19.20	19.80	19.60	19.70
체코	18.10	20.70	20.80	20.80	21.00
영국	21.80	24.10	23.80	23.60	23.90
독일	25.20	27.80	27.10	25.90	25.90
핀란드	25.30	29.40	29.60	29.20	30.00
스웨덴	27.50	29.80	28.30	29.60	28.10
프랑스	29.80	32.10	32.40	32.00	32.50

㉠ 2023년 한국의 실업분야 공공복지예산은 4조 원 이상이다.
㉡ 한국의 공공복지예산 중 보건분야 예산이 차지하는 비중은 2023년과 2024년에 전년대비 감소한다.
㉢ 매년 한국의 노령분야 공공복지예산은 가족분야 공공복지예산의 2배 이상이다.
㉣ 2021 ~ 2024년 동안 OECD 주요국 중 GDP 대비 공공복지예산 비율이 가장 높은 국가와 가장 낮은 국가 간의 비율 차이는 전년대비 매년 증가한다.

① ㉠㉣

② ㉡㉢

③ ㉡㉣

④ ㉠㉡㉢

⑤ ㉠㉢㉣

✔해설 ㉠ 2023년 한국의 공공복지예산은 111,090십억 원이며, 실업분야가 차지하는 비율은

$\dfrac{0.27}{8.34} \times 111,090 = 3,596.44$십억 원이므로 4조 원에 미치지 못한다.

㉡ 한국의 공공복지예산 중 보건분야 비중은 다음과 같다.

• 2022년 $= \dfrac{3.74}{8.32} \times 100 = 44.95$

• 2023년 $= \dfrac{3.73}{8.34} \times 100 = 44.72$

• 2024년 $= \dfrac{3.76}{9.06} \times 100 = 41.50$

전년대비 감소하는 것이 맞다.

㉢ 한국의 노령분야 공공복지예산과 가족분야 공공복지예산 비교

연도	노령분야	가족분야	비교
2020	1.79	0.68	2.6배
2021	1.91	0.74	2.6배
2022	1.93	0.73	2.6배
2023	1.95	0.87	2.2배
2024	2.21	1.08	2배

㉣ 공공복지예산이 가장 높은 국가는 프랑스이고 가장 낮은 국가는 한국이다.

이 두 나라의 비율 차이를 비교해 보면

• 2021년 → $32.10 - 8.67 = 23.43$

• 2022년 → $32.40 - 8.32 = 24.08$

• 2023년 → $32.00 - 8.34 = 23.66$

• 2024년 → $32.50 - 9.06 = 23.44$

2023년부터 감소하고 있다.

40 다음은 어느 해의 'A'국의 식품 수입액 및 수입건수 상위 10개 수입상대국 현황을 나타낸 지표이다. 이에 대한 설명 중 옳은 것은?

(단위 : 조 원, 건, %)

수입액				수입건수			
순위	국가	금액	점유율	순위	국가	건수	점유율
1	중국	3.39	21.06	1	중국	104,487	32.06
2	미국	3.14	19.50	2	미국	55,980	17.17
3	호주	1.10	6.83	3	일본	15,884	4.87
4	브라질	0.73	4.53	4	프랑스	15,883	4.87
5	태국	0.55	3.42	5	이탈리아	15,143	4.65
6	베트남	0.50	3.11	6	태국	12,075	3.70
7	필리핀	0.42	2.61	7	독일	11,699	3.59
8	말레이시아	0.36	2.24	8	베트남	10,558	3.24
9	영국	0.34	2.11	9	영국	7,595	2.33
10	일본	0.17	1.06	10	필리핀	7,126	2.19
–	기타 국가	5.40	33.54	–	기타 국가	69,517	21.33

① 식품의 총 수입액은 17조 원 이상이다.

② 수입액 상위 10개 수입상대국의 식품 수입액 합이 전체 식품 수입액에서 차지하는 비중은 70% 이상이다.

③ 식품 수입액 상위 10개 수입상대국과 식품 수입건수 상위 10개 수입상대국에 모두 속하는 국가 수는 6개이다.

④ 식품 수입건수당 식품 수입액은 중국이 미국보다 크다.

⑤ 중국으로부터의 식품 수입건수는 수입건수 상위 10개 수입상대국으로부터의 식품 수입건수 합의 45% 이하이다.

> ✔ 해설 ① 식품의 총 수입액은 $3.39 + 3.14 + 1.1 + 0.73 + 0.55 + 0.5 + 0.42 + 0.36 + 0.34 + 0.17 + 5.4 =$ 16.1조 원이다.
> ② 수입액 상위 10개 수입상대국의 식품 수입액 합은 $100 - 33.54 = 66.46\%$ 이다.
> ③ 식품 수입액 상위 10개 수입상대국과 식품 수입건수 상위 10개 수입상대국에 모두 속하는 국가는 중국, 미국, 일본, 태국, 베트남, 필리핀, 영국 7개이다.
> ④ 식품 수입건수당 식품 수입액은 중국 $\frac{3.39}{104,487} = 0.000032$, 미국 $\frac{3.14}{55,980} = 0.000056$
> ⑤ 중국으로부터의 식품 수입건수는 104,487건으로 수입건수 상위 10개 수입상대국으로부터의 식품 수입건수 합은 256,430건이므로 40.7%이다.

| 41~42 | 다음은 우리나라의 에너지 수입액 및 수입의존도에 대한 자료이다. 자료를 읽고 질문에 답하시오.

〈에너지 수입액〉

(단위 : 만 달러)

구분＼년도	2020	2021	2022	2023
총수입액	435,275	323,085	425,212	524,413
에너지수입합계	141,474	91,160	121,654	172,490
석탄	12,809	9,995	13,131	18,477
석유	108,130	66,568	90,902	129,346
천연가스	19,806	13,875	17,006	23,859
우라늄	729	722	615	808

※ 총수입액은 에너지수입액을 포함한 국내로 수입되는 모든 제품의 수입액을 의미함

〈에너지 수입의존도〉

(단위 : %)

구분＼년도		2020	2021	2022	2023
에너지 수입의존도	원자력발전제외	96.4	96.4	96.5	96.4
	원자력발전포함	83.0	83.4	84.4	84.7

※ 에너지 수입의존도는 1차 에너지 공급량 중 순수입 에너지가 차지하는 비중을 의미함

41 다음 중 위 자료를 바르게 설명한 것은?

① 에너지의 수입합계는 2020년에 가장 컸다.

② 에너지 중 천연가스의 수입액은 꾸준히 증가하고 있다.

③ 에너지 중 우라늄의 수입액은 백만 달러 미만의 작은 폭으로 변화하였다.

④ 2021년에 비해 2023년에 총수입액 중 에너지수입 합계의 비중이 늘어났다.

⑤ 2020년 석탄과 석유 수입액은 2023년 석유 수입액보다 많다.

✔해설 ④ 2021년과 2023년의 에너지수입합계/총수입액을 계산해보면 2023년에 비중이 훨씬 늘어났음을 알 수 있다.
① 2023년에 가장 컸다.
② 2020년에서 2021년 사이에는 감소했다.
③ 2022년과 2023년 사이에는 백만 달러 이상의 차이를 보인다.
⑤ 2020년 석탄과 석유 수입액은 2023년 석유 수입액보다 적다.

Answer 40.⑤ 41.④

42 다음 중 위 자료에 대해 적절하게 설명하지 못한 사람은?

① 시욱 : 2021년에 에너지 수입의존도 중 원자력 발전의 의존도는 13.0%라고 할 수 있어.

② 준성 : 2021년에 에너지 수입합계가 급격하게 감소했고, 그 이후로는 다시 꾸준히 증가하고 있어.

③ 규태 : 우리나라는 에너지 수입의존도가 높은 것으로 보아 에너지를 만들 수 있는 1차 자원을 대부분 자국 내에서 공급하지 못하고 있다는 것을 알 수 있어.

④ 대선 : 원자력 발전을 포함했을 때 에너지 수입의존도가 낮아지는 것을 보면, 원자력 에너지는 수입에 의존하지 않고 자국 내에서 공급하는 비중이 높은 것 같아.

⑤ 2020년 이후 에너지 수입의존도의 변화 추이는 원자력발전 포함 여부에 따라 다르다.

✔해설 ① 에너지 수입의존도 자료에서 원자력 발전의 의존도가 얼마인지는 이끌어낼 수 없다.

43 지헌이는 생활이 어려워 수집했던 고가의 피규어를 인터넷 경매를 통해 판매하려고 한다. 경매 방식과 규칙, 예상 응찰 현황이 다음과 같을 때, 경매 결과를 바르게 예측한 것은?

• 경매 방식 : 각 상품은 따로 경매하거나 묶어서 경매

• 경매 규칙

－낙찰자 : 최고가로 입찰한 자

－낙찰가 : 두 번째로 높은 입찰가

－두 상품을 묶어서 경매할 경우 낙찰가의 5%를 할인해 준다.

－입찰자는 낙찰가의 총액이 100,000원을 초과할 경우 구매를 포기한다.

• 예상 응찰 현황

입찰자	A 입찰가	B 입찰가	합계
甲	20,000	50,000	70,000
乙	30,000	40,000	70,000
丙	40,000	70,000	110,000
丁	50,000	30,000	80,000
戊	90,000	10,000	100,000
己	40,000	80,000	120,000
庚	10,000	20,000	30,000
辛	30,000	10,000	40,000

① 두 상품을 묶어서 경매한다면 낙찰자는 己이다.

② 경매 방식에 상관없이 지헌이의 예상 수입은 동일하다.

③ 두 상품을 따로 경매한다면 얻는 수입은 120,000원이다.

④ 두 상품을 따로 경매한다면 A의 낙찰자는 丁이다.

⑤ 낙찰가의 총액이 100,000원이 넘을 경우 낙찰받기 유리하다.

✔해설 ③ 두 상품을 따로 경매한다면 A는 戊에게 50,000원에, B는 己에게 70,000원에 낙찰되므로 얻는 수입은 120,000원이다.

① 두 상품을 묶어서 경매한다면 최고가 입찰자는 己이다. 己가 낙찰 받는 금액은 110,000원으로 5% 할인을 해주어도 그 금액이 100,000원이 넘는다. 입찰자는 낙찰가의 총액이 100,000원을 초과할 경우 구매를 포기한다는 조건에 의해 己는 구매를 포기하게 되므로 낙찰자는 丙이 된다.

② 지헌이가 얻을 수 있는 예상 수입은 두 상품을 따로 경매할 경우 120,000원, 두 상품을 묶어서 경매할 경우 95,000원으로 동일하지 않다.

④ 두 상품을 따로 경매한다면 A의 낙찰자는 戊이다.

⑤ 입찰자는 낙찰가의 총액이 100,000원을 초과할 경우 구매를 포기한다.

44 다음은 건축물별 면적에 관한 자료이고, 기록하는 과정에서 오류가 발견되어 자료를 다시 수정해야 한다. 해당 자료를 수정했을 때, 7개 건축물 면적의 평균은?

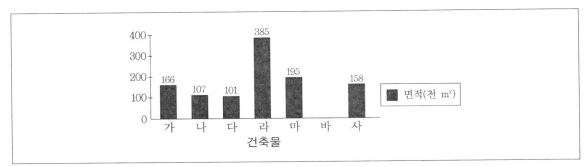

〈오류〉

㉠ '나'의 면적은 '다'와 동일하다.

㉡ '라'의 면적은 실제보다 '나'의 면적의 2배 값이 더해졌다.

㉢ '바'의 면적은 '가', '나', '다'의 면적 합보다 22(천 m²)이 크다.

① 143.1(천 m²) ② 157.8(천 m²)
③ 168.2(천 m²) ④ 175.6(천 m²)
⑤ 184.9(천 m²)

✔해설 ㉠ 오류를 바로 잡으면,
- '나'의 면적은 '다'와 동일하다.
∴ '나'의 면적 = 101(천 m²)
- '라'의 면적은 실제보다 '나'의 면적의 2배 값이 더해졌다.
∴ '라'의 면적 = 385 − 2 × 101 = 183(천 m²)
- '바'의 면적은 '가', '나', '다'의 면적 합보다 22(천 m²)이 크다.
∴ '바'의 면적 = 166 + 101 + 101 + 22 = 390(천 m²)

㉡ 따라서 7개 건축물 면적의 평균은 $\frac{166 + 101 + 101 + 183 + 195 + 390 + 158}{7} ≒ 184.9$(천 m²)

※ 수정된 자료

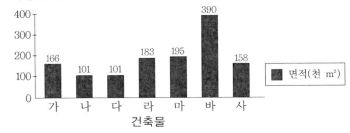

45 다음은 연도별 우리나라의 칠레산 농축산물 수입액 추이에 관한 자료이다. 2023년에 우리나라 총 수입에서 칠레산 상품이 차지하는 비율이 두 번째로 낮은 상품의 2014년 대비 2024년의 수입액 증가율을 구하면?

(단위 : 천 달러, %)

구분	2014년	2019년	2023년	2024년
농산물	21,825(0.4)	109,052(0.8)	222,161(1.2)	268,655(1.4)
포도	13,656(35.1)	64,185(58.2)	117,935(60.3)	167,016(71.1)
키위	1,758(7.8)	3,964(6.9)	12,391(18.5)	11,998(27.6)
축산물	30,530(1.4)	92,492(2.8)	135,707(2.9)	114,442(2.4)
돼지고기	30,237(15.4)	89,508(10.2)	125,860(10.4)	102,477(11.2)
임산물	16,909(0.9)	37,518(1.3)	355,332(5.9)	398,595(6.1)

※ 괄호 안의 숫자는 우리나라 총 수입에서 칠레산이 차지하는 비율이다.

① 246.8%

② 251.6%

③ 268.4%

④ 274.9%

⑤ 284.5%

 해설 • 2023년에 우리나라 총 수입에서 칠레산 상품이 차지하는 비율이 두 번째로 낮은 상품 : 축산물
 • 2014년 대비 2024년 축산물의 수입액 증가율 : $\frac{114,442 - 30,530}{30,530} \times 100 ≒ 274.9\%$

46 다음은 2021년과 2024년에 甲 ~ 丁 국가 전체 인구를 대상으로 통신 가입자 현황을 조사한 자료이다. 〈보기〉에서 이에 대한 설명으로 옳지 않은 것을 모두 고른 것은?

〈국가별 2021년과 2024년 통신 가입자 현황〉

(단위 : 만 명)

연도	2021				2024			
구분 국가	유선 통신 가입자	무선 통신 가입자	유·무선 통신 동시 가입자	미 가입자	유선 통신 가입자	무선 통신 가입자	유·무선 통신 동시 가입자	미 가입자
甲	( )	4,100	700	200	1,600	5,700	400	100
乙	1,900	3,000	300	400	1,400	( )	100	200
丙	3,200	7,700	( )	700	3,000	5,500	1,100	400
丁	1,100	1,300	500	100	1,100	2,500	800	( )

※ 유·무선 통신 동시 가입자는 유선 통신 가입자와 무선 통신 가입자에도 포함됨.

〈보기〉

㉠ 甲국의 2021년 인구 100명당 유선 통신 가입자가 40명이라면, 유선 통신 가입자는 2,200만 명이다.

㉡ 乙국의 2021년 대비 2024년 무선 통신 가입자 수의 비율이 1.5라면, 2024년 무선 통신 가입자는 5,000만 명이다.

㉢ 丁국의 2021년 대비 2024년 인구 비율이 1.5라면, 2024년 미가입자는 200만 명이다.

㉣ 2021년 유선 통신만 가입한 인구는 乙국이 丁국의 3배가 안 된다.

① ㉠㉡ ② ㉠㉢

③ ㉡㉢ ④ ㉡㉣

⑤ ㉢㉣

✔**해설** ㉠ 2021년 甲국 유선 통신 가입자 $= x$

甲국 유선, 무선 통신 가입자 수의 합 $= x + 4,100 - 700 = x + 3,400$

甲국의 전체 인구 $= x + 3,400 + 200 = x + 3,600$

甲국 2021년 인구 100명당 유선 통신 가입자 수는 40명이며 이는 甲국 전체 인구가 甲국 유선 통신 가입자 수의 2.5배라는 의미이며 따라서 $x + 3,600 = 2.5x$이다.

∴ $x = 2,400$만 명 (×)

ⓛ 乙국의 2021년 무선 통신 가입자 수는 3,000만 명이고 2024년 무선 통신 가입자 비율이 3,000만 명 대비 1.5배이므로 4,500만 명이다. (×)

ⓒ 2024년 丁국 미가입자 $= y$

2021년 丁국의 전체 인구 : $1,100 + 1,300 - 500 + 100 = 2,000$만 명

2024년 丁국의 전체 인구 : $1,100 + 2,500 - 800 + y = 3,000$만 명(2021년의 1.5배)

∴ $y = 200$만 명 (○)

ⓔ 乙국 $= 1,900 - 300 = 1,600$만 명 丁국 $= 1,100 - 500 = 600$만 명

∴ 3배가 안 된다. (○)

47 다음은 학생별 독서량에 관한 자료이다. 다음 중 갑의 독서량과 해당 독서량이 전체에서 차지하는 비율로 묶여진 것은? (단, 여섯 학생의 평균 독서량은 을의 독서량보다 3배 많다.)

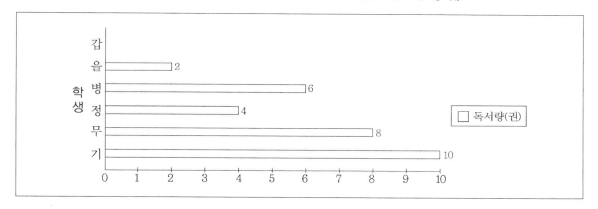

	갑의 독서량	갑의 독서량이 전체에서 차지하는 비율
①	4권	14.5%
②	5권	15.9%
③	6권	16.7%
④	7권	17.2%
⑤	8권	18.3%

✔해설 • 총 학생의 평균 독서량은 을의 독서량의 3배이므로, $2 \times 3 = 6$권이 된다.

• 갑의 독서량을 x라 하면, $\dfrac{x + 2 + 6 + 4 + 8 + 10}{6} = 6$, ∴ $x = 6$(권)

• 갑의 독서량이 전체에서 차지하는 비율 : $\dfrac{6}{6 + 2 + 6 + 4 + 8 + 10} \times 100 ≒ 16.7\%$

48 다음 글과 〈법조문〉을 근거로 판단할 때, 甲이 乙에게 2,000만 원을 1년간 빌려주면서 선이자로 800만 원을 공제하고 1,200만 원만을 준 경우, 乙이 갚기로 한 날짜에 甲에게 전부 변제하여야 할 금액은?

> 돈이나 물품 등을 빌려 쓴 사람이 돈이나 같은 종류의 물품을 같은 양만큼 갚기로 하는 계약을 소비대차라 한다. 소비대차는 이자를 지불하기로 약정할 수 있고, 그 이자는 일정한 이율에 의하여 계산한다. 이런 이자는 돈을 빌려주면서 먼저 공제할 수도 있는데, 이를 선이자라 한다. 한편 약정 이자의 상한에는 법률상의 제한이 있다.

〈법조문〉

제00조
① 금전소비대차에 관한 계약상의 최고이자율은 연 30%로 한다.
② 계약상의 이자로서 제1항에서 정한 최고이자율을 초과하는 부분은 무효로 한다.
③ 약정금액(당초 빌려주기로 한 금액)에서 선이자를 사전 공제한 경우, 그 공제액이 채무자가 실제 수령한 금액을 기준으로 하여 제1항에서 정한 최고이자율에 따라 계산한 금액을 초과하면 그 초과부분은 약정금액의 일부를 변제한 것으로 본다.

---

① 760만 원
② 1,000만 원
③ 1,560만 원
④ 1,640만 원
⑤ 1,953만 원

✔**해설** 채무자인 乙이 실제 수령한 금액인 1,200만 원을 기준으로 최고연이자율 연 30%를 계산하면 360만 원이다. 그런데 선이자 800만 원을 공제하였으므로 360만 원을 초과하는 440만 원은 무효이며, 약정금액 2,000만 원의 일부를 변제한 것으로 본다. 따라서 1년 후 乙이 갚기로 한 날짜에 甲에게 전부 변제하여야 할 금액은 2,000−440=1,560만 원이다.

증여세는 타인으로부터 무상으로 재산을 취득하는 경우, 취득자에게 무상으로 받은 재산가액을 기준으로 하여 부과하는 세금이다. 특히, 증여세 과세대상은 민법상 증여뿐만 아니라 거래의 명칭, 형식, 목적 등에 불구하고 경제적 실질이 무상 이전인 경우 모두 해당된다. 증여세는 증여받은 재산의 가액에서 증여재산 공제를 하고 나머지 금액(과세표준)에 세율을 곱하여 계산한다.

증여재산 − 증여재산공제액 = 과세표준
과세표준 × 세율 = 산출세액

증여가 친족 간에 이루어진 경우 증여받은 재산의 가액에서 다음의 금액을 공제한다.

증여자	공제금액
배우자	6억 원
직계존속	5천만 원
직계비속	5천만 원
기타친족	1천만 원

수증자를 기준으로 당해 증여 전 10년 이내에 공제받은 금액과 해당 증여에서 공제받을 금액의 합계액은 위의 공제금액을 한도로 한다.

또한, 증여받은 재산의 가액은 증여 당시의 시가로 평가되며, 다음의 세율을 적용하여 산출세액을 계산하게 된다.

〈증여세 세율〉

과세표준	세율	누진공제액
1억 원 이하	10%	–
1억 원 초과~5억 원 이하	20%	1천만 원
5억 원 초과~10억 원 이하	30%	6천만 원
10억 원 초과~30억 원 이하	40%	1억 6천만 원
30억 원 초과	50%	4억 6천만 원

※ 증여세 자진신고 시 산출세액의 7% 공제함

49 위의 증여세 관련 자료를 참고할 때, 다음 〈보기〉와 같은 세 가지 경우에 해당하는 증여재산 공제액의 합은 얼마인가?

〈보기〉
- 아버지로부터 여러 번에 걸쳐 1천만 원 이상 재산을 증여받은 경우
- 성인 아들이 아버지와 어머니로부터 각각 1천만 원 이상 재산을 증여받은 경우
- 아버지와 삼촌으로부터 1천만 원 이상 재산을 증여받은 경우

① 5천만 원
② 6천만 원
③ 1억 원
④ 1억 5천만 원
⑤ 1억 6천만 원

✔해설 첫 번째는 직계존속으로부터 증여받은 경우로, 10년 이내의 증여재산가액을 합한 금액에서 5,000만 원만 공제하게 된다.
두 번째 역시 직계존속으로부터 증여받은 경우로, 아버지로부터 증여받은 재산가액과 어머니로부터 증여받은 재산가액의 합계액에서 5,000만 원을 공제하게 된다.
세 번째는 직계존속과 기타친족으로부터 증여받은 경우로, 아버지로부터 증여받은 재산가액에서 5,000만 원을, 삼촌으로부터 증여받은 재산가액에서 1,000만 원을 공제하게 된다.
따라서 세 가지 경우의 증여재산 공제액의 합은 5,000 + 5,000 + 6,000 = 1억 6천만 원이 된다.

50 성년인 김부자 씨는 아버지로부터 1억 7천만 원의 현금을 증여받게 되어, 증여세 납부 고지서를 받기 전 스스로 증여세를 납부하고자 세무사를 찾아 갔다. 세무사가 계산해 준 김부자 씨의 증여세 납부액은 얼마인가?

① 1,400만 원
② 1,302만 원
③ 1,280만 원
④ 1,255만 원
⑤ 1,205만 원

✔해설 주어진 자료를 근거로, 다음과 같은 계산 과정을 거쳐 증여세액이 산출될 수 있다.
- 증여재산 공제 : 5천만 원
- 과세표준 : 1억 7천만 원 − 5천만 원 = 1억 2천만 원
- 산출세액 : 1억 2천만 원 × 20% − 1천만 원 = 1,400만 원
- 납부할 세액 : 1,400만 원 × 93% = 1,302만 원
  (자진신고 시 7% 공제)

문제해결능력

[문제해결능력] NCS 출제유형

① 사고력 : 개인이 가지고 있는 경험과 지식을 통해 가치 있는 아이디어를 산출하는 사고능력이다. 논리문제가 주로 출제된다.
② 문제처리능력 : 목표를 분석하고 이를 토대로 문제를 도출하여 최적의 해결책을 찾는 문제이다.

[문제해결능력] 출제경향

사고력과 문제처리능력을 파악할 수 있는 문항들로 구성된다. 명제 및 진위관계, SWOT 분석을 통한 문제 도출, 주어진 상황을 고려하여 비용 및 시간, 순서 등의 상황 문제, 고객 응대 등의 문제가 자료 해석 유형으로 출제된다. 논리형이 다수 출제가 되는 편이다. 논리적으로 추리하면서 풀어가는 문제가 다수 출제되어 시간 내로 푸는 것이 어려웠다. 또한 자료해석에서는 빠른 계산을 요하는 문제에 함정을 두어 자세히 읽지 않으면 틀리기 쉬운 문제가 다수 출제되었다.

[문제해결능력] 빈출유형

명제 및 진위관계									
SWOT 분석									
고객응대									
자료해석									

Answer   49.⑤   50.②

예제 01 문제처리능력

D사 신입사원으로 입사한 귀하는 신입사원 교육에서 업무 수행과정에서 발생하는 문제 유형 중 설정형 문제를 하나씩 찾아오라는 지시를 받았다. 이에 대해 귀하는 교육받은 내용을 다시 복습하려고 한다. 설정형 문제에 해당하는 것은?

① 현재 직면하여 해결하기 위해 고민하는 문제
② 현재의 상황을 개선하거나 효율을 높이기 위한 문제
③ 앞으로 어떻게 할 것인가 하는 문제
④ 원인이 내재되어 있는 원인지향적인 문제

출제의도
업무 수행 중 문제가 발생하였을 때 문제 유형을 구분하는 능력을 측정하는 문항이다.

해설
업무 수행과정에서 발생하는 문제 유형으로는 발생형 문제, 탐색형 문제, 설정형 문제가 있으며 ①④는 발생형 문제이며 ②는 탐색형 문제, ③이 설정형 문제이다.

>> ③

예제 02 사고력

M사 홍보팀에서 근무하고 있는 귀하는 입사 5년차로 창의적인 기획안을 제출하기로 유명하다. S 부장은 이번 신입사원 교육 때 귀하에게 창의적인 사고란 무엇인지 교육을 맡아 달라고 부탁하였다. 창의적인 사고에 대한 귀하의 설명으로 옳지 않은 것은?

① 창의적인 사고는 새롭고 유용한 아이디어를 생산해 내는 정신적인 과정이다.
② 창의적인 사고는 특별한 사람들만이 할 수 있는 대단한 능력이다.
③ 창의적인 사고는 기존의 정보들을 특정한 요구조건에 맞거나 유용하도록 새롭게 조합시킨 것이다.
④ 창의적인 사고는 통상적인 것이 아니라 기발하거나, 신기하며 독창적인 것이다.

출제의도
창의적 사고에 대한 개념을 정확히 파악하고 있는지를 묻는 문항이다.

해설
흔히 사람들은 창의적인 사고에 대해 특별한 사람들만이 할 수 있는 대단한 능력이라고 생각하지만 그리 대단한 능력이 아니며 이미 알고 있는 경험과 지식을 해체하여 다시 새로운 정보로 결합하여 가치 있는 아이디어를 산출하는 사고라고 할 수 있다.

>> ②

예제 03 문제처리능력

L사에서 주력 상품으로 밀고 있는 TV의 판매 이익이 감소하고 있는 상황에서 귀하는 B부장으로부터 3C분석을 통해 해결방안을 강구해 오라는 지시를 받았다. 다음 중 3C에 해당하지 않는 것은?

① Customer
② Company
③ Competitor
④ Content

출제의도
3C의 개념과 구성요소를 정확히 숙지하고 있는지를 측정하는 문항이다.

해설
3C 분석에서 사업 환경을 구성하고 있는 요소인 자사(Company), 경쟁사(Competitor), 고객을 3C(Customer)라고 한다. 3C 분석에서 고객 분석에서는 '고객은 자사의 상품·서비스에 만족하고 있는지'를, 자사 분석에서는 '자사가 세운 달성목표와 현상 간에 차이가 없는지'를 경쟁사 분석에서는 '경쟁기업의 우수한 점과 자사의 현상과 차이가 없는지'에 대한 질문을 통해서 환경을 분석하게 된다.

>> ④

1 한 마을에 약국이 A, B, C, D, E 다섯 군데가 있다. 다음의 조건에 따를 때 문을 연 약국에 해당하는 곳이 바르게 나열된 것은?

> • A와 B 모두 문을 열지는 않았다.
> • A가 문을 열었다면, C도 문을 열었다.
> • A가 문을 열지 않았다면, B가 문을 열었거나 C가 문을 열었다.
> • C는 문을 열지 않았다.
> • D가 문을 열었다면, B가 문을 열지 않았다.
> • D가 문을 열지 않았다면, E도 문을 열지 않았다.

① A

② B

③ A, E

④ D, E

⑤ B, D, E

✔ 해설 • A와 B 모두 문을 열지는 않았다. → A 또는 B가 문을 열었다.
• A가 문을 열었다면, C도 문을 열었다. → A가 문을 열지 않으면 C도 문을 열지 않는다.
• A가 문을 열지 않았다면, B가 문을 열었거나 C가 문을 열었다. → B가 문을 열었다.
• C는 문을 열지 않았다. → C가 열지 않았으므로 A도 열지 않았다.
• D가 문을 열었다면, B가 문을 열지 않았다. → B가 문을 열었으므로 D는 열지 않았다.
• D가 문을 열지 않았다면, E도 문을 열지 않았다.
A, C, D, E는 문을 열지 않았다.

2 윗마을에 사는 남자는 참말만 하고 여자는 거짓말만 한다. 아랫마을에 사는 남자는 거짓말만 하고 여자는 참말만 한다. 이 마을들에 사는 이는 남자거나 여자이다. 윗마을 사람 두 명과 아랫마을 사람 두 명이 다음과 같이 대화하고 있을 때, 반드시 참인 것은?

갑 : 나는 아랫마을에 살아.
을 : 나는 아랫마을에 살아. 갑은 남자야.
병 : 을은 아랫마을에 살아. 을은 남자야.
정 : 을은 윗마을에 살아. 병은 윗마을에 살아.

---

① 갑은 윗마을에 산다.

② 갑과 을은 같은 마을에 산다.

③ 을과 병은 다른 마을에 산다.

④ 을, 병, 정 가운데 둘은 아랫마을에 산다.

⑤ 이 대화에 참여하고 있는 이들은 모두 여자이다.

> ✔ **해설** 병과 정의 진술이 상이하므로 모순이 된다.
> 우선 병의 진술이 거짓일 경우 을은 윗마을에 살고, 여자이다.
> 정의 진술은 참이므로 을과 병은 윗마을에 산다. 을은 윗마을 여자이므로 거짓말을 하고, 병은 윗마을에서 거짓말을 하므로 여자이다.
> 을과 병이 윗마을에 살기 때문에 갑, 정은 아랫마을에 산다.
> 정은 아랫마을에 살며 참말을 하므로 여자이고 갑은 아랫마을 여자이므로 참말을 한다.

3 다음의 내용에 따라 두 번의 재배정을 한 결과, 병이 홍보팀에서 수습 중이다. 다른 신입사원과 최종 수습부서를 바르게 연결한 것은?

> 신입사원을 뽑아서 1년 동안의 수습 기간을 거치게 한 후, 정식사원으로 임명을 하는 한 회사가 있다. 그 회사는 올해 신입사원으로 2명의 여자 직원 갑과 을, 그리고 2명의 남자 직원 병과 정을 뽑았다. 처음 4개월의 수습기간 동안 갑은 기획팀에서, 을은 영업팀에서, 병은 총무팀에서, 정은 홍보팀에서 각각 근무하였다. 그 후 8개월 동안 두 번의 재배정을 통해서 신입사원들은 다른 부서에서도 수습 중이다. 재배정할 때마다 다음의 세 원칙 중 한 가지 원칙만 적용되었고, 같은 원칙은 다시 적용되지 않았다.

> 〈원칙〉
> 1. 기획팀에서 수습을 거친 사람과 총무팀에서 수습을 거친 사람은 서로 교체해야 하고, 영업팀에서 수습을 거친 사람과 홍보팀에서 수습을 거친 사람은 서로 교체한다.
> 2. 총무팀에서 수습을 거친 사람과 홍보팀에서 수습을 거친 사람만 서로 교체한다.
> 3. 여성 수습사원만 서로 교체한다.

① 갑 - 총무팀
② 을 - 영업팀
③ 을 - 총무팀
④ 정 - 영업팀
⑤ 정 - 총무팀

✔해설 사원과 근무부서를 표로 나타내면

배정부서	기획팀	영업팀	총무팀	홍보팀
처음 배정 부서	갑	을	병	정
2번째 배정 부서				
3번째 배정 부서				병

㉠ 규칙 1을 2번째 배정에 적용하고 규칙 2를 3번째 배정에 적용하면
기획팀 ↔ 총무팀 / 영업팀 ↔ 홍보팀이므로
갑 ↔ 병 / 을 ↔ 정
규칙 2까지 적용하면 다음과 같다.

배정부서	기획팀	영업팀	총무팀	홍보팀
처음 배정 부서	갑	을	병	정
2번째 배정 부서	병	정	갑	을
3번째 배정 부서			을	갑

㉡ 규칙 3을 먼저 적용하고 규칙 2를 적용하면

배정부서	기획팀	영업팀	총무팀	홍보팀
처음 배정 부서	갑	을	병	정
2번째 배정 부서	을	갑	병	정
3번째 배정 부서	을	갑	정	병

Answer 2.⑤ 3.⑤

4 (가) ~ (라)의 유형 구분에 사용되었을 두 가지 기준을 〈보기〉에서 고른 것으로 가장 적절한 것은?

한 범죄학자가 미성년자 대상 성범죄자의 프로파일을 작성하기 위해 성범죄자를 A 기준과 B 기준에 따라 네 유형으로 분류하였다.

A 기준	B 기준	
	(가)	(나)
	(다)	(라)

(가) 유형은 퇴행성 성범죄자로, 평소에는 정상적으로 성인과 성적 교류를 하지만 실직이나 이혼 등과 같은 실패를 경험하는 경우에 어려움을 극복하는 기술이 부족하여 일시적으로 미성년 여자를 대상으로 성매매 등의 성적 접촉을 시도한다. 이들은 흔히 내향적이며 정상적인 결혼생활을 하고 있고 거주지가 일정하다.

(나) 유형은 미성숙 성범죄자로, 피해자의 성별에 대한 선호를 보이지 않는다. 정신적, 심리적 문제를 가진 경우가 많고 주위 사람들로부터 따돌림을 당해서 대부분 홀로 생활한다. 이들의 범행은 주로 성폭행과 성추행의 형태로 나타나는데, 일시적이고 충동적인 면이 있다.

(다) 유형은 고착성 성범죄자로, 선물이나 금전 등으로 미성년자의 환심을 사기 위해 장기간에 걸쳐 노력을 기울인다. 발달 과정의 한 시점에 고착되었기 때문에 10대 후반부터 미성년자를 성적 대상으로 삼는 행동을 보인다. 성인과의 대인관계를 어려워하며, 생활과 행동에서 유아적인 요소를 보이는 경우가 많다.

(라) 유형은 가학성 성범죄자로, 공격적이고 반사회적인 성격을 가진다. 전과를 가진 경우가 많고, 피해자를 해치는 경우가 많으며, 공격적 행동을 통하여 성적 쾌감을 경험한다. 어린 미성년 남자를 반복적으로 범죄 대상으로 선택하는 경우가 많다.

⊙ 미성년자 선호 지속성   ⓛ 내향성
ⓒ 공격성   ⓒ 성별 선호

① ⊙ⓛ   ② ⊙ⓒ
③ ⓛⓒ   ④ ⓛⓒ
⑤ ⓒⓒ

✔ 해설

	⊙	ⓛ	ⓒ	ⓒ
(가)	×	○	×	○
(나)	×	○	○	×
(다)	○	알 수 없음	×	알 수 없음
(라)	○	알 수 없음	○	○

5 다음 글을 읽고 이 글에 대한 설명으로 옳지 않은 것은?

소연이가 집에서 회사까지 출근을 하는 방법은 지하철을 이용하는 방법, 버스를 이용하는 방법, 자가용을 이용하는 것이다. 길이 전혀 막히지 않을 경우는 지하철을 이용하는 경우 40분, 버스를 이용하는 경우 30분, 자가용을 이용하는 경우 20분이 소요된다. 그리고 지하철 이용비용은 1,000원, 버스 이용비용은 1,200원, 자가용 이용비용은 5,000원이 든다. 이때 출근시간이 20분까지는 추가비용이 없지만 20분 초과부터는 1분이 추가될 때마다 추가비용 300원씩 든다고 가정한다.

그런데 차가 막힐 경우에는 지하철 비용과 소요시간은 변함이 없고, 버스는 비용은 변함없지만 소요시간이 50분으로 늘어나며, 자가용은 기름값도 추가로 3,000원 발생하고 소요시간도 40분으로 늘어나게 된다. 이때 출근시간에 막힐 확률은 월요일과 금요일 50%이고, 화요일과 수요일, 목요일은 30%이다. 그리고 가끔 특근을 하는 경우 토요일과 일요일은 차가 전혀 막히지 않는다.

① 토요일과 일요일에는 지하철을 타고 출근하는 것이 가장 비경제적이다.

② 월요일에는 지하철을 타고 출근하는 것이 가장 경제적이다.

③ 화요일은 버스를 타고 출근하는 것이 가장 경제적이다.

④ 토요일과 일요일을 제외한 평일에는 자가용을 타고 출근하는 것이 가장 비경제적이다.

⑤ 수요일에는 지하철을 타고 가는 것과 버스를 타고 가는 것 사이의 비용 차이가 1,200원 이상 발생한다.

✔ 해설 • 수요일의 지하철 비용
막힐 경우 $(6,000 + 1,000) \times 0.3 = 2,100$원
막히지 않을 경우 $(6,000 + 1,000) \times 0.7 = 4,900$원
7,000원
• 수요일의 버스 비용
막힐 경우 $(1,200 + 9,000) \times 0.3 = 3,060$원
막히지 않은 경우 $(1,200 + 3,000) \times 0.7 = 2,940$원
6,000원
그러므로 수요일 지하철과 버스의 비용 차이는 1,000원이다.

6 다음 글의 내용이 참이라고 할 때 〈보기〉의 문장 중 반드시 참인 것만을 바르게 나열한 것은?

우리는 사람의 인상에 대해서 "선하게 생겼다." 또는 "독하게 생겼다."라는 판단을 할 뿐만 아니라 사람의 인상을 중요시한다. 오래 전부터 사람의 얼굴을 보고 그 사람의 길흉을 판단하는 관상의 원리가 있었다. 관상의 원리를 어떻게 받아들여야 할까?

관상의 원리가 받아들일 만하다면, 얼굴이 검붉은 사람은 육체적 고생을 하기 마련이다. 그런데 우리는 주위에서 얼굴이 검붉지만 육체적 고생을 하지 않고 편하게 살아가는 사람을 얼마든지 볼 수 있다. 관상의 원리가 받아들일 만하다면, 우리가 사람의 얼굴에 대해서 갖는 인상이란 한갓 선입견에 불과한 것이 아니다. 사람의 인상이 평생에 걸쳐 고정되어 있다고 할 수 있는 경우에만 관상의 원리는 받아들일 만하다. 또한 관상의 원리가 받아들일 만하지 않다면, 관상의 원리에 대한 과학적 근거를 찾으려는 노력은 헛된 것이다. 실제로 많은 사람들이 관상의 원리가 과학적 근거를 가질 것이라고 기대한다. 그런데 우리는 자주 관상가의 판단이 받아들일 만하다고 느끼고, 그런 느낌 때문에 관상의 원리가 과학적 근거를 가질 것이라고 기대하는 것이다. 관상의 원리가 실제로 과학적 근거를 갖는지의 여부는 논외로 하더라도, 관상의 원리에 대하여 과학적 근거가 있을 것이라고 기대하는 사람은 관상의 원리에 의존하는 것이 우리의 삶에 위안을 주는 필요조건 중의 하나라고 믿는다.

〈보기〉

㉠ 관상의 원리는 받아들일 만한 것이 아니다.
㉡ 우리가 사람의 얼굴에 대해서 갖는 인상이란 선입견에 불과하다.
㉢ 사람의 인상은 평생에 걸쳐 고정되어 있다고 할 수 있다.
㉣ 관상의 원리에 대한 과학적 근거를 찾으려는 노력은 헛된 것이다.
㉤ 관상의 원리가 과학적 근거를 갖는다고 기대하는 사람들은 우리가 관상의 원리에 의존하면 삶의 위안을 얻을 것이라고 믿는다.

① ㉠㉣
② ㉡㉤
③ ㉣㉤
④ ㉠㉡㉣
⑤ ㉡㉢㉤

✔해설 얼굴이 검붉은 사람은 육체적 고생을 한다고 하나 얼굴이 검붉은 사람이 편하게 사는 것을 보았다. → ㉠ 관상의 원리는 받아들일 만한 것이 아니다. - 참
선입견이 있으면 관상의 원리를 받아들일 만하다.
사람의 인상이 평생에 걸쳐 고정되어 있다고 할 수 있는 경우에만 관상의 원리를 받아들일 만하다.
관상의 원리가 받아들일 만하지 않다면 관상의 원리에 대한 과학적 근거를 찾으려는 노력은 헛된 것이다.
→ ㉣ 관상의 원리에 대한 과학적 근거를 찾으려는 노력은 헛된 것이다. - 참
㉤ 관상의 원리가 과학적 근거를 갖는다고 기대하는 사람들은 우리가 관상의 원리에 의존하면 삶의 위안을 얻을 것이라고 믿는다. → 관상의 원리에 대하여 과학적 근거가 있을 것이라고 기대하는 사람은 우리의 삶에 위안을 얻기 위해 관상의 원리에 의존한다고 믿는다.

7 다음 글에서 의열단 내의 변절자는 모두 몇 명인가?

> 일본 경찰의 지속적인 추적으로 인하여 다수의 의열단원이 체포되는 상황이 벌어졌다. 의열단의 단장인 약산 김원봉 선생은 의열단 내 변절자가 몇 명이나 되는지 알아보고자 세 명의 간부에게 물었다.
>
> 간부 1 : 서른 명 이상입니다.
>
> 간부 2 : 제 생각은 다릅니다. 서른 명보다는 적습니다.
>
> 간부 3 : 아닙니다. 적어도 한 명 이상입니다.
>
> 다만, 약산 김원봉 선생은 세 명의 간부는 모두 변절자가 아니지만, 오직 한 명만 상황을 정확히 파악하고 있다는 것을 알고 있다.

① 0명 　　　　　　　　　　② 1명

③ 3명 　　　　　　　　　　④ 5명

⑤ 30명 이상

✔해설　1명은 맞고 2명은 틀리다는 것을 생각하면
　　　　간부 1의 말이 참이면, 간부 3의 말도 참이다. 그러면 모순이다.
　　　　간부 2의 말이 참이면, 간부 1의 말은 거짓이고, 간부 3의 말도 반드시 거짓이 되어야 한다.
　　　　만약 간부 2의 말이 0명을 가리킨다면 간부 1과 간부 3의 말은 거짓이 된다.
　　　　간부 3의 말이 참이면, 간부 1 또는 간부 2의 말이 참이 된다. 그러면 모순이다.

8 다음에서 ㉠ ~ ㉢에 들어갈 말이 바르게 나열된 것은?

다음 세대에 유전자를 남기기 위해서는 반드시 암수가 만나 번식을 해야 한다. 그런데 왜 이성이 아니라 동성에게 성적으로 끌리는 사람들이 낮은 빈도로나마 꾸준히 존재하는 것일까? 진화심리학자들은 이 질문에 대해서 여러 가지 가설로 동성애 성향이 유전자를 통해 다음 세대로 전달된다고 설명한다. 그 중 캄페리오-치아니는 동성애 유전자가 X염색체에 위치하고, 동성애 유전자가 남성에게 있으면 자식을 낳아 유전자를 남기는 번식이 감소하지만, 동성애 유전자가 여성에게 있으면 여타 조건이 동일한 상황에서 자식을 많이 낳아 유전자를 많이 남기기 때문에 동성애 유전자가 계속 유전된다고 주장하였다. 인간은 23쌍의 염색체를 갖는데, 그 중 한 쌍이 성염색체로 남성은 XY염색체를 가지며 여성은 XX염색체를 가진다. 한 쌍의 성염색체는 아버지와 어머니로부터 각각 하나씩 받아서 쌍을 이룬다. 즉 남성 성염색체 XY의 경우 X염색체는 어머니로부터 Y염색체는 아버지로부터 물려받고, 여성 성염색체 XX는 아버지와 어머니로부터 각각 한 개씩의 X염색체를 물려받는다. 만약에 동성애 남성이라면 동성애 유전자가 X염색체에 있고 그 유전자는 어머니로부터 물려받은 것이다. 따라서 캄페리오-치아니의 가설이 맞다면 확률적으로 동성애 남성의 (㉠) 한 명이 낳은 자식의 수가 이성애 남성의 (㉡) 한 명이 낳은 자식의 수보다 (㉢)

	㉠	㉡	㉢
①	이모	이모	많다
②	고모	고모	많다
③	이모	고모	적다
④	고모	고모	적다
⑤	이모	이모	적다

✔해설 이모와 어머니에게 동성애 유전자가 있다면 자식은 동성애 유전자를 가진다.
이모나 어머니에게 동성애 유전자가 없다면 자식은 이성애 유전자를 가진다.
동성애 유전자가 남성에게 있으면 자식을 낳아 유전자를 남기는 번식이 감소하지만, 동성애 유전자가 여성에게 있으면 여타 조건이 동일한 상황에서 자식을 많이 낳아 유전자를 많이 남긴다.
그러므로 고모는 아무 연관이 없다.

9 다음 글에서 추론할 수 있는 내용만을 바르게 나열한 것은?

빌케와 블랙은 얼음이 녹는점에 있다 해도 이를 완전히 물로 녹이려면 상당히 많은 열이 필요함을 발견하였다. 당시 널리 퍼진 속설은 얼음이 녹는점에 이르면 즉시 녹는다는 것이었다. 빌케는 쌓여있는 눈에 뜨거운 물을 끼얹어 녹이는 과정에서 이 속설에 오류가 있음을 알게 되었다. 눈이 녹는점에 있음에도 불구하고 많은 양의 뜨거운 물은 눈을 조금밖에 녹이지 못했기 때문이다.

블랙은 1757년에 이 속설의 오류를 설명할 수 있는 실험을 수행하였다. 블랙은 따뜻한 방에 두 개의 플라스크 A와 B를 두었는데, A에는 얼음이, B에는 물이 담겨 있었다. 얼음과 물은 양이 같고 모두 같은 온도, 즉 얼음의 녹는점에 있었다. 시간이 지남에 따라 B에 있는 물의 온도는 계속해서 올라갔다. 하지만 A에서는 얼음이 녹으면서 생긴 물과 녹고 있는 얼음의 온도가 녹는점에서 일정하게 유지되었는데 이 상태는 얼음이 완전히 녹을 때까지 지속되었다. 얼음을 녹이는 데 필요한 열량은 같은 양의 물의 온도를 녹는점에서 화씨 140도까지 올릴 수 있는 정도의 열량과 같았다. 블랙은 이 열이 실제로 온도계에 변화를 주지 않기 때문에 이를 '잠열(潛熱)'이라 불렀다.

ⓐ A의 온도계로는 잠열을 직접 측정할 수 없었다.
ⓑ 얼음이 녹는점에 이르러도 완전히 녹지 않는 것은 잠열 때문이다.
ⓒ A의 얼음이 완전히 물로 바뀔 때까지, A의 얼음물 온도는 일정하게 유지된다.

① ⓐ
② ⓑ
③ ⓐⓒ
④ ⓑⓒ
⑤ ⓐⓑⓒ

✔해설 블랙은 이 열이 실제로 온도계에 변화를 주지 않기 때문에 이를 '잠열(潛熱)'이라 불렀다.
→ ⓐ A의 온도계로는 잠열을 직접 측정할 수 없었다. – 참
눈이 녹는점에 있음에도 불구하고 많은 양의 뜨거운 물은 눈을 조금밖에 녹이지 못했다. 이는 잠열 때문이다.
→ ⓑ 얼음이 녹는점에 이르러도 완전히 녹지 않는 것은 잠열 때문이다. – 참
A에서는 얼음이 녹으면서 생긴 물과 녹고 있는 얼음의 온도가 녹는점에서 일정하게 유지되었는데 이 상태는 얼음이 완전히 녹을 때까지 지속되었다.
→ ⓒ A의 얼음이 완전히 물로 바뀔 때까지, A의 얼음물 온도는 일정하게 유지된다. – 참

10 생일파티를 하던 미경, 진희, 소라가 케이크를 먹었는지에 대한 여부를 다음과 같이 이야기하였는데 이 세 명은 진실과 거짓을 한 가지씩 이야기 하였다. 다음 중 옳은 것은?

> 미경 : 나는 케이크를 먹었고, 진희는 케이크를 먹지 않았다.
> 진희 : 나는 케이크를 먹지 않았고, 소라도 케이크를 먹지 않았다.
> 소라 : 나는 케이크를 먹지 않았고, 진희도 케이크를 먹지 않았다.

① 미경이가 케이크를 먹었다면 소라도 케이크를 먹었다.
② 진희가 케이크를 먹었다면 미경이는 케이크를 먹지 않았다.
③ 미경이가 케이크를 먹지 않았다면 소라는 케이크를 먹었다.
④ 소라가 케이크를 먹었다면 미경이도 케이크를 먹었다.
⑤ 소라가 케이크를 먹지 않았다면 진희도 케이크를 먹지 않았다.

✔해설 주어진 조건으로 두 가지 경우가 존재한다. 미경이의 앞의 말이 진실이고 뒤의 말이 거짓인 경우와 그 반대의 경우를 표로 나타내면 다음과 같다.

	나	타인	케이크
미경	참	거짓	먹음
진희	거짓	참	먹음
소라	참	거짓	안 먹음

	나	타인	케이크
미경	거짓	참	안 먹음
진희	참	거짓	안 먹음
소라	거짓	참	먹음

11 다음의 사실이 전부 참일 때 항상 참인 것은?

> • 경제가 어려워진다면 긴축정책이 시행된다.
> • 물가가 오른다면 긴축정책을 시행하지 않는다.
> • 경제가 어려워지거나 부동산이 폭락한다.
> • 부동산이 폭락한 것은 아니다.

① 물가가 오른다.
② 경제가 어렵지 않다.
③ 물가가 오르지 않는다.
④ 긴축정책을 시행하지 않는다.
⑤ 부동산은 폭락할 수 있다.

✔ 해설   경제가 어려워지거나 부동산이 폭락한다고 했는데 부동산이 폭락한 것은 아니므로, 경제가 어려워진다. 두 번째 조건의 대우에 의하면 긴축정책을 시행하면 물가가 오르지 않는다. 즉, 경제가 어려워진다면 긴축정책이 시행되고, 긴축정책을 시행하면 물가가 오르지 않는다.

12 다음 글의 내용이 참이라고 할 때 반드시 참인 것만을 모두 고른 것은?

인간은 누구나 건전하고 생산적인 사회에서 타인과 함께 평화롭게 살아가길 원한다. 도덕적이고 문명화된 사회를 가능하게 하는 기본적인 사회 원리를 수용할 경우에만 인간은 생산적인 사회에서 평화롭게 살 수 있다. 기본적인 사회 원리를 수용한다면, 개인의 권리는 침해당하지 않는다. 인간의 본성에 의해 요구되는 인간 생존의 기본 조건, 즉 생각의 자유와 자신의 이성적 판단에 따라 행동할 수 있는 자유가 인정되지 않는다면, 개인의 권리는 침해당한다.

물리적 힘의 사용이 허용되는 경우에만 개인의 권리는 침해당한다. 어떤 사람이 다른 사람의 삶을 빼앗거나 그 사람의 의지에 반하는 것을 강요하기 위해서는 물리적 수단을 사용할 수밖에 없기 때문이다. 이성적인 수단인 토론이나 설득을 사용하여 다른 사람의 의견이나 행동에 영향을 미친다면, 개인의 권리는 침해당하지 않는다.

인간이 생산적인 사회에서 평화롭게 사는 것은 매우 중요하다. 왜냐하면 인간이 생산적인 사회에서 평화롭게 살 수 있을 경우에만 인간은 지식 교환의 가치를 사회로부터 얻을 수 있기 때문이다.

㉠ 생각의 자유와 자신의 이성적 판단에 따라 행동할 수 있는 자유가 인정될 경우에만 인간은 생산적인 사회에서 평화롭게 살 수 있다.
㉡ 물리적 힘이 사용되는 것이 허용되지 않는다면, 인간은 생산적 사회에서 평화롭게 살 수 있다.
㉢ 물리적 힘이 사용되는 것이 허용된다면, 생각의 자유와 자신의 이성적 판단에 따라 행동할 수 있는 자유가 인정되지 않는다.
㉣ 개인의 권리가 침해당한다면, 인간은 지식 교환의 가치를 사회로부터 얻을 수 없다.

① ㉠㉢ ② ㉠㉣
③ ㉡㉢ ④ ㉡㉣
⑤ ㉢㉣

 ㉡ 물리적인 힘이 사용되는 것이 허용되지 않는다면 개인의 권리를 침해당하지 않으며, 자유가 인정되지 않는다면, 개인의 권리는 침해당한다고 했으므로 자유가 인정됨을 알 수 있으나 생산적인 사회에서 평화롭게 살 수 있다와는 연결되지 않으므로 반드시 참이라고 볼 수 없다.
㉢ 물리적 힘의 사용이 허용되는 경우에만 개인의 권리는 침해당한다. 이성적인 수단인 토론이나 설득을 사용하여 다른 사람의 의견이나 행동에 영향을 미친다면, 개인의 권리는 침해당하지 않는다 라는 내용을 가지고 추론할 수 있는 내용이 아니다.

13 쓰레기를 무단 투기하는 사람을 찾기 위해 고심하던 아파트 관리인 세상씨는 다섯 명의 입주자 A, B, C, D, E를 면담했다. 이들은 각자 다음과 같이 이야기를 했다. 이 가운데 두 사람의 이야기는 모두 거 짓인 반면, 세 명의 이야기는 모두 참이라고 한다. 다섯 명 가운데 한 명이 범인이라고 할 때 쓰레기 를 무단 투기한 사람은 누구인가?

A : 쓰레기를 무단 투기하는 것을 나와 E만 보았다. B의 말은 모두 참이다.
B : 쓰레기를 무단 투기한 것은 D이다. D가 쓰레기를 무단 투기하는 것을 E가 보았다.
C : D는 쓰레기를 무단 투기하지 않았다. E의 말은 참이다.
D : 쓰레기를 무단 투기하는 것을 세 명의 주민이 보았다. B는 쓰레기를 무단 투기하지 않았다.
E : 나와 A는 쓰레기를 무단 투기하지 않았다. 나는 쓰레기를 무단 투기하는 사람을 아무도 보지 못했다.

---

① A
② B
③ C
④ D
⑤ E

✔**해설** ㉠ A가 참인 경우
　　E는 무단 투기하는 사람을 못 봤다고 했으므로 E의 말은 거짓이 된다.
　　A는 B가 참이라고 했으므로 B에 의해 D가 범인이 된다.
　　그러나 C는 D가 무단 투기 하지 않았다고 했으므로 C도 거짓이 된다.
　　거짓말을 한 주민이 C, E 두 명이 되었으므로 D의 말은 참이 된다.
　　그러나 D는 쓰레기를 무단 투기하는 사람을 세 명이 주민이 보았다고 했는데 A는 본인과 E만 보았다 고 했으므로 D는 범인이 될 수 없다.
㉡ A가 거짓인 경우
　　A의 말이 거짓이면 B의 말도 모두 거짓이 된다.
　　거짓말을 한 사람이 A, B이므로 C, D, E는 참말을 한 것이 된다.
　　C에 의하면 D는 범인이 아니다.
　　D에 의하면 B는 범인이 아니다.
　　E에 의하면 A는 범인이 아니다.
　　그러면 C가 범인이다.

14 동건, 우성, 인성은 임의의 순서로 빨간색·파란색·노란색 지붕을 가진 집에 나란히 이웃하여 살고 있으며, 개·고양이·도마뱀이라는 서로 다른 애완동물을 기르며, 광부·농부·의사라는 서로 다른 직업을 갖고 있다. 알려진 정보가 다음과 같을 때 반드시 참이라고 할 수 없는 내용을 〈보기〉에서 모두 고른 것은?

㉮ 인성은 광부이다.
㉯ 가운데 집에 사는 사람은 개를 키우지 않는다.
㉰ 농부와 의사의 집은 서로 이웃해 있지 않다.
㉱ 노란 지붕 집은 의사의 집과 이웃해 있다.
㉲ 파란 지붕 집에 사람은 고양이를 키운다.
㉳ 우성은 빨간 지붕 집에 산다.

〈보기〉
㉠ 동건은 빨간 지붕 집에 살지 않고, 우성은 개를 키우지 않는다.
㉡ 노란 지붕 집에 사는 사람은 도마뱀을 키우지 않는다.
㉢ 동건은 파란 지붕 집에 살거나, 우성은 고양이를 키운다.
㉣ 동건은 개를 키우지 않는다.
㉤ 우성은 농부다.

① ㉠㉡　　　　　　　　　　　　　　　② ㉡㉢
③ ㉢㉣　　　　　　　　　　　　　　　④ ㉠㉡㉤
⑤ ㉠㉢㉤

✔해설 하나씩 표를 통해 대입해 보면 다음과 같다.

이름	우성(동건)	인성	동건(우성)
지붕 색	빨간색(파란색)	노란색	파란색(빨간색)
애완동물	개(고양이)	도마뱀	고양이(개)
직업	농부(의사)	광부	의사(농부)

㉠ 동건은 빨간 지붕 집에 살지 않고, 우성은 개를 키우지 않는다. → 거짓
㉡ 노란 지붕 집에 사는 사람은 도마뱀을 키우지 않는다. → 거짓
㉢ 동건은 파란 지붕 집에 살거나, 우성은 고양이를 키운다. → 동건이 파란 지붕에 사는 것이므로 참
㉣ 동건은 개를 키우지 않는다. → 참
㉤ 우성은 농부다. → 농부일 수도 있고 아닐 수도 있다.

15 다음으로부터 추론한 것으로 옳은 것만을 〈보기〉에서 모두 고른 것은?

경비업체 SEOWON은 보안 점검을 위탁받은 한 건물 내에서 20개의 점검 지점을 지정하여 관리하고 있다. 보안 담당자는 다음 〈규칙〉에 따라 20개 점검 지점을 방문하여 이상 여부를 기록한다.

〈규칙〉
• 첫 번째 점검에서는 1번 지점에서 출발하여 20번 지점까지 차례로 모든 지점을 방문한다.
• 두 번째 점검에서는 2번 지점에서 출발하여 한 개 지점씩 건너뛰고 점검한다. 즉 2번 지점, 4번 지점, …, 20번 지점까지 방문한다.
• 세 번째 점검에서는 3번 지점에서 출발하여 두 개 지점씩 건너뛰고 점검한다. 즉 3번 지점, 6번 지점, …, 18번 지점까지 방문한다.
• 이런 식으로 방문이 이루어지다가 20번째 점검에서 모든 점검이 완료된다.

〈보기〉
㉠ 20번 지점은 총 6회 방문하게 된다.
㉡ 2회만 방문한 지점은 총 8개이다.
㉢ 한 지점을 최대 8회 방문할 수 있다.

① ㉠

② ㉢

③ ㉠㉡

④ ㉡㉢

⑤ ㉠㉡㉢

✔해설 ㉠ $20 = 2^2 \times 5^1 = (2+1)(1+1) = 3 \times 2 = 6$
20번 지점은 6번 방문한다.
㉡ 2회만 방문한 지점은 $1 \sim 20$의 소수를 구하면 된다.
2, 3, 5, 7, 11, 13, 17, 19 → 8개
㉢ 한 지점을 8번 방문하려면 최소 24개가 있어야 하는데 20개 밖에 없으므로 성립될 수 없다.

16 5명(A ~ E)이 다음 규칙에 따라 게임을 하고 있다. 4 → 1 → 1의 순서로 숫자가 호명되어 게임이 진행되었다면 네 번째 술래는?

- A → B → C → D → E 순으로 반시계방향으로 동그랗게 앉아있다.
- 한 명의 술래를 기준으로, 술래는 항상 숫자 3을 배정받고, 반시계방향으로 술래 다음 사람이 숫자 4를, 그 다음 사람이 숫자 5를, 술래 이전 사람이 숫자 2를, 그 이전 사람이 숫자 1을 배정받는다.
- 술래는 1 ~ 5의 숫자 중 하나를 호명하고, 호명된 숫자에 해당하는 사람이 다음 술래가 된다. 새로운 술래를 기준으로 다시 위의 조건에 따라 숫자가 배정되며 게임이 반복된다.
- 첫 번째 술래는 A다.

① A   ② B
③ C   ④ D
⑤ E

✔해설 조건에 따라 그림으로 나타내면 다음과 같다. 네 번째 술래는 C가 된다.

17 지하철 10호선은 총 6개의 주요 정거장을 경유한다. 주어진 조건이 다음과 같을 경우, C가 4번째 정거장일 때, E 바로 전의 정거장이 될 수 있는 것은?

- 지하철 10호선은 순환한다.
- 주요 정거장을 각각 A, B, C, D, E, F라고 한다.
- E는 3번째 정거장이다.
- B는 6번째 정거장이다.
- D는 F의 바로 전 정거장이다.
- C는 A의 바로 전 정거장이다.

① F   ② E
③ D   ④ B
⑤ A

✔해설 C가 4번째 정거장이므로 표를 완성하면 다음과 같다.

순서	1	2	3	4	5	6
정거장	D	F	E	C	A	B

따라서 E 바로 전의 정거장은 F이다.

18 다음 제시된 조건을 보고, 만일 영호와 옥숙을 같은 날 보낼 수 없다면, 목요일에 보내야 하는 남녀사원은 누구인가?

> 영업부의 박 부장은 월요일부터 목요일까지 매일 남녀 각 한 명씩 두 사람을 회사 홍보 행사 담당자로 보내야 한다. 영업부에는 현재 남자 사원 4명(길호, 철호, 영호, 치호)과 여자 사원 4명(영숙, 옥숙, 지숙, 미숙)이 근무하고 있으며, 다음과 같은 제약 사항이 있다.
> ㉠ 매일 다른 사람을 보내야 한다.
> ㉡ 치호는 철호 이전에 보내야 한다.
> ㉢ 옥숙은 수요일에 보낼 수 없다.
> ㉣ 철호와 영숙은 같이 보낼 수 없다.
> ㉤ 영숙은 지숙과 미숙 이후에 보내야 한다.
> ㉥ 치호는 영호보다 앞서 보내야 한다.
> ㉦ 옥숙은 지숙 이후에 보내야 한다.
> ㉧ 길호는 철호를 보낸 바로 다음 날 보내야 한다.

① 길호와 영숙
② 영호와 영숙
③ 치호와 옥숙
④ 길호와 옥숙
⑤ 영호와 미숙

✔해설 남자사원의 경우 ㉡, ㉥, ㉧에 의해 다음과 같은 두 가지 경우가 가능하다.

	월요일	화요일	수요일	목요일
경우 1	치호	영호	철호	길호
경우 2	치호	철호	길호	영호

[경우 1]
옥숙은 수요일에 보낼 수 없고, 철호와 영숙은 같이 보낼 수 없으므로 옥숙과 영숙은 수요일에 보낼 수 없다. 또한 영숙은 지숙과 미숙 이후에 보내야 하고, 옥숙은 지숙 이후에 보내야 하므로 조건에 따르면 다음과 같다.

	월요일	화요일	수요일	목요일
남	치호	영호	철호	길호
여	지숙	옥숙	미숙	영숙

[경우 2]

		월요일	화요일	수요일	목요일
	남	치호	철호	길호	영호
경우 2-1	여	미숙	지숙	영숙	옥숙
경우 2-2	여	지숙	미숙	영숙	옥숙
경우 2-3	여	지숙	옥숙	미숙	영숙

문제에서 영호와 옥숙을 같이 보낼 수 없다고 했으므로, [경우 1], [경우 2-1], [경우 2-2]는 해당하지 않는다. 따라서 [경우 2-3]에 의해 목요일에 보내야 하는 남녀사원은 영호와 영숙이다.

Answer 16.③ 17.① 18.②

19 다음은 유진이가 학교에 가는 요일에 대한 설명이다. 이들 명제가 모두 참이라고 가정할 때, 유진이가 학교에 가는 요일은?

> ㉠ 목요일에 학교에 가지 않으면 월요일에 학교에 간다.
> ㉡ 금요일에 학교에 가지 않으면 수요일에 학교에 가지 않는다.
> ㉢ 수요일에 학교에 가지 않으면 화요일에 학교에 간다.
> ㉣ 월요일에 학교에 가면 금요일에 학교에 가지 않는다.
> ㉤ 유진이는 화요일에 학교에 가지 않는다.

① 월, 수
② 월, 수, 금
③ 수, 목, 금
④ 수, 금
⑤ 목, 금

✅**해설** ㉤에서 유진이는 화요일에 학교에 가지 않으므로 ㉢의 대우에 의하여 수요일에는 학교에 간다.
수요일에 학교에 가므로 ㉡의 대우에 의해 금요일에는 학교에 간다.
금요일에는 학교에 가므로 ㉣의 대우에 의해 월요일에는 학교를 가지 않는다.
월요일에 학교에 가지 않으므로 ㉠의 대우에 의해 목요일에는 학교에 간다.
따라서 유진이가 학교에 가는 요일은 수, 목, 금이다.

20 다음 조건을 읽고 반드시 참이 되는 것을 고른 것은?

- A, B, C, D, E, F, G, H 8명이 놀이동산의 롤러코스터를 타는데 롤러코스터는 총 8칸으로 되어 있다.
- 각 1칸에 1명이 탈 수 있다.
- D는 반드시 4번째 칸에 타야 한다.
- B와 C는 같이 붙어 타야 한다.
- D는 H보다 뒤에 E보다는 앞쪽에 타야 한다.

---

① F가 D보다 앞에 탄다면 B는 F와 D 사이에 타게 된다.

② G가 D보다 뒤에 탄다면 B와 C는 D보다 앞에 타게 된다.

③ H가 두 번째 칸에 탄다면 C는 D보다 뒤에 타게 된다.

④ B가 D의 바로 뒤 칸에 탄다면 E는 맨 마지막 칸에 타게 된다.

⑤ C가 두 번째 칸에 탄다면 H는 첫 번째 칸에 탄다.

✔ **해설** ③ H가 두 번째 칸에 탄다면 D 앞에는 B와 C가 나란히 탈 자리가 없으므로 B와 C는 D보다 뒤에 타게 된다.
① F가 D보다 앞에 탄다면 D 앞에 F와 H가 타게 되어 B와 C가 나란히 탈 자리가 없으므로 B와 C는 D보다 뒤에 타게 된다.
② G가 D보다 뒤에 탄다는 사실을 알더라도 B와 C가 어디에 타는지 알 수 없다.
④ B가 D의 바로 뒤 칸에 탄다면 E는 일곱 번째 칸 또는 마지막 칸에 타게 된다.
⑤ C가 두 번째 칸에 탄다면 H는 첫 번째 칸 또는 세 번째 칸에 타게 된다.

21 다음을 근거로 판단할 때, 도형의 모양을 옳게 짝지은 것은?

5명의 학생은 5개 도형 A~E의 모양을 맞히는 게임을 하고 있다. 5개의 도형은 모두 서로 다른 모양을 가지며 각각 삼각형, 사각형, 오각형, 육각형, 원 중 하나의 모양으로 이루어진다. 학생들에게 아주 짧은 시간 동안 5개의 도형을 보여준 후 도형의 모양을 2개씩 진술하게 하였다. 학생들이 진술한 도형의 모양은 다음과 같고, 모두 하나씩만 정확하게 맞혔다.

〈진술〉

甲 : C = 삼각형, D = 사각형
乙 : B = 오각형, E = 사각형
丙 : C = 원,   D = 오각형
丁 : A = 육각형, E = 사각형
戊 : A = 육각형, B = 삼각형

① A=육각형, D=사각형
② B=오각형, C=삼각형
③ A=삼각형, E=사각형
④ C=오각형, D=원
⑤ D=오각형, E=육각형

✔**해설** 甲과 丙의 진술로 볼 때, C = 삼각형이라면 D = 오각형이고, C = 원이라면 D = 사각형이다. C = 삼각형이라면 戊의 진술에서 A = 육각형이고, 丁의 진술에서 E ≠ 사각형이므로 乙의 진술에서 B = 오각형이되어 D = 오각형과 모순된다. 따라서 C = 원이다. C = 원이라면 D = 사각형이므로, 丁의 진술에서 A = 육각형, 乙의 진술에서 B = 오각형이 되고 E = 삼각형이다. 즉, A = 육각형, B = 오각형, C = 원, D = 사각형, E = 삼각형이다.

22 A, B, C, D, E 5명의 입사성적을 비교하여 높은 순서로 순번을 매겼더니 다음과 같은 사항을 알게 되었다. 입사성적이 두 번째로 높은 사람은?

> • 순번 상 E의 앞에는 2명 이상의 사람이 있고 C보다는 앞이었다.
> • D의 순번 바로 앞에는 B가 있다.
> • A의 순번 뒤에는 2명이 있다.

① A   ② B

③ C   ④ D

⑤ E

         ✔**해설** 조건에 따라 순번을 매겨 높은 순으로 정리하면 BDAEC가 된다.

23 김대리는 모스크바 현지 영업소로 출장을 갈 계획이다. 현지시각 4일 오후 2시 모스크바에서 회의가 예정되어 있어 모스크바 공항에 적어도 오전 11시 이전에는 도착하고자 한다. 인천에서 모스크바까지 8시간이 걸리며, 시차는 인천이 모스크바보다 6시간이 더 빠르다. 김대리는 인천에서 늦어도 몇 시에 출발하는 비행기를 예약하여야 하는가?

① 3일 09 : 00   ② 3일 19 : 00

③ 4일 09 : 00   ④ 4일 11 : 00

⑤ 5일 02 : 00

         ✔**해설** 인천에서 모스크바까지 8시간이 걸리고, 6시간이 인천이 더 빠르므로
                   09 : 00시 출발 비행기를 타면 $9+(8-6)=11$시 도착
                   19 : 00시 출발 비행기를 타면 $19+(8-6)=21$시 도착
                   02 : 00시 출발 비행기를 타면 $2+(8-6)=4$시 도착

24 갑, 을, 병, 정, 무 다섯 사람은 일요일부터 목요일까지 5일 동안 각각 이틀 이상 아르바이트를 한다. 다음 조건을 모두 충족시켜야 할 때, 다음 중 항상 옳지 않은 것은?

⊙ 가장 적은 수가 아르바이트를 하는 요일은 수요일뿐이다.
ⓛ 갑은 3일 이상 아르바이트를 하는데 병이 아르바이트를 하는 날에는 쉰다.
ⓒ 을과 정 두 사람만이 아르바이트 일수가 같다.
ⓔ 병은 평일에만 아르바이트를 하며, 연속으로 이틀 동안만 한다.
ⓜ 무는 갑이나 병이 아르바이트를 하는 요일에 항상 아르바이트를 한다.

---

① 어느 요일이든 아르바이트 인원수는 확정된다.
② 갑과 을, 병과 무의 아르바이트 일수를 합한 값은 같다.
③ 두 사람만이 아르바이트를 하는 요일이 확정된다.
④ 어떤 요일이든 아르바이트를 하는 인원수는 짝수이다.
⑤ 수요일에는 2명, 나머지 요일에는 4명으로 인원수는 확정된다.

> ✔해설 아르바이트 일수가 갑은 3일, 병은 2일임을 알 수 있다.
> 무는 갑이나 병이 아르바이트를 하는 날 항상 함께 한다고 했으므로 5일 내내 아르바이트를 하게 된다.
> 을과 정은 일, 월, 화, 목 4일간 아르바이트를 하게 된다.
> ①⑤ 수요일에는 2명, 나머지 요일에는 4명으로 인원수는 확정된다.
> ② 갑은 3일, 을은 4일, 병은 2일, 무는 5일이므로 갑과 을, 병과 무의 아르바이트 일수를 합한 값은 7로 같다.
> ③ 병에 따라 갑이 아르바이트를 하는 요일이 달라지므로 아르바이트 하는 요일이 확정되는 사람은 세 명이다.
> ④ 일별 인원수는 4명 또는 2명으로 모두 짝수이다.

25 다음 글의 내용이 참일 때 최종 선정되는 단체는 어디인가?

문화체육관광부는 우수 문화예술 단체 A, B, C, D, E 중 한 곳을 선정하여 지원하려 한다. 문화체육관광부의 금번 선정 방침은 다음 두 가지이다. 첫째, 어떤 형태로든 지원을 받고 있는 단체는 최종 후보가 될 수 없다. 둘째, 최종 선정 시 올림픽 관련 단체를 엔터테인먼트 사업(드라마, 영화, 가요) 단체보다 우선한다.

A 단체는 자유무역협정을 체결한 필리핀에 드라마 콘텐츠를 수출하고 있지만 올림픽과 관련한 사업은 하지 않는다. B 단체는 올림픽의 개막식 행사를, C 단체는 올림픽의 폐막식 행사를 각각 주관하는 단체이다. E 단체는 오랫동안 한국 음식문화를 세계에 보급해 온 단체이다. A와 C 단체 중 적어도 한 단체가 최종 후보가 되지 못한다면, 대신 B와 E 중 적어도 한 단체는 최종 후보가 된다. 반면 게임 개발로 각광을 받는 단체인 D가 최종 후보가 된다면, 한국과 자유무역협정을 체결한 국가와 교역을 하는 단체는 모두 최종 후보가 될 수 없다.

후보 단체들 중 가장 적은 부가가치를 창출한 단체는 최종 후보가 될 수 없고, 최종 선정은 최종 후보가 된 단체 중에서만 이루어진다.

문화체육관광부의 조사 결과, 올림픽의 개막식 행사를 주관하는 모든 단체는 이미 보건복지부로부터 지원을 받고 있다. 그리고 위 문화예술 단체 가운데 한국 음식문화 보급과 관련된 단체의 부가가치 창출이 가장 저조하였다.

① A

② B

③ C

④ D

⑤ E

✔해설 ① A 단체는 자유무역협정을 체결한 필리핀에 드라마 콘텐츠를 수출하고 있지만 올림픽과 관련된 사업은 하지 않는다. 최종 선정 시 올림픽 관련 단체를 엔터테인먼트 사업 단체보다 우선하므로 B, C와 같이 최종 후보가 된다면 A는 선정될 수 없다.

② 올림픽의 개막식 행사를 주관하는 모든 단체는 이미 보건복지부로부터 지원을 받고 있다. B 단체는 올림픽의 개막식 행사를 주관하는 단체이다. → B 단체는 선정될 수 없다.

③ A와 C 단체 중 적어도 한 단체가 최종 후보가 되지 못한다면, 대신 B와 E 중 적어도 한 단체는 최종 후보가 된다. 보기 ②⑤를 통해 B, E 단체를 후보가 될 수 없다. 후보는 A와 C가 된다.

④ D가 최종 후보가 된다면, 한국과 자유무역협정을 체결한 국가와 교역을 하는 단체는 모두 최종 후보가 될 수 없다. D가 최종 후보가 되면 A가 될 수 없고 A가 된다면 D는 될 수 없다.

⑤ 후보 단체들 중 가장 적은 부가가치를 창출한 단체는 최종 후보가 될 수 없고, 한국 음식문화 보급과 관련된 단체의 부가가치 창출이 가장 저조하였다. E 단체는 오랫동안 한국 음식문화를 세계에 보급해 온 단체이다. → E 단체는 선정될 수 없다.

Answer 24.③ 25.③

26 형사와 범인이 있다. 형사는 항상 참말을 하고 범인은 항상 거짓말을 한다. A, B 두 사람은 각기 형사일수도 있고 범인일 수도 있다. A가 다음과 같이 말했다면 A와 B는 각기 어떤 사람인가?

나는 범인이거나 혹은 B는 형사이다.

---

① 형사와 범인   ② 범인과 형사

③ 둘 다 형사   ④ 둘 다 범인

⑤ 알 수 없음

> ✔해설   범인은 두 개의 진술 중 어느 것이라도 참말이 되어서는 안 되지만, 형사라면 두 개의 진술 중 하나만 참말이 되어도 된다.
> A가 범인이라면 "나는 범인이다."라고 참말을 할 수 없다. 또한 "B는 형사이다."라는 말이 거짓이더라도 이미 참말을 한 것이 되므로 A는 범인일 수 없다.
> 따라서 A가 형사라면 "나는 범인이다."라는 말이 거짓이 되고, "B는 형사이다."라는 말도 거짓이 되면 둘 다 거짓이 되므로 A는 형사일 수 없다.
> 그러므로 "B는 형사이다."는 참이 되어야 하므로 A, B 모두 형사가 되어야 한다.

27 A, B, C, D, E 다섯 명 중 출장을 가는 사람이 있다. 출장을 가는 사람은 반드시 참을 말하고, 출장에 가지 않는 사람은 반드시 거짓을 말한다. 다음과 같이 각자 말했을 때 항상 참인 것은?

A : E가 출장을 가지 않는다면, D는 출장을 간다.
B : D가 출장을 가지 않는다면, A는 출장을 간다.
C : A는 출장을 가지 않는다.
D : 2명 이상이 출장을 간다.
E : C가 출장을 간다면 A도 출장을 간다.

---

① 최소 1명, 최대 3명이 출장을 간다.

② C는 출장을 간다.

③ E는 출장을 가지 않는다.

④ A와 C는 같이 출장을 가거나, 둘 다 출장을 가지 않는다.

⑤ A가 출장을 가면 B도 출장을 간다.

✔해설
- C의 진술이 참이면, C는 출장을 가는 사람이고 A는 출장을 가지 않는다. → A는 출장을 가지 않으므로 A의 진술은 거짓이며, 그 부정인 'E가 출장을 가지 않는다면, D는 출장을 가지 않는다.'는 참이다. → 이 경우, E와 D의 진술은 거짓이다.
- E의 진술이 거짓이면, E는 출장을 가지 않는 사람이고 E의 진술의 부정인 'C가 출장을 간다면, A는 출장을 가지 않는다.'는 참이다. → C는 출장을 가는 사람이므로 C의 진술은 참이고, A는 출장을 가지 않으므로 A의 진술은 거짓이다. → 따라서 A의 진술의 부정인 'E가 출장을 가지 않는다면, D는 출장을 가지 않는다.'는 참이고, D는 출장을 가지 않는다.
- D의 진술이 거짓이면, 실제 출장을 가는 사람은 2명 미만으로 1명만 출장을 간다. 이 경우, E의 진술은 거짓이고, 그 부정인 'C가 출장을 간다면 A는 출장을 가지 않는다.'는 참이다. → A는 출장을 가지 않으므로 A의 진술은 거짓이며, 그 부정인 'E가 출장을 가지 않는다면, D는 출장을 가지 않는다.'는 참이다. → 따라서 B의 진술 역시 거짓이다.

28 경찰서에서 목격자 세 사람이 범인에 관하여 다음과 같이 진술하였다.

A : 은이가 범인이거나 영철이가 범인입니다.
B : 영철이가 범인이거나 숙이가 범인입니다.
C : 은이가 범인이 아니거나 또는 숙이가 범인이 아닙니다.

경찰에서는 이미 이 사건이 한 사람의 단독 범행인 것을 알고 있었다. 그리고 한 진술은 거짓이고 나머지 두 진술은 참이라는 것이 나중에 밝혀졌다. 그러나 안타깝게도 어느 진술이 거짓인지는 밝혀지지 않았다면 다음 중 반드시 거짓인 것은?

① 은이가 범인이다.
② 영철이가 범인이다.
③ 숙이가 범인이다.
④ 숙이는 범인이 아니다.
⑤ 은이가 범인이 아니면 영철이도 범인이 아니다.

✔해설 은이만 범인이면 목격자 A 참, 목격자 B 거짓, 목격자 C 참
영철이만 범인이면 목격자 A 참, 목격자 B 참, 목격자 C 참
숙이만 범인이면 목격자 A 거짓, 목격자 B 참, 목격자 C 참

Answer 26.③ 27.② 28.②

29 다음 글의 내용이 참일 때 반드시 참인 것은?

A국은 B국의 동태를 살피도록 세 명의 사절을 파견하였다. 세 명의 사절은 각각 세 가지 주장을 했는데, 각 사절들의 주장 중 둘은 참이고 나머지 하나는 거짓이다.

사절 1
• B국은 군수물자를 확보할 수 있다면 전쟁을 일으킬 것이다.
• B국은 문화적으로 미개하지만 우리나라의 문화에 관심을 많이 갖고 있다.
• B국은 종래의 봉건적인 지배권이 약화되어 있고 정치적으로도 무척 혼란스러운 상황이다.

사절 2
• B국이 전쟁을 일으킨다면 약하지 않았던 종래의 봉건적인 지배권이 한층 더 강화될 것이다.
• B국은 우리나라의 문화에 관심을 많이 갖고 있을 뿐만 아니라 독창적이고 훌륭한 문화를 발전시켜 왔다.
• B국에는 서양 상인들이 많이 들어와 활동하고 있으며 신흥 상업 도시가 발전되어 있지만, 종래의 봉건적인 지배권이 약화되었다고 보기 어렵다.

사절 3
• B국은 약하지 않았던 종래의 봉건적인 지배권을 한층 더 강화하고 있다.
• B국은 군수물자를 확보하고 있기는 하지만 전쟁을 일으킬 생각은 없는 것이 분명하다.
• B국의 신흥 상업 도시가 더욱 발전한다면 우리나라의 문화에도 더욱 큰 관심을 갖게 될 것이다.

① B국은 문화적으로 미개하다.
② B국은 정치적으로 안정되어 있다.
③ B국은 군수물자를 확보하고 있다.
④ B국은 A국의 문화에 관심이 없다.
⑤ B국은 전쟁을 일으킬 생각이 없다.

✔해설 사절 1과 사절 2의 주장으로 보면 서로 반대되는 내용이 있다.
사절 1 – 문화적으로 미개 / 봉건적 지배권 약화
사절 2 – 독창적이고 훌륭한 문화 / 봉건적 지배권이 약화되었다고 보기 어려움
각 사절의 주장 중 2개는 옳고 나머지 한 개는 거짓이므로 이 두 가지 주장을 제외한 한 주장은 무조건 옳은 것이 된다.
즉, 사절 1의 첫 번째 주장이 참이고, 사절 3의 두 번째 주장이 거짓일 경우 사절 3의 나머지 주장은 참이 된다. 그런데 사절 3의 첫 번째 주장이 참이라면 사절 2의 첫 번째 주장은 참이고 사절 1의 3번째 주장은 거짓이 된다. 사절 1의 세 번째 주장이 거짓이면 사절 1의 나머지 주장들은 참이 된다. B국이 문화적으로 미개하다는 사절 1의 두 번째 주장이 참이면 사절 2의 두 번째 주장은 거짓이 되고, 사절 2의 나머지 주장들은 참이 된다.
그러므로 B국은 문화적으로 미개하다는 주장이 옳다.

30 제시된 자료는 복리후생 제도 중 직원의 교육비 지원에 대한 내용이다. 다음 중 ㈎~㈐ 직원 4명의 총 교육비 지원 금액은 얼마인가?

〈교육비 지원 기준〉
- 임직원 본인의 대학 및 대학원 학비 : 100% 지원
- 임직원 가족의 대학 및 대학원 학비
  - 임직원의 직계 존비속 : 80% 지원
  - 임직원의 형제 및 자매 : 50% 지원 (단, 직계 존비속 지원이 우선되며, 해당 신청이 없을 경우에 한하여 지급함)
  - 교육비 지원 신청은 본인 포함 최대 2인에 한한다.

〈교육비 신청내용〉
㈎ 직원 – 본인 대학원 학비 3백만 원, 동생 대학 학비 2백만 원
㈏ 직원 – 딸 대학 학비 2백만 원
㈐ 직원 – 본인 대학 학비 3백만 원, 아들 대학 학비 4백만 원, 동생 대학원 학비 2백만 원
㈑ 직원 – 본인 대학원 학비 2백만 원, 딸 대학 학비 2백만 원, 아들 대학원 학비 2백만 원, 동생 대학원 학비 3백만 원

---

① 14,400,000원

② 15,400,000원

③ 16,400,000원

④ 17,400,000원

⑤ 18,400,000원

✔ 해설 아들, 딸은 직계 존비속이다. 본인은 100%, 직계 존비속 80%, 형제·자매는 50%
㈎ – 본인 300 + 동생 $200 \times 0.5 = 100$
㈏ – 딸 $200 \times 0.8 = 160$
㈐ – 본인 300 + 아들 $400 \times 0.8 = 320$
㈑ – 본인 200 + 딸 $200 \times 0.8 = 160$
모두 합하면 $300 + 100 + 160 + 300 + 320 + 200 + 160 = 1,540$만 원

---

31 다음 주어진 표를 보고 단기계약을 체결한 은영이네가 납부해야 할 수도요금으로 옳은 것은?

요금단가

원/m³

구분	계	기본요금	사용요금
원수	233.7	70.0	163.7
정수	432.8	130.0	302.8
침전수	328.0	98.0	230.0

단기계약

구분		내용
계약기간		1년 이내, 계약량 변경(6회/년) 가능
요금		기본요금 + 사용요금
계산방법	기본요금	계약량×기본요금단가 ※ 사용량이 계약량을 초과하는 경우 기본요금은 월간사용량의 120% 한도액으로 적용
	사용요금	사용량×사용요금단가 ※ 월간계약량의 120%를 초과하여 사용한 경우 다음을 가산 사용요금단가×월간계약량의 120% 초과사용량

은영이네 수도사용량

- 원수 사용
- 월간계약량 100m³
- 월간사용량 125m³

① 22,552원
② 26,876원
③ 29,681원
④ 31,990원
⑤ 37,651원

✔해설 기본요금 : $70.0 \times 120 = 8,400$원
사용요금 : $(163.7 \times 125) + (163.7 \times 5) = 20,462.5 + 818.5 = 21,281$원
요금합계 : $8,400 + 21,281 = 29,681$원

32 영식이는 자신의 업무에 필요하다고 생각하여 국제인재개발원에서 수강할 과목을 선택하려고 한다. 영식이가 선택할 과목에 대해 주변의 지인 A ~ E가 다음과 같이 진술하였는데 이 중 한 사람의 진술은 거짓이고 나머지 사람들의 진술은 모두 참인 것으로 밝혀졌다. 영식이가 반드시 수강할 과목만으로 바르게 짝지어진 것은?

> A : 영어를 수강할 경우 중국어도 수강한다.
> B : 영어를 수강하지 않을 경우, 일본어도 수강하지 않는다.
> C : 영어와 중국어 중 적어도 하나를 수강한다.
> D : 일본어를 수강할 경우에만 중국어를 수강한다.
> E : 일본어를 수강하지만 영어는 수강하지 않는다.

① 일본어

② 영어

③ 일본어, 중국어

④ 일본어, 영어

⑤ 일본어, 영어, 중국어

✔ **해설** A : 영어 → 중국어
B : ~영어 → ~일본어, 일본어 → 영어
C : 영어 또는 중국어
D : 일본어 ↔ 중국어
E : 일본어
㉠ B는 참이고 E는 거짓인 경우
　영어와 중국어 중 하나는 반드시 수강한다(C).
　영어를 수강할 경우 중국어를 수강(A), 일본어를 수강(D)
　중국어를 수강할 경우 일본어를 수강(D), 영어를 수강(E는 거짓이므로) → 중국어도 수강(A)
　그러므로 B가 참인 경우 일본어, 중국어, 영어 수강
㉡ B가 거짓이고 E가 참인 경우
　일본어를 수강하고 영어를 수강하지 않으므로(E) 반드시 중국어를 수강한다(C).
　중국어를 수강하므로 일본어를 수강한다(D).
　그러므로 E가 참인 경우 일본어, 중국어 수강
　영식이가 반드시 수강할 과목은 일본어, 중국어이다.

33 갑, 을, 병, 정, 무 다섯 명이 자유형, 배영, 접영, 평영을 한 번씩 사용하여 400m를 수영하려 한다. 레인은 1번부터 5번 레인을 사용하며 100m마다 다른 수영 방식을 사용한다. 단, 각 레인마다 1명씩 배정이 되며, 이웃한 레인에 있는 사람들은 같은 구간에서 동일한 수영 방식을 사용할 수 없다. 다음 중 4번 레인을 사용하는 사람의 구간별 수영 방식을 순서대로 바르게 나열한 것은?

- 2번과 4번 레인을 사용하는 사람들은 첫 번째 구간에서 같은 수영 방식을 사용하되, 자유형은 사용할 수 없다.
- 을, 정은 네 번째 구간에서만 같은 수영 방식을 사용한다.
- 갑은 3번 레인을 사용하고 두 번째 구간에서 자유형을 한다.
- 을은 네 번째 구간에서 배영을 하고, 세 번째 구간에서는 갑과 같은 수영방식을 사용한다.
- 무는 5번 레인을 사용하고, 첫 번째 구간에서는 평영, 네 번째 구간에서는 자유형을 한다.

---

① 접영 – 평영 – 배영 – 자유형
② 배영 – 접영 – 평영 – 자유형
③ 배영 – 평영 – 자유형 – 접영
④ 접영 – 평영 – 자유형 – 배영
⑤ 접영 – 배영 – 자유형 – 평영

✔️ **해설** 이웃한 레인끼리는 동일한 수영 방식을 사용할 수 없음을 주의하며 위의 조건에 따라 정리하면

구간 \ 레인	1번 레인 을	2번 레인 병	3번 레인 갑	4번 레인 정	5번 레인 무
첫 번째 구간	자유형	접영	배영	접영	평영
두 번째 구간	접영	배영	자유형	평영	접영
세 번째 구간	평영	자유형	평영	자유형	배영
네 번째 구간	배영	평영	접영	배영	자유형

34 다음 글의 내용과 날씨를 근거로 판단할 경우 종아가 여행을 다녀온 시기로 가능한 것은?

- 종아는 선박으로 '포항 → 울릉도 → 독도 → 울릉도 → 포항' 순으로 3박 4일의 여행을 다녀왔다.
- '포항 → 울릉도' 선박은 매일 오전 10시, '울릉도 → 포항' 선박은 매일 오후 3시에 출발하며, 편도 운항에 3시간이 소요된다.
- 울릉도에서 출발해 독도를 돌아보는 선박은 매주 화요일과 목요일 오전 8시에 출발하여 당일 오전 11시에 돌아온다.
- 최대 파고가 3m 이상인 날은 모든 노선의 선박이 운항되지 않는다.
- 종아는 매주 금요일에 술을 마시는데, 술을 마신 다음날은 멀미가 심해 선박을 탈 수 없다.
- 이번 여행 중 종아는 울릉도에서 호박엿 만들기 체험을 했는데, 호박엿 만들기 체험은 매주 월·금요일 오후 6시에만 할 수 있다.

날씨

(㊅ : 최대 파고)

日	月	火	水	木	金	土
16	17	18	19	20	21	22
㊅ 1.0m	㊅ 1.4m	㊅ 3.2m	㊅ 2.7m	㊅ 2.8m	㊅ 3.7m	㊅ 2.0m
23	24	25	26	27	28	29
㊅ 0.7m	㊅ 3.3m	㊅ 2.8m	㊅ 2.7m	㊅ 0.5m	㊅ 3.7m	㊅ 3.3m

① 19일(水) ~ 22일(土) ② 20일(木) ~ 23일(日)
③ 23일(日) ~ 26일(水) ④ 25일(火) ~ 28일(金)
⑤ 26일(水) ~ 29일(土)

 ① 19일 수요일 오후 1시 울릉도 도착, 20일 목요일 독도 방문, 22일 토요일은 복귀하는 날인데 종아는 매주 금요일에 술을 마시므로 멀미로 인해 선박을 이용하지 못하므로 불가능
② 20일 목요일 오후 1시 울릉도 도착, 독도는 화요일과 목요일만 출발하므로 불가능
③ 23일 일요일 오후 1시 울릉도 도착, 24일 월요일 호박엿 만들기 체험, 25일 화요일 독도 방문, 26일 수요일 포항 도착
④ 25일 화요일 오후 1시 울릉도 도착, 27일 목요일 독도 방문, 28일 금요일 호박엿 만들기 체험은 오후 6시인데, 복귀하는 선박은 오후 3시 출발이라 불가능
⑤ 26일 수요일 오후 1시 울릉도 도착, 27일 목요일 독도 방문, 28일 금요일 호박엿 만들기 체험, 매주 금요일은 술을 마시므로 다음날 선박을 이용하지 못하며, 29일은 파고가 3m를 넘어 선박이 운항하지 않아 불가능

Answer 33.④ 34.③

35 다음 내용과 전투능력을 가진 생존자 현황을 근거로 판단할 경우 생존자들이 탈출할 수 있는 경우로 옳은 것은? (단, 다른 조건은 고려하지 않는다)

- 좀비 바이러스에 의해 라쿤 시티에 거주하던 많은 사람들이 좀비가 되었다. 건물에 갇힌 생존자들은 동, 서, 남, 북 4개의 통로를 이용해 5명씩 탈출을 시도한다. 탈출은 통로를 통해서만 가능하며, 한 쪽 통로를 선택하면 되돌아올 수 없다.
- 동쪽 통로에 11마리, 서쪽 통로에 7마리, 남쪽 통로에 11마리, 북쪽 통로에 9마리의 좀비들이 있다. 선택한 통로의 좀비를 모두 제거해야만 탈출할 수 있다.
- 남쪽 통로의 경우, 통로 끝이 막혀 탈출을 할 수 없지만 팀에 폭파전문가가 있다면 다이너마이트를 사용하여 막힌 통로를 뚫고 탈출할 수 있다.
- 전투란 생존자가 좀비를 제거하는 것을 의미하며 선택한 통로에서 일시에 이루어진다.
- 전투능력은 정상인 건강상태에서 해당 생존자가 전투에서 제거하는 좀비의 수를 의미하며, 질병이나 부상상태인 사람은 그 능력이 50%로 줄어든다.
- 전투력 강화제는 건강상태가 정상인 생존자들 중 1명에게만 사용할 수 있으며, 전투능력을 50% 향상시킨다. 사용 가능한 대상은 의사 혹은 의사의 팀 내 구성원이다.
- 생존자의 직업은 다양하며, 아이와 노인은 전투능력과 보유품목이 없고 건강상태는 정상이다.

전투능력을 가진 생존자 현황

직업	인원	전투능력	건강상태	보유품목
경찰	1명	6	질병	–
헌터	1명	4	정상	–
의사	1명	2	정상	전투력 강화제 1개
사무라이	1명	8	정상	–
폭파전문가	1명	4	부상	다이너마이트

	탈출 통로	팀 구성 인원
①	동쪽 통로	폭파전문가 – 사무라이 – 노인 3명
②	서쪽 통로	헌터 – 경찰 – 아이 2명 – 노인
③	남쪽 통로	헌터 – 폭파전문가 – 아이 – 노인 2명
④	남쪽 통로	폭파전문가 – 헌터 – 의사 – 아이 2명
⑤	북쪽 통로	경찰 – 의사 – 아이 2명 – 노인

✔ 해설 실제 전투능력을 정리하면 경찰(3), 헌터(4), 의사(2), 사무라이(8), 폭파전문가(2)이다.
이를 토대로 탈출 통로의 좀비수와 처치 가능 좀비수를 계산해 보면
① 동쪽 통로 11마리 좀비
　 폭파전문가(2), 사무라이(8)하면 10마리의 좀비를 처치 가능
② 서쪽 통로 7마리 좀비
　 헌터(4), 경찰(3)하면 7마리의 좀비 모두 처치 가능
③ 남쪽 통로 11마리 좀비
　 헌터(4), 폭파전문가(2) 6마리의 좀비 처치 가능
④ 남쪽 통로 11마리 좀비
　 폭파전문자(2), 헌터(4)-전투력 강화제(2), 의사(2) 10마리의 좀비 처치 가능
⑤ 북쪽 통로 9마리 좀비
　 경찰(3), 의사(2)-전투력 강화제(1) 6마리의 좀비 처치 가능

36 다음 내용을 근거로 판단할 때 참말을 한 사람은 누구인가?

> A 동아리 학생 5명은 각각 B 동아리 학생들과 30회씩 가위바위보 게임을 하였다. 각 게임에서 이길 경우 5점, 비길 경우 1점, 질 경우 −1점을 받는다. 게임이 모두 끝나자 A 동아리 학생 5명은 자신들이 얻은 합산 점수를 다음과 같이 말하였다.
>
> 갑 : 내 점수는 148점이다.
> 을 : 내 점수는 145점이다.
> 병 : 내 점수는 143점이다.
> 정 : 내 점수는 140점이다.
> 무 : 내 점수는 139점이다.
>
> 이들 중 한 명만 참말을 하고 있다.

① 갑   ② 을
③ 병   ④ 정
⑤ 무

✔ **해설** 가위바위보를 해서 모두 이기면 $30 \times 5 = 150$점이 된다.
여기서 한 번 비기면 총점에서 4점이 줄고, 한 번 지면 총점에서 6점이 줄어든다.
만약 29번 이기고 1번 지게 되면 $(29 \times 5) + (-1) = 144$점이 된다.
즉, 150점에서 −6, 또는 −4를 통해서 나올 수 있는 점수를 가진 사람만이 참말을 하는 것이다.
정의 점수 140점은 1번 지고, 1번 비길 경우 나올 수 있다.
$(28 \times 5) + 1 - 1 = 140$

37 다음 글의 내용이 참일 때, 반드시 참인 것은?

> 전 세계적으로 금융위기로 인해 그 위기의 근원지였던 미국의 경제가 상당히 피해를 입었다. 미국에서는 경제 회복을 위해 통화량을 확대하는 양적완화 정책을 실시할 것인지를 두고 논란이 있었다. 미국의 양적완화는 미국 경제회복에 효과가 있겠지만, 국제 경제에 적지 않은 영향을 줄 수 있기 때문이다.
> 미국이 양적완화를 실시하면, 달러화의 가치가 하락하고 우리나라의 달러 환율도 하락한다. 우리나라의 달러 환율이 하락하면 우리나라의 수출이 감소한다. 우리나라 경제는 대외 의존도가 높기 때문에 경제의 주요 지표들이 개선되기 위해서는 수출이 감소하면 안 된다.
> 또 미국이 양적완화를 중단하면 미국 금리가 상승한다. 미국 금리가 상승하면 우리나라 금리가 상승하고, 우리나라 금리가 상승하면 우리나라에 대한 외국인 투자가 증가한다. 또한 우리나라 금리가 상승하면 우리나라의 가계부채 문제가 심화된다. 가계부채 문제가 심화되는 나라의 국내 소비는 감소한다. 국내 소비가 감소하면, 경제의 전망이 어두워진다.

① 우리나라의 수출이 증가했다면 달러화 가치가 하락했을 것이다.

② 우리나라의 가계부채 문제가 심화되었다면 미국이 양적완화를 중단했을 것이다.

③ 우리나라에 대한 외국인 투자가 감소하면 우리나라 경제의 전망이 어두워질 것이다.

④ 우리나라 경제의 주요 지표들이 개선되었다면 우리나라의 달러 환율이 하락하지 않았을 것이다.

⑤ 우리나라의 국내 소비가 감소하지 않았다면 우리나라에 대한 외국인 투자가 감소하지 않았을 것이다.

✔해설 양적완화를 실시하면 달러화 가치가 하락하고 달러 환율이 하락하면 우리나라의 수출이 감소하고 경제지표가 악화된다.
양적완화를 중단하면 미국의 금리가 상승하고 우리나라의 금리도 상승하며 외국인의 투자가 증가한다. 또한 우리나라의 금리가 상승하면 가계부채 문제가 심화되고 이는 국내 소비를 감소시키며 경제 침체를 유발한다.
① 수출이 증가하면 달러화 가치는 상승한다.
② 우리나라의 가계부채가 미국의 양적완화에 영향을 미치지는 않는다.
③⑤ 외국인 투자가 우리나라 경제에 미치는 영향은 알 수 없다.

38 다음 글을 근거로 유추할 경우 옳은 내용만을 바르게 짝지은 것은?

◎ 9명의 참가자는 1번부터 9번까지의 번호 중 하나를 부여 받고, 동시에 제비를 뽑아 3명은 범인, 6명은 시민이 된다.

◎ '1번의 오른쪽은 2번, 2번의 오른쪽은 3번, …, 8번의 오른쪽은 9번, 9번의 오른쪽은 1번'과 같이 번호 순서대로 동그랗게 앉는다.

◎ 참가자는 본인과 바로 양 옆에 앉은 사람이 범인인지 시민인지 알 수 있다.

◎ "옆에 범인이 있다."라는 말은 바로 양 옆에 앉은 2명 중 1명 혹은 2명이 범인이라는 뜻이다.

◎ "옆에 범인이 없다."라는 말은 바로 양 옆에 앉은 2명 모두 범인이 아니라는 뜻이다.

◎ 범인은 거짓말만 하고, 시민은 참말만 한다.

㉠ 1, 4, 6, 7, 8번의 진술이 "옆에 범인이 있다."이고, 2, 3, 5, 9번의 진술이 "옆에 범인이 없다."일 때, 8번이 시민임을 알면 범인들을 모두 찾아낼 수 있다.

㉡ 만약 모두가 "옆에 범인이 있다."라고 진술한 경우, 범인이 부여받은 번호의 조합은 (1, 4, 7) / (2, 5, 8) / (3, 6, 9) 3가지이다.

㉢ 한 명만이 "옆에 범인이 없다."라고 진술한 경우는 없다.

① ㉡
② ㉢
③ ㉠㉡
④ ㉠㉢
⑤ ㉠㉡㉢

✔**해설** ㉠ "옆에 범인이 있다."고 진술한 경우를 ○, "옆에 범인이 없다."고 진술한 경우를 ×라고 하면

1	2	3	4	5	6	7	8	9
○	×	×	○	×	○	○	○	×
							시민	

• 9번이 범인이라고 가정하면

9번은 "옆에 범인이 없다."고 진술하였으므로 8번과 1번 중에 범인이 있어야 한다. 그러나 8번이 시민이므로 1번이 범인이 된다. 1번은 "옆에 범인이 있다."라고 진술하였으므로 2번과 9번에 범인이 없어야 한다. 그러나 9번이 범인이므로 모순이 되어 9번은 범인일 수 없다.

• 9번이 시민이라고 가정하면

9번은 "옆에 범인이 없다."라고 진술하였으므로 1번도 시민이 된다. 1번은 "옆에 범인이 있다."라고 진술하였으므로 2번은 범인이 된다. 2번은 "옆에 범인이 없다."라고 진술하였으므로 3번도 범인이 된다. 8번은 시민인데 "옆에 범인이 있다."라고 진술하였으므로 9번은 시민이므로 7번은 범인이 된다. 그러므로 범인은 2, 3, 7번이고 나머지는 모두 시민이 된다.

㉡ 모두가 "옆에 범인이 있다."라고 진술하면 시민 2명, 범인 1명의 순으로 반복해서 배치되므로 옳은 설명이다.

ⓒ 다음과 같은 경우가 있음으로 틀린 설명이다.

1	2	3	4	5	6	7	8	9
○	○	○	○	○	○	○	×	○
범인	시민	시민	범인	시민	범인	시민	시민	시민

39 취업을 준비하고 있는 A, B, C, D, E 5명이 지원한 회사는 각각 (가), (나), (다), (라), (마) 중 한 곳이다. 5명이 모두 서류전형에 합격하여 NCS 직업기초능력평가를 보러 가는데, 이때 지하철, 버스, 택시 중 한 가지를 타고 가려고 한다. 다음 중 옳지 않은 것은? (단, 한 가지 교통수단은 최대 2명만 이용할 수 있고, 한 사람도 이용하지 않는 교통수단은 없다)

> ㉠ 버스는 (가), (나), (다), (마)를 지원한 사람의 회사를 갈 수 있다.
> ㉡ A는 (다)을 지원했다.
> ㉢ E는 어떤 교통수단을 이용해도 지원한 회사에 갈 수 있다.
> ㉣ 지하철에는 D를 포함한 두 사람이 탄다.
> ㉤ B가 탈 수 있는 교통수단은 지하철뿐이다.
> ㉥ 버스와 택시가 지나가는 회사는 (가)을 제외하고 중복되지 않는다.

① B와 D는 같이 지하철을 이용한다.

② E는 택시를 이용한다.

③ A는 버스를 이용한다.

④ E는 (라)을 지원했다.

⑤ A는 (다)에 지원했다.

> ✓해설 ㉣㉤에 의해 B, D가 지하철을 이용함을 알 수 있다.
> ㉢㉥에 의해 E는 (가)에 지원했음을 알 수 있다.
> ㉤에 의해 B는 (라)에 지원했음을 알 수 있다.
> A와 C는 버스를 이용하고, E는 택시를 이용한다.
> A는 (다), B는 (라), C와 D는 (나) 또는 (마), E는 (가)에 지원했다.

40 다음의 내용을 근거로 판단할 때 옳은 내용만을 바르게 짝지은 것은?

> - 직원이 50명인 서원각은 야유회에서 경품 추첨 행사를 한다.
> - 직원들은 1명당 3장의 응모용지를 받고, 1~100 중 원하는 수 하나씩을 응모용지별로 적어서 제출한다. 한 사람당 최대 3장까지 원하는 만큼 응모할 수 있고, 모든 응모용지에 동일한 수를 적을 수 있다.
> - 사장이 1~100 중 가장 좋아하는 수 하나를 고르면 해당 수를 응모한 사람이 당첨자로 결정된다. 해당 수를 응모한 사람이 없으면 사장은 당첨자가 나올 때까지 다른 수를 고른다.
> - 당첨 선물은 사과 총 100개이고, 당첨된 응모용지가 n장이면 응모용지 1장당 사과를 $\frac{100}{n}$개씩 나누어 준다.
> - 만약 한 사람이 2장의 응모용지에 똑같은 수를 써서 당첨된다면 2장 몫의 사과를 받고, 3장일 경우는 3장 몫의 사과를 받는다.

> ㉠ 직원 갑과 을이 함께 당첨된다면 갑은 최대 50개의 사과를 받는다.
> ㉡ 직원 중에 갑과 을 두 명만이 사과를 받는다면 갑은 최소 25개의 사과를 받는다.
> ㉢ 당첨된 수를 응모한 직원이 갑 밖에 없다면, 갑이 그 수를 1장 써서 응모하거나 3장 써서 응모하거나 같은 개수의 사과를 받는다.

① ㉠

② ㉢

③ ㉠, ㉡

④ ㉠, ㉢

⑤ ㉡, ㉢

 ㉠ 갑과 을이 함께 당첨이 될 경우 갑이 최대로 받기 위해서는 3장의 응모용지에 모두 같은 수를 써서 당첨이 되어야 하고, 을은 1장만 당첨이 되어야 한다. 갑은 총 4장의 응모용지 중 3장이 당첨된 것이 므로 $\frac{3}{4} \times 100 = 75$개, 을은 25개를 받는다. 갑은 최대 75개의 사과를 받는다.

㉡ ㉠과 같은 맥락으로 갑이 최소로 받게 되는 사과의 개수는 25개가 된다.

㉢ 갑이 1장만으로 당첨이 되었을 경우 받을 수 있는 사과의 개수는 $\frac{100}{1} = 100$개 갑이 3장을 써서 모두 같은 수로 당첨이 되었을 경우 받을 수 있는 사과의 개수는 $\frac{100}{3} \times 3 = 100$개 모두 같은 개수의 사과를 받는다.

▌41~42 ▌ 다음 글은 어린이집 입소기준에 대한 규정이다. 다음 글을 읽고 물음에 답하시오.

어린이집 입소기준

- 어린이집의 장은 당해시설에 결원이 생겼을 때마다 '명부 작성방법' 및 '입소 우선순위'를 기준으로 작성된 명부의 선 순위자를 우선 입소조치 한다.

명부작성방법

- 동일 입소신청자가 1·2순위 항목에 중복 해당되는 경우, 해당 항목별 점수를 합하여 점수가 높은 순으로 명부를 작성함
- 1순위 항목당 100점, 2순위 항목당 50점 산정
  - 다만, 2순위 항목만 있는 경우 점수합계가 1순위 항목이 있는 자보다 같거나 높더라도 1순위 항목이 있는 자보다 우선순위가 될 수 없으며, 1순위 항목점수가 동일한 경우에 한하여 2순위 항목에 해당될 경우 추가 합산 가능함
- 영유아 2자녀 이상 가구가 동일 순위일 경우 다자녀가구 자녀가 우선입소
- 대기자 명부 조정은 매분기 시작 월 1일을 기준으로 함

입소 우선순위

- 1순위
  - 국민기초생활보장법에 따른 수급자
  - 국민기초생활보장법 제24조의 규정에 의한 차상위계층의 자녀
  - 장애인 중 보건복지부령이 정하는 장애 등급 이상에 해당하는 자의 자녀
  - 아동복지시설에서 생활 중인 영유아
  - 다문화가족의 영유아
  - 자녀가 3명 이상인 가구 또는 영유아가 2자녀 가구의 영유아
  - 산업단지 입주기업체 및 지원기관 근로자의 자녀로서 산업 단지에 설치된 어린이집을 이용하는 영유아
- 2순위
  - 한부모 가족의 영유아
  - 조손 가족의 영유아
  - 입양된 영유아

41 어린이집에 근무하는 A씨가 접수합계를 내보니, 두 영유아가 1순위 항목에서 동일한 점수를 얻었다. 이 경우에는 어떻게 해야 하는가?

① 두 영유아 모두 입소조치 한다.

② 다자녀가구 자녀를 우선 입소조치 한다.

③ 한부모 가족의 영유아를 우선 입소조치 한다.

④ 2순위 항목에 해당될 경우 1순위 항목에 추가합산 한다.

⑤ 두 영유아 모두 입소조치 하지 않는다.

> ✔ 해설 명부작성방법에서 1순위 항목점수가 동일한 경우에 한하여 2순위 항목에 해당될 경우 추가합산 가능하다고 나와 있다.

42 다음에 주어진 영유아들의 입소순위로 높은 것부터 나열한 것은?

> ㉠ 혈족으로는 할머니가 유일하나, 현재는 아동복지시설에서 생활 중인 영유아
> ㉡ 아버지를 여의고 어머니가 근무하는 산업단지에 설치된 어린이집을 동생과 함께 이용하는 영유아
> ㉢ 동남아에서 건너온 어머니와 가장 높은 장애 등급을 가진 한국인 아버지가 국민기초생활보장법에 의한 차상위 계층에 해당되는 영유아

① ㉠ - ㉡ - ㉢   ② ㉡ - ㉠ - ㉢

③ ㉡ - ㉢ - ㉠   ④ ㉢ - ㉠ - ㉡

⑤ ㉢ - ㉡ - ㉠

> ✔ 해설 ㉢ 300점
> ㉡ 250점
> ㉠ 150점

43 △△부서에서 다음 년도 예산을 편성하기 위해 전년도 시행되었던 정책들을 평가하여 다음과 같은 결과를 얻었다. △△부서의 예산 편성에 대한 설명으로 옳지 않은 것은?

〈정책 평가 결과〉

정책	계획의 충실성	계획 대비 실적	성과지표 달성도
A	96	95	76
B	93	83	81
C	94	96	82
D	98	82	75
E	95	92	79
F	95	90	85

- 정책 평가 영역과 각 영역별 기준 점수는 다음과 같다
- 계획의 충실성 : 기준 점수 90점
- 계획 대비 실적 : 기준 점수 85점
- 성과지표 달성도 : 기준 점수 80점
- 평가 점수가 해당 영역의 기준 점수 이상인 경우 '통과'로 판단하고 기준 점수 미만인 경우 '미통과'로 판단한다.
- 모든 영역이 통과로 판단된 정책에는 전년과 동일한 금액을 편성하며, 2개 영역이 통과로 판단된 정책에는 10% 감액, 1개 영역이 통과로 판단된 정책에는 15% 감액하여 편성한다. 다만 '계획 대비 실적' 영역이 미통과인 경우 위 기준과 상관없이 15% 감액하여 편성한다.
- 전년도 甲부서의 A~F 정책 예산은 각각 20억 원으로 총 120억 원이었다.

① 전년도와 비교하여 예산의 삭감 없이 예산이 편성될 정책은 2개 이상이다.

② '성과지표 달성도' 평가에서 '통과'를 받았음에도 예산을 감액해야하는 정책이 있다.

③ 전년 대비 10% 감액하게 될 정책은 총 3개이다.

④ 전년 대비 15% 감액하여 편성될 정책은 모두 '계획 대비 실적'에서 '미통과' 되었을 것이다.

⑤ 甲부서의 올해 예산은 총 110억 원이 될 것이다.

✔️해설 ③ 전년 대비 10% 감액하게 될 정책은 '성과지표 달성도'에서만 '통과'를 받지 못한 A와 E정책이다.
① 전년도와 비교하여 동일한 금액이 편성될 정책은 C, F이다.
② B정책은 '성과지표 달성도' 평가에서 '통과'를 받았음에도 예산을 감액해야하는 정책이다.
④ 전년 대비 15% 감액하여 편성하게 될 정책은 B, D정책으로 두 정책 모두 '계획 대비 실적'에서 '미통과' 되었다.
⑤ 전년 대비 10% 감액하여 편성하게 될 정책은 2개(A, E정책), 전년 대비 15% 감액하여 편성하게 될 정책은 2개(B, D정책)으로 총 10억이 감액되어 올해 예산은 총 110억 원이 될 것이다.

Answer 41.④ 42.⑤ 43.③

44 다음 상황과 조건을 근거로 판단할 때 옳은 것은?

〈상황〉

보건소에서는 4월 1일(월)부터 한 달 동안 재학생을 대상으로 금연교육, 금주교육, 성교육을 각각 4,
3, 2회 실시하려는 계획을 가지고 있다.

〈조건〉

• 금연교육은 정해진 같은 요일에만 주 1회 실시하고, 화·수·목요일 중 해야 한다.
• 금주교육은 월·금요일을 제외한 다른 요일에 시행하며, 주 2회 이상 실시하지 않는다.
• 성교육은 10일 이전, 같은 주에 이틀 연속으로 실시한다.
• 22~26일은 중간고사 기간이며, 이 기간에는 어떠한 교육도 실시할 수 없다.
• 교육은 하루에 하나만 실시할 수 있으며, 주말에는 교육을 실시할 수 없다.
• 모든 교육은 반드시 4월내에 완료해야 한다.

① 4월의 마지막 날에도 교육이 있다.
② 금연교육이 가능한 요일은 화·수요일이다.
③ 금주교육은 마지막 주에도 실시된다.
④ 성교육이 가능한 일정 조합은 두 가지 이상이다.
⑤ 가장 많은 교육이 실시되는 주는 4월 두 번째 주이다.

✔ 해설	월	화	수	목	금	토	일
	1	2(금연)	3	4(성교육)	5(성교육)	6(X)	7(X)
	8	9(금연)	10	11	12	13(X)	14(X)
	15	16(금연)	17	18	19	20(X)	21(X)
	22(X)	23(X)	24(X)	25(X)	26(X)	27(X)	28(X)
	29	30(금연)					

• 화·수·목 중 금연교육을 4회 실시하기 위해 반드시 화요일에 해야 한다.
• 10일 이전, 같은 주에 이틀 연속으로 성교육을 실시할 수 있는 날짜는 4~5일 뿐이다.
• 금주교육은 (3,10,17), (3,10,18), (3,11,17), (3,11,18) 중 실시할 수 있다.

| 45~46 | 다음은 S공단에서 제공하는 휴양콘도 이용 안내문이다. 다음 안내문을 읽고 이어지는 물음에 답하시오.

▲ 휴양콘도 이용대상
• 주말, 성수기 : 월평균소득이 243만 원 이하 근로자
• 평일 : 모든 근로자(월평균소득이 243만 원 초과자 포함), 특수형태근로종사자
• 이용희망일 2개월 전부터 신청 가능
• 이용희망일이 주말, 성수기인 경우 최초 선정일 전날 23시 59분까지 접수 요망. 이후에 접수할 경우 잔여 객실 선정일정에 따라 처리

▲ 휴양콘도 이용우선순위
① 주말, 성수기
  • 주말 · 성수기 선정 박수가 적은 근로자
  • 이용가능 점수가 높은 근로자
  • 월평균소득이 낮은 근로자
※ 위 기준 순서대로 적용되며, 근로자 신혼여행의 경우 최우선 선정
② 평일 : 선착순

▲ 이용 · 변경 · 신청취소
• 선정결과 통보 : 이용대상자 콘도 이용권 이메일 발송
• 이용대상자로 선정된 후에는 변경 불가 → 변경을 원할 경우 신청 취소 후 재신청
• 신청취소는 「복지서비스 > 신청결과확인」 메뉴에서 이용일 10일 전까지 취소
  ※ 9일 전~1일 전 취소는 이용점수가 차감되며, 이용당일 취소 또는 취소 신청 없이 이용하지 않는 경우 (No-Show) 1년 동안 이용 불가
• 선정 후 취소 시 선정 박수에는 포함되므로 이용우선순위에 유의(평일 제외)
  ※ 기준년도 내 선정 박수가 적은 근로자 우선으로 자동선발하고, 차순위로 점수가 높은 근로자 순으로 선 발하므로 선정 후 취소 시 차후 이용우선순위에 영향을 미치니 유의하시기 바람
• 이용대상자로 선정된 후 타인에게 양도 등 부정사용 시 신청일 부터 5년간 이용 제한

▲ 기본점수 부여 및 차감방법 안내
☞ 매년(년1회) 연령에 따른 기본점수 부여
[월평균소득 243만 원 이하 근로자]

연령대	50세 이상	40~49세	30~39세	20~29세	19세 이하
점수	100점	90점	80점	70점	60점

※ 월평균소득 243만 원 초과 근로자, 특수형태근로종사자, 고용 · 산재보험 가입사업장 : 0점
☞ 기 부여된 점수에서 연중 이용점수 및 벌점에 따라 점수 차감

Answer 44.①

구분	이용점수(1박당)			벌점	
	성수기	주말	평일	이용취소 (9~1일전 취소)	No-show (당일취소, 미이용)
차감점수	20점	10점	0점	50점	1년 사용제한

▲ 벌점(이용취소, No-show)부과 예외
• 이용자의 배우자·직계존비속 또는 배우자의 직계존비속이 사망한 경우
• 이용자 본인·배우자·직계존비속 또는 배우자의 직계존비속이 신체이상으로 3일 이상 의료기관에 입원하여 콘도 이용이 곤란한 경우
• 운송기관의 파업·휴업·결항 등으로 운송수단을 이용할 수 없어 콘도 이용이 곤란한 경우
※ 벌점부과 예외 사유에 의한 취소 시에도 선정박수에는 포함되므로 이용우선순위에 유의하시기 바람

45 다음 중 위의 안내문을 보고 올바른 콘도 이용계획을 세운 사람은 누구인가?

① "난 이용가능 점수도 높아 거의 1순위인 것 같은데, 올 해엔 시간이 없으니 내년 여름휴가 때 이용할 콘도나 미리 예약해 둬야겠군."

② "경태 씨, 우리 신혼여행 때 휴양 콘도 이용 일정을 넣고 싶은데 이용가능점수도 낮고 소득도 좀 높은 편이라 어려울 것 같네요."

③ "여보, 지난 번 신청한 휴양콘도 이용자 선정 결과가 아직 안 나왔나요? 신청할 때 제 전화번호를 기재했다고 해서 계속 기다리고 있는데 전화가 안 오네요."

④ "영업팀 최 부장님은 50세 이상이라서 기본점수가 높지만 지난 번 성수기에 2박 이용을 하셨으니 아직 미사용 중인 20대 엄 대리가 점수 상으로는 좀 더 선정 가능성이 높겠군."

⑤ "총무팀 박 대리는 엊그제 아버님 상을 당해서 오늘 콘도 이용은 당연히 취소하겠군. 취소야 되겠지만 벌점 때문에 내년에 재이용은 어렵겠어."

✔해설 50세인 최 부장은 기본점수가 100점이었으나 성수기 2박 이용으로 40점(1박 당 20점)이 차감되어 60점의 기본점수가 남아 있으나 20대인 엄 대리는 미사용으로 기본점수 70점이 남아 있으므로 점수 상으로는 선정 가능성이 더 높다고 할 수 있다.
① 신청은 2개월 전부터 가능하므로 내년 이용 콘도를 지금 예약할 수는 없다.
② 신혼여행 근로자는 최우선 순위로 콘도를 이용할 수 있다.
③ 선정 결과는 유선 통보가 아니며 콘도 이용권을 이메일로 발송하게 된다.
⑤ 이용자 직계존비속 사망에 의한 취소의 경우이므로 벌점 부과 예외사항에 해당된다.

46 다음 〈보기〉의 신청인 중 올해 말 이전 휴양콘도 이용 순위가 높은 사람부터 순서대로 올바르게 나열한 것은 어느 것인가?

> 〈보기〉
> A씨 : 30대, 월 소득 200만 원, 주말 2박 선정 후 3일 전 취소(무벌점)
> B씨 : 20대, 월 소득 180만 원, 신혼여행 시 이용 예정
> C씨 : 40대, 월 소득 220만 원, 성수기 2박 기 사용
> D씨 : 50대, 월 소득 235만 원, 올 초 선정 후 5일 전 취소, 평일 1박 기 사용

① D씨 − B씨 − A씨 − C씨

② B씨 − D씨 − C씨 − A씨

③ C씨 − D씨 − A씨 − B씨

④ B씨 − D씨 − A씨 − C씨

⑤ B씨 − A씨 − D씨 − C씨

✔해설 모두 월 소득이 243만 원 이하이므로 기본점수가 부여되며, 다음과 같이 순위가 선정된다.
우선, 신혼여행을 위해 이용하고자 하는 B씨가 1순위가 된다. 다음으로 주말과 성수기 선정 박수가 적은 신청자가 우선순위가 되므로 주말과 성수기 이용 실적이 없는 D씨가 2순위가 된다. A씨는 기본점수 80점, 3일 전 취소이므로 20점(주말 2박) 차감을 감안하면 60점의 점수를 보유하고 있으며, C씨는 기본점수 90점, 성수기 사용 40점(1박 당 20점) 차감을 감안하면 50점의 점수를 보유하게 된다. 따라서 최종순위는 B씨 − D씨 − A씨 − C씨가 된다.

47 신임관리자과정 입교를 앞둔 甲은 2024년 4월 13일에 출국하여 4월 27일에 귀국하는 해외여행을 계획하고 있다. 甲은 일정상 출·귀국일을 포함하여 여행기간에는 이러닝 교과목을 수강하거나 온라인 시험에 응시할 수 없는 상황이며, 여행기간을 제외한 시간에는 최대한 이러닝 교과목을 이수하려고 한다. 다음을 바탕으로 판단할 때 〈보기〉 중 옳은 것을 모두 고르면?

- 인재개발원은 신임관리자과정 입교 예정자를 대상으로 사전 이러닝 제도를 운영하고 있다. 이는 입교 예정자가 입교 전에 총 9개 과목을 온라인으로 수강하도록 하는 제도이다.
- 이러닝 교과목은 2024년 4월 10일부터 수강하며, 하루 최대 수강시간은 10시간이다.
- 필수Ⅰ 교과목은 교과목별로 정해진 시간의 강의를 모두 수강하는 것을 이수조건으로 한다.
- 필수Ⅱ 교과목은 교과목별로 정해진 시간의 강의를 모두 수강하고 온라인 시험에 응시하는 것을 이수조건으로 한다. 온라인 시험은 강의시간과 별도로 교과목당 반드시 1시간이 소요되며, 그 시험시간은 수강시간에 포함된다.
- 신임관리자과정 입교는 2024년 5월 1일이다.
- 2024년 4월 30일 24시까지 교과목 미이수시, 필수Ⅰ은 교과목당 3점, 필수Ⅱ는 교과목당 2점을 교육성적에서 감점한다.

교과목	강의시간	분류
• 사이버 청렴교육	15시간	
• 행정업무 운영제도	7시간	
• 공문서 작성을 위한 한글맞춤법	8시간	필수Ⅰ
• 관리자 복무제도	6시간	
• 역사에서 배우는 관리자의 길	8시간	
• 헌법정신에 기반한 관리자윤리	5시간	
• 판례와 사례로 다가가는 헌법	6시간	필수Ⅱ
• 관리자가 알아야 할 행정법 사례	7시간	
• 쉽게 배우는 관리자 인사실무	5시간	
계	67시간	

※ 교과목은 순서에 상관없이 여러 날에 걸쳐 시간 단위로만 수강할 수 있다.

㉠ 甲은 계획대로라면 교육성적에서 최소 3점 감점을 받을 것이다.
㉡ 甲이 하루 일찍 귀국하면 이러닝 교과목을 모두 이수할 수 있을 것이다.
㉢ '판례와 사례로 다가가는 헌법', '쉽게 배우는 관리자 인사실무'를 여행 중 이수할 수 있다면, 출·귀국일을 변경하지 않고도 교육성적에서 감점을 받지 않을 것이다.

① ㉠

② ㉡

③ ㉢

④ ㉠, ㉢

⑤ ㉠, ㉡, ㉢

✔해설 甲이 이러닝 교과목을 수강하거나 온라인 시험에 응시할 수 있는 날은 10~12일, 28~30일로 최대 60시간까지 가능하다. 필수Ⅰ과 필수Ⅱ를 모두 이수하기 위해서는 필수Ⅰ 36시간, 필수Ⅱ 36시간(온라인 시험 응시 포함)을 더해 총 72시간이 필요하다.

㉠ 필수Ⅰ, 필수Ⅱ를 모두 이수하기 위해 필요한 시간에서 12시간이 부족하므로 교육성적에서 최소 3점 감점을 받을 것이다.('사이버 청렴교육' 이수 포기)

㉡ 甲이 하루 일찍 귀국해도 최대 70시간까지만 이러닝 교과목을 수강하거나 온라인 시험에 응시할 수 있으므로 모두 이수할 수는 없다.

㉢ '판례와 사례로 다가가는 헌법', '쉽게 배우는 관리자 인사실무' 이수에 필요한 13시간을 빼면 나머지 과목을 이수하는 데 59시간이 필요하므로 일정을 변경하지 않고도 교육성적에서 감점을 받지 않는다.

Answer 47.④

48~49 A공사에 입사한 甲은 회사 홈페이지에서 국내 다섯 개 댐에 대해 조류 예보를 관리하는 업무를 담당하게 되었다. 다음 내용을 바탕으로 물음에 답하시오.

<조류 예보 단계 및 발령기준>

조류 예보 단계		발령기준(CHI–a)
파란색	평상	15mg/ 미만
노란색	주의	15mg/ 이상
주황색	경보	25mg/ 이상
빨간색	대발생	100mg/ 이상

48 다음은 甲이 지난 7개월 동안 시간 흐름에 따른 조류량 변화 추이를 댐 별로 정리한 자료이다. 이에 대한 분석으로 틀린 것은?

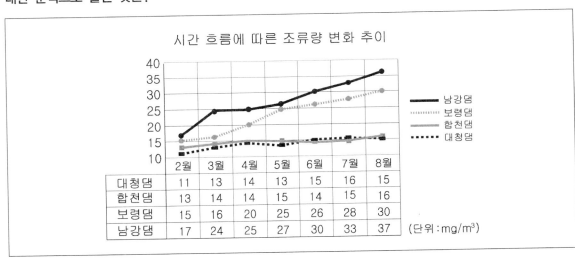

시간 흐름에 따른 조류량 변화 추이

	2월	3월	4월	5월	6월	7월	8월
대청댐	11	13	14	13	15	16	15
합천댐	13	14	14	15	14	15	16
보령댐	15	16	20	25	26	28	30
남강댐	17	24	25	27	30	33	37

(단위 : mg/m³)

① 대청댐의 조류량이 2월부터 5월까지는 "평상" 단계였지만, 6월부터 "주의" 단계로 격상했구나.

② 합천댐은 대청댐과 마찬가지로 총 세 번의 "주의" 단계가 발령되었구나.

③ 보령댐은 2월부터 시간이 지날수록 조류량이 많아져서 줄곧 "주의" 단계였네.

④ 남강댐은 제시된 댐들 중에 매월 조류량이 가장 많고, 4월부터 "경보" 단계였구나.

⑤ 3월에 보령댐과 남강댐은 같은 단계가 발령되었구나.

✔해설 ③ 보령댐은 2월부터 시간이 지날수록 조류량이 많아져 2~4월은 "주의", 5~8월은 "경보" 단계였다.

49 甲이 다음과 같은 소식을 댐 관리자로부터 전달 받았을 때, 각 댐에 내려야 하는 예보가 적절하게 묶인 것은?

발신인 : 乙
수신인 : 甲
제목 : 장마에 따른 조류량 변화
• 장마로 인하여 상류로부터의 오염물질 다량유입, 수온 상승과 일조량 증가로 조류가 성장하기에 적합한 환경이 조성됨에 따라, 우점 조류인 아나베나(Anabaena)가 급증하고 있는 것으로 보입니다.
• 현재 조류량이 급격히 늘어나고 있는데, 현재 시각인 14시를 기준으로 대청댐은 27mg/, 보령댐은 26mg/, 합천댐은 22mg/, 남강댐과 주암댐은 각각 12mg/로 파악되고 있습니다. 긴급히 예보에 반영 부탁드립니다.

---

① 대청댐 – 대발생
② 보령댐 – 경보
③ 합천댐 – 경보
④ 남강댐 – 주의
⑤ 주암댐 – 경보

> ✔해설 ① 대청댐 – 경보
> ③ 합천댐 – 주의
> ④⑤ 남강댐, 주암댐 – 평상

50 다음은 무농약농산물과 저농약농산물 인증기준에 대한 자료이다. 자신이 신청한 인증을 받을 수 있는 사람을 모두 고르면?

무농약농산물과 저농약농산물의 재배방법은 각각 다음과 같다.
1) 무농약농산물의 경우 농약을 사용하지 않고, 화학비료는 권장량의 2분의 1 이하로 사용하여 재배한다.
2) 저농약농산물의 경우 화학비료는 권장량의 2분의 1 이하로 사용하고, 농약은 살포시기를 지켜 살포 최대횟수의 2분의 1 이하로 사용하여 재배한다.

〈농산물별 관련 기준〉

종류	재배기간 내 화학비료 권장량(kg/ha)	재배기간 내 농약살포 최대횟수	농약 살포시기
사과	100	4	수확 30일 전까지
감	120	4	수확 14일 전까지
복숭아	50	5	수확 14일 전까지

甲 : 5㎢의 면적에서 재배기간 동안 농약을 전혀 사용하지 않고 20t의 화학비료를 사용하여 사과를 재배하였으며, 이 사과를 수확하여 무농약농산물 인증신청을 하였다.

乙 : 3ha의 면적에서 재배기간 동안 농약을 1회 살포하고 50kg의 화학비료를 사용하여 복숭아를 재배하였다. 하지만 수확시기가 다가오면서 병충해 피해가 나타나자 농약을 추가로 1회 살포하였고, 열흘 뒤 수확하여 저농약농산물 인증신청을 하였다.

丙 : 가로와 세로가 각각 100m, 500m인 과수원에서 감을 재배하였다. 재배기간 동안 총 2회(올해 4월 말과 8월 초) 화학비료 100kg씩을 뿌리면서 병충해 방지를 위해 농약도 함께 살포하였다. 추석을 맞아 9월 말에 감을 수확하여 저농약농산물 인증신청을 하였다.

※ 1ha＝10,000㎡, 1t＝1,000kg

① 甲, 乙   ② 甲, 丙

③ 乙, 丙   ④ 甲, 乙, 丙

⑤ 甲

✔**해설** 甲 : 5㎢는 500ha이므로 사과를 수확하여 무농약농산물 인증신청을 하려면 농약을 사용하지 않고, 화학비료는 50,000kg(＝50t)의 2분의 1 이하로 사용하여 재배해야 한다.
乙 : 복숭아의 농약 살포시기는 수확 14일 전까지이다. 저농약농산물 인증신청을 위한 살포시기를 지키지 못 하였으므로 인증을 받을 수 없다.
丙 : 5ha(100m×500m)에서 감을 수확하여 저농약농산물 인증신청을 하려면 화학비료는 600kg의 2분의 1 이하로 사용하고, 농약은 살포시기를 지켜(수확 14일 전까지) 살포 최대횟수인 4회의 2분의 1 이하로 사용하여 재배해야 한다.

Answer 50.②

CHAPTER 04 금융상식

(1) 금융 상식

① **가격차별** : 동일한 상품을 서로 다른 구매자들에게 다른 가격으로 판매하는 제도

② **경기 동행지수(CCL)** : 현재의 경기 상태, 동향을 파악하고 예측하는 경기종합지수의 하나

③ **베이시스(Basis)** : 선물가격과 현물가격의 차이

④ **빅맥지수(Big Mac Index)** : 각국의 통화가치 적정성을 맥도널드 빅맥 햄버거 현지 통화가격을 달러로 환산한 지수

⑤ **사이드 카(Side Car)** : 선물시장이 급변할 경우 현물시장에 대한 영향을 최소화하여 시장 안정을 꾀하기 위해 도입한 프로그램 매매호가 관리제도

⑥ **선물거래(先物去來)** : 장래 일정 시점에 미리 정한 가격으로 매매하는 행위

⑦ **스왑(Swap)** : 금융자산이나 부채에서 파생되는 미래의 가치를 교환하는 것

⑧ **신용점수제(信用點數)** : 신용등급제에서 전면 개편된 제도

⑨ **예금자보호제도(預金者保護制度)** : 금융시장의 안정을 유지하고자 도입된 제도

⑩ **외부 효과(External Effect)** : 경제활동과 관련하여 타인에게 의도치 않은 효과를 발생 시키는 현상

⑪ **인덱스 펀드(Index Fund)** : 특정 주가 지표 변동과 비례하게 포트폴리오를 구성하여 펀드의 수익률을 이들 지표와 동일하게 실현하고자 하는 투자 펀드

⑫ **인터넷전문 은행(Internet 專門銀行)** : 모바일과 인터넷으로만 영업하는 은행

⑬ **자산유동화증권(ABS)** : 자산을 기반으로 발행하는 증권

⑭ **절대우위론(Absolute Advantage)** : 생산에 들어가는 노동량을 기준으로 국가 간 무역 발생의 원리를 설명한 이론

⑮ **지속가능 경영(CSM)** : 인류의 지속성을 확보하기 위한 보존과 발전이 어우러진 친환경적 성장을 추구하는 것

⑯ **직접 금융(Direct Financing)** : 자금 수요자가 직접 자금을 조달하는 방식

⑰ **콜 시장**(Call Market) : 금융기관들이 일시적인 자금 과부족을 조절하기 위하여 초단기로 자금을 차입하거나 대여하는 시장

⑱ **포워드 가이던스**(Forward Guidance) : 선제적 안내, 미래 지침

⑲ **프라이빗 뱅킹**(PB) : 은행이나 증권회사에서 주로 거액의 자산을 가진 고객을 대상으로 투자 상담을 해주거나 자산을 운용해 주는 사람

⑳ **후순위채권**(Subordinated Debt) : 채무 변제 순위가 일반 채권보다 나중되는 채권

(2) 디지털 상식

① **가상화폐(암호화폐)** : 네트워크로 연결된 가상공간에서 사용되는 디지털 화폐 또는 전자화폐

② **공동인증서**(共同認證書) : 전자서명법의 개정으로 민간 인증서가 도입되면서 공인인증서의 명칭이 공동인증서로 변경된 것

③ **데이터 댐** : 디지털 뉴딜 분야 중 하나로 데이터 수집ㆍ가공ㆍ거래ㆍ활용기반을 강화하여 데이터 경제를 가속화하고 5세대 이동통신(5G) 전국망을 통해서 5세대 이동통신(5G)ㆍ인공지능 융합 확산하는 것

④ **데이터 라벨링**(Data Labelling) : 머신러닝이 가능한 데이터로 가공하는 작업

⑤ **디지털 디바이드**(Digital Divide) : 디지털 사회에서 계층 간 정보 불균형을 나타내는 것

⑥ **레지스터**(Register) : 연산된 데이터가 이동될 때 까지 대기하고, 이동된 내용이 연산될 때까지 대기시키는 역할을 수행하는 곳

⑦ **로보어드바이저**(Robo − Advisor) : 투자자의 성향 정보를 토대로 알고리즘을 활용해 개인의 자산 운용을 자문하고 관리해주는 자동화된 서비스

⑧ **마이데이터**(Mydata) : 기업이나 은행에서 사용한 개인정보나 거래내역 등을 개인이 직접 관리 및 활용할 수 있는 서비스

⑨ **메타버스**(Metaverse) : 현실세계와 같이 3차원 가상의 세계에서 이뤄지는 활동

⑩ **빅데이터**(Big Data) : 정형ㆍ반정형ㆍ비정형 데이터세트의 집적물, 그리고 이로부터 경제적 가치를 추출 및 분석할 수 있는 기술

⑪ **빅 테크**(Big Tech) : 대형 정보기술 기업을 의미하는 단어

⑫ **샌드박스**(Sandbox) : 새로운 제품이나 서비스가 출시될 때 일정 기간 동안 기존 규제를 면제, 유예시켜주는 제도

⑬ **스마트 그리드**(Smart Grid) : 에너지 효율을 최적화 하는 지능형 전력망

⑭ **인공지능**(AI) : 기계가 인간의 지식능력을 프로그램에서 실현시키는 기술

⑮ **제로페이**(Zero Pay) : 소상공인 결제 수수료 부담을 낮추기 위해 시행되고 있는 소상공인 간편결제시스템

⑯ **트랜잭션**(Transaction) : 데이터베이스의 상태를 일관적 상태로 유지하기 위한 동시성 제어 및 회복의 기본단위

⑰ **FIDO**(Fast Identity Online) : 신속한 온라인 인증

⑱ **키오스크**(KIOSK) : 공공장소에 설치된 무인 정보단말기

⑲ **포크**(Fork) : 블록체인을 업그레이드하는 기술

⑳ **해커톤**(Hackathon) : 일정한 시간과 장소에서 프로그램을 해킹하거나 개발하는 행사

1 다음 그래프에 대한 설명으로 옳지 않은 것은?

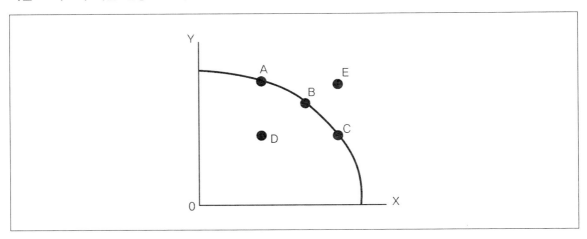

① 활용가능한 자원의 질과 양은 고정되어 있다.

② A점에서 C점으로의 이동은 X재의 추가 생산에 따라 포기하게 되는 Y재의 생산량이다.

③ 곡선 내부에 위치한 D점은 비효율적인 생산이 이루어지고 있다.

④ 기술 진보가 나타나면 X재와 Y재 모두 A지점에서보다 많이 생산할 수 있다.

⑤ 곡선 외부에 위치한 E점은 사용 가능한 자원을 최소로 생산했을 때 달성할 수 있다.

> **✔해설** ⑤ 생산가능곡선 밖에 위치한 E점은 해당 경제가 달성할 수 없는 지점이다. 사용가능한 자원을 모두 활용하여 최대로 생산할 수 있는 조합은 생산가능곡선까지이다.
>
> ※ 생산가능곡선 그래프 … 두 재화를 생산하는 경제를 가정한 모형이다. PPC는 사용가능한 모든 자원을 활용할 것, 활용 가능한 자원의 양과 질은 고정되어야 할 것, 기술의 수준은 단기간에 진보할 수 없을 것, X재와 Y재 두 개의 재화만을 생산할 것을 전제로 가정한다.
>
> 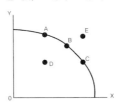 생산가능곡선상의 A, B, C점은 생산이 효율적으로 이루어지는 지점이며 D점은 자원을 모두 사용하지 않아 생산가능곡선에 미치지 못한 지점이다. 즉 비효율적인 생산이 이루어지는 지점이다. E점은 달성할 수 없는 지점이다. 예를 들어, A점에서 X재·Y재의 생산량이 각각 3개, 9개이고 B점에서는 각각 9개, 6개일 때 A지점으로부터 B지점으로 이동할 경우, X재를 6개 더 생산할 수 있지만 Y재는 3개의 생산을 포기해야한다. 즉 X재의 6개 생산 기회비용은 Y재 3개이며 이는 X재 1개가 Y재의 0.5 기회비용을 갖는다.

2 환경적으로 지속 가능한 경제활동을 정의하고 어떤 산업 분야가 친환경 산업인지 분류하는 체계는?

① 그린택소노미

② 그린플레이션

③ 그린워싱

④ 그린카본

⑤ 그린스완

> ✔해설 ① 그린택소노미 : 친환경적이고 지속가능한 경제활동의 범위를 규정한 녹색분류체계이다. 유럽연합에서 최초로 만들어졌으며 분류체계에 포함된 친환경 경제활동에 대해 여러 금융 및 세제 혜택을 제공하면서 2050년 넷제로 달성을 목표로 도입되었다.
> ② 그린플레이션 : 친환경을 뜻하는 그린과 물가상승을 뜻하는 인플레이션의 합성어로, 탄소중립을 위한 친환경 정책의 영향으로 산업금속이나 화석연료의 공급이 줄어드는 반면에 수요는 증가해 원자재 가격이 오르고 물가의 인플레이션을 유발하는 현상이다.
> ③ 그린워싱 : 친환경적이지 않으면서 마치 친환경적인 것처럼 홍보하는 위장환경주의를 말한다.
> ④ 그린카본 : 열대우림이나 침엽수림 등 육상 생태계가 흡수한 탄소를 가리킨다.
> ⑤ 그린스완 : 기후변화로 인한 경제의 파괴적 위기를 말한다.

3 정권이 바뀌고 새로운 정부가 출범하면서 정치, 경제, 사회 전반의 불확실성이 사라지고 사회 안정에 대한 기대감으로 주가가 상승하는 현상은?

① 산타랠리

② 허니문랠리

③ 서머랠리

④ 어닝랠리

⑤ 베어마켓랠리

> ✔해설 ① 산타랠리 : 크리스마스를 전후한 연말과 신년 초에 주가가 강세를 보이는 현상을 말한다.
> ③ 서머랠리 : 6 ~ 7월에 주가가 한 차례 크게 상승하는 현상을 말한다.
> ④ 어닝랠리 : 기업의 실적이 예상보다 좋은 경우 한동안의 주가가 상승하는 현상을 말한다.
> ⑤ 베어마켓랠리 : 약세장 속에서 주가가 일시적으로 상승하는 현상을 말한다.

Answer 1.⑤ 2.① 3.②

4 A는 甲, 乙, 丙 세군데 회사에 합격했다. 甲 회사는 월 180만 원, 乙 회사는 월 220만 원, 丙 회사는 월 210만 원의 급여를 제시했고, A는 丙 회사에 입사할 것을 결정했다. 이때 A의 기회비용은?

① 100만 원   ② 180만 원

③ 210만 원   ④ 220만 원

⑤ 300만 원

    ✔ 해설 A가 丙 회사 입사를 결정할 경우 甲, 乙 회사를 포기해야 한다. 회사 중 급여가 가장 많은 회사는 乙이므로 丙 회사의 입사 기회비용은 220만 원이다.

5 甲국의 총 인구가 5,000만 명이고 15세 미만 인구가 2,000만 명, 비경제활동인구가 1,000만 명, 실업자가 120만 명이라고 했을 때 甲국의 실업률은?

① 2%   ② 3%

③ 4%   ④ 5%

⑤ 6%

    ✔ 해설 실업률은 (실업자 수 ÷ 경제활동인구수) × 100으로 계산한다.
              총 인구 5,000만 명에서 15세 미만 인구와 비경제활동인구를 제외한 경제활동 인구는 2,000만 명이다.
              실업자가 120만 명이므로,
              (120만 명 ÷ 2,000만 명) × 100 = 6%가 된다.

6 국민 경제에서 소비지출의 증가 요인이 아닌 것은?

① 금리 하락   ② 부의 증가

③ 현재소득 증가   ④ 물가 상승

⑤ 미래소득 증가 예상

    ✔ 해설 ④ 물가상승은 구매를 하락시킨다.
              ① 기업의 투자지출 요인으로 작용한다.
              ②③ 소비지출에 영향을 미친다.
              ⑤ 미래 소득 증가가 예상될 경우 소비가 증가한다.

7 X재에 대한 수요의 소득 탄력성이 -3이고 X재 수요의 Y재에 대한 교차탄력성이 2라고 할 때 옳은 것은?

① X는 열등재이고 X와 Y재는 대체재 관계이다.

② X는 열등재이고 X와 Y재는 보완재 관계이다.

③ X는 정상재이고 X와 Y재는 대체재 관계이다.

④ X는 정상재이고 X와 Y재는 사치재 관계이다.

⑤ X는 정상재이고 X와 Y재는 기펜재 관계이다.

> ✔해설 수요의 소득탄력성이 음($-$)의 값이면 열등재이며 양($+$)인 경우 정상재이다. 수요의 교차탄력성이 음($-$)일 경우 보완재, 양($+$)일 경우 대체재이다.

8 X재 가격이 상승하면서 X재의 거래량이 증가할 때 변동 요인으로 옳은 것은? (단, 수요와 변동 중 하나만 변동)

① 소비자의 수가 감소하였다.

② 보완재 가격이 상승하였다.

③ 대체재 가격이 상승하였다.

④ 생산요소의 가격이 상승하였다.

⑤ 생산요소의 가격이 하락하였다.

> ✔해설 대체재 가격이 상승할 경우 X재의 수요가 증가하여 수요곡선이 오른쪽으로 이동한다. 그러므로 X재의 가격이 상승하고 거래량이 증가한다.

9 다음과 같이 X재와 Y재의 두 가지 재화만 생산하는 국민경제에서 비교연도의 디플레이터는 기준연도에 비하여 어떻게 변하였는가?

재화	기준연도		비교연도	
	수량	시장가격	수량	시장가격
X	3	20	5	20
Y	4	25	3	20

① 10% 상승
② 10% 하락
③ 20% 하락
④ 20% 상승
⑤ 변동 없음

 해설 GDP디플레이터 $= \dfrac{\text{비교연도의 } GDP}{\text{기준연도의 } GDP} \times 100 = \dfrac{5 \times 20 + 3 \times 20}{3 \times 20 + 4 \times 25} \times 100 = 100$

∴ 변동이 없다.

10 甲국은 고정환율제도를 시행하고 있으며 통화가치의 상승 압력이 있는 상황이지만 환율을 일정하게 유지하려 한다. 다음 중 발생할 가능성이 가장 높은 것은?

① 중앙은행이 국내통화 구매 → 외화보유액 감소
② 중앙은행이 국내통화 판매 → 외화보유액 감소
③ 중앙은행이 국내통화 구매 → 외화보유액 증가
④ 중앙은행은 외국통화 구매 → 외환보유액 감소
⑤ 중앙은행은 국내통화 판매 → 외환보유액 증가

해설 국내 통화가치의 상승 압력은 곧 국내 통화의 수요 증가, 외국 통화의 공급 증가 등을 의미한다. 따라서 환율을 일정하게 유지하기 위해서는 국내 통화를 팔고 외국 통화는 사들여야 하고 이를 통해 외환보유액은 증가한다.

11 다음이 설명하는 가격탄력성 크기는?

$$E_d = 0$$

① 비탄력적

② 단위탄력적

③ 완전비탄력적

④ 탄력적

⑤ 완전탄력적

 해설

구분	가격탄력성 크기
완전비탄력적	$E_d = 0$
비탄력적	$0 < E_d < 1$
단위탄력적	$E_d = 1$
탄력적	$1 < E_d < \infty$
완전탄력적	$E_d = \infty$

12 다음 빈칸에 들어갈 내용으로 적절한 것은?

$$\text{노동의 평균 생산물} = AP_L = \frac{\text{생산량의 변화}}{(\qquad)}$$

① 자본투입량의 변화　　　　② 노동투입량의 변화

③ 경제활동인구　　　　　　④ 비경제활동인구

⑤ 실업자수

해설 $AP_L = \dfrac{\text{생산량의 변화}}{\text{노동투입량의 변화}}$

13 다음 중 가격차별의 조건이 아닌 것은?

① 소비자를 각각 상이한 그룹으로 구분이 가능해야 한다.

② 구매자 간 상품의 전매가 불가능하여야 한다.

③ 판매자가 시장지배력을 행사해야 한다.

④ 서로 같은 그룹으로 구분된 시장, 수요자군의 가격탄력성은 모두 같아야 한다.

⑤ 시장을 구분하는 데 소요되는 비용이 가격차별의 이익보다 작아야 한다.

> ✔해설 서로 다른 그룹으로 구분된 시장, 수요자군의 가격탄력성은 모두 달라야 한다.

14 시중금리와 인플레이션 기대심리와의 관계를 말해주는 이론으로, 시중의 명목금리는 실질금리와 예상 인플레이션율의 합계와 같다는 것을 말하는 효과는?

① 톱니 효과

② 피셔 효과

③ 피구 효과

④ 승수 효과

⑤ 기저 효과

> ✔해설 통화긴축을 할 경우 유동성 부족으로 금리가 상승하는 유동성 효과는 단기에 그치고 중장기적으로 물가 하락을 가져와 명목금리도 하락하게 된다.

15 칼도어의 경제 성장이론에서 정형화된 사실들로 옳지 않은 것은?

① 노동의 소득비율은 일정 비율로 증가한다.

② 1인당 자본량이 일정 비율로 증가한다.

③ 자본의 소득 분배율이 일정 수준을 유지한다.

④ 실질이자율이 일정하게 유지된다.

⑤ 국가별 경제 성장률은 일정하다.

 해설 칼도어의 정형화된 사실
      ㉠ 노동생산성은 일정하게 증가한다.
      ㉡ 자본과 노동의 소득비율은 일정하게 증가한다.
      ㉢ 실질이자율은 일정한 수준을 지닌다.
      ㉣ 자본 – 산출량계수는 대체로 일정하다.
      ㉤ 총소득에서 노동과 자본의 상대적 소득 분배율이 일정하다.
      ㉥ 각 나라마다 성장률에는 차이가 있다.

16 다음 소득불평등 지표에 대한 설명으로 옳은 것은 무엇인가?

① 로렌츠곡선은 대각선에 가까울수록 소득 분배가 불평등하다.

② 로렌츠곡선은 소득의 균등을 나타내는 곡선이다.

③ 지니계수는 0과 1 사이의 값을 가지며 값이 0에 가까울수록 소득 분배는 불평등하다.

④ 지니계수가 0이면 완전 평등한 상태이고 1이면 완전불평등한 상태이다.

⑤ 10분위분배율의 최솟값은 0이 되고 최대값은 2가 되는데 이때 2에 가까울수록 소득 분배는 불평
등하다.

    해설 ① 로렌츠곡선은 대각선에 가까울수록 소득 분배가 균등함을 나타낸다.
        ② 미국의 통계학자 로렌츠가 고안한 것으로 로렌츠곡선은 소득의 불평등을 나타내는 곡선이다.
        ③ 지니계수는 0과 1 사이의 값을 가지며 값이 0에 가까울수록 소득 분배는 균등한 것을 나타낸다.
        ⑤ 10분위분배율의 최솟값은 0이 되고 최댓값은 2가 되는데 이때 2에 가까울수록 소득 분배는 평등하게
            분배되는 것이다.

Answer   13.④ 14.② 15.⑤ 16.④

17 다음 중 등량곡선에 대한 설명으로 옳지 않은 것은?

① 원점으로부터 멀리 위치한 등량곡선일수록 높은 산출량을 나타낸다.

② 생산요소 간의 대체성이 낮을수록 등량곡선의 형태는 직선에 가깝다.

③ 등량곡선의 기울기를 한계기술대체율이라 한다.

④ 한계기술대체율체감의 법칙이 적용되지 않을 경우에는 등량곡선이 원점에 대하여 볼록하지 않을 수도 있다.

⑤ 등량곡선은 서로 교차하지 않는다.

> ✔해설 생산요소 간 대체성이 높을수록(대체탄력도가 클수록) 등량곡선은 우하향의 직선에 가까워지고, 대체성이 낮을수록(대체탄력도가 작을수록) 등량곡선이 L자에 가까워진다.

18 다음 설명의 특징으로 적절한 것은?

> 화폐 단위를 하향 조정하는 것으로 화폐의 가치 변동 없이 모든 은행권 및 지폐의 액면을 동일한 비율의 낮은 숫자로 조정하거나, 이와 함께 새로운 통화 단위로 화폐의 호칭을 변경하는 것이다. 우리나라에서는 1953년의 제1차 통화조치에 따라 100원(圓)이 1환(圜)으로, 1962년의 제2차 통화조치에 따라 10환(圜)이 1원(圓)으로 변경된 사례가 있다.

① 지하경제를 보다 더 음지화할 수 있다.

② 위조지폐가 발생하기 쉽다.

③ 디플레이션을 야기한다.

④ 회계상 표기가 복잡해진다.

⑤ 자국 통화의 위상을 제고한다.

> ✔해설 ⑤ 리디노미네이션에 대한 설명이다. 1,000원을 1원으로 하는 것으로 6,000원짜리 커피가 6원이 되고 1억짜리 자동차가 10만 원이 되는 것이다. 물가나 임금, 채권채무 등 경제수량 간의 관계에는 변화가 없다.
> ① 지하경제를 양성화할 수 있다.
> ② 위조지폐를 방지할 수 있다.
> ③ 인플레이션을 야기할 수 있다.
> ④ 회계상 표기가 간편해진다.

19 다음에서 설명하고 있는 가격차별의 형태는?

> • 재화의 구입량에 따라 가격을 다르게 설정하는 것을 말한다.
> • 1차 가격차별보다 현실적이며 현실에서 그 예를 찾기 쉽다.
> • 전화의 사용량에 따라 그 요금의 차이가 나는 것은 이것의 예이다.

① 1차 가격차별   ② 2차 가격차별
③ 3차 가격차별   ④ 4차 가격차별
⑤ 5차 가격차별

> ✔해설 **가격차별의 형태**
>
> ㉠ **1차 가격차별**
> • 동일한 상품일지라도 소비자 개개인이 얻는 효용은 모두 다르다. 따라서 각각의 소비자는 상품에 대한 가격지불 의사 또한 다르다. 1차 가격차별은 이러한 개별 소비자의 지불의사에 가격을 부과하는 것으로 상품을 지불할 수 있는 금액을 모두 부과하므로 소비자 편익은 남지 않으며 모두 기업이윤으로 귀속되는 가격정책이다.
> • 기업이 개별 소비자가 얻는 효용을 완전하게 알고 있을 때에 가능하므로 현실에서 예를 찾아보기 힘들다.
>
> ㉡ **2차 가격차별**
> • 재화의 구입량에 따라 가격을 다르게 설정하는 것을 말한다.
> • 2차 가격차별은 1차 가격차별보다 현실적이며 현실에서 그 예를 찾기 쉽다.
> • 전화의 사용량에 따라 그 요금의 차이가 나는 것은 2차 가격차별의 예이다.
>
> ㉢ **3차 가격차별**
> • 소비자의 특징에 따라 시장을 분할하여 각 시장마다 서로 다른 가격을 설정한다.
> • 극장에서 심야시간대와 일반시간대의 입장료가 다른 것을 말한다.
> • 각 시장마다 소비자들의 수요에 대한 가격탄력성이 다르므로 이윤극대화를 달성하기 위해서는 수요의 가격탄력성이 작은 시장에 높은 가격, 수요의 가격탄력성이 큰 시장에 낮은 가격을 설정한다.

20 다음 중 소득분배 불평등의 원인이 아닌 것은?

① 교육기회 차이   ② 부의 상속 정도 차이
③ 사회복지제도   ④ 경제구조
⑤ 누진세

> ✔해설 ⑤ 소득이 증가할수록 더 높은 세율을 적용하여 고소득자와 저소득자간의 소득격차를 줄이는 기능이 있다.

Answer   17.②   18.⑤   19.②   20.⑤

01 논리적 사고

02 알고리즘 설계

03 상황판단 평가

디지털리터러시 평가

CHAPTER 01 논리적 사고

(1) 명제

① **명제** : 내용의 참과 거짓을 명확하게 판별하는 문장이나 식을 의미한다.

② **가정·결론** : 'A이면 B이다'의 조건문에서 A는 가정이고 B는 결론이다. 명제 'A이면 B이다'는 A → B로 나타낸다.

③ **역·이·대우**

　㉠ **명제의 역** : 명제의 가정과 결론을 서로 바꾼 것이다.

　㉡ **명제의 이** : 명제의 가정과 결론을 부정한 명제이다.

　㉢ **명제의 대우** : 명제의 가정과 결론을 바꾸고 가정과 결론을 모두 부정한 명제를 의미한다. 명제의 역인 명제의 이는 처음 명제의 대우가 된다.

(2) 여러 가지 추론

① **직접추론** : 한 개의 전제에서 새로운 결론을 이끌어 내는 추론이다.

② **간접추론** : 두 개 이상의 전제에서 새로운 결론을 이끌어 내는 추론이다.

　㉠ **정언삼단논법** : '모든 A는 B다', 'C는 A다', '따라서 C는 B다'와 같은 형식으로 일반적인 삼단논법이다.

　㉡ **가언삼단논법** : '만일 A라면 B다', 'A이다', '그러므로 B다'라는 형식의 논법이다.

　㉢ **선언삼단논법** : 'A거나 B이다'라는 형식의 논법이다.

③ **귀납추론** : 특수한 사실로부터 일반적이고 보편적인 법칙을 찾아내는 추론 방법이다.

　㉠ **통계적 귀납추론** : 어떤 집합의 구성 요소의 일부를 관찰하고 그것을 근거로 하여 같은 종류의 모든 대상들에게 그 속성이 있을 것이라는 결론을 도출하는 방법이다.

　㉡ **인과적 귀납추론** : 어떤 일의 결과나 원인을 과학적 지식이나 상식에 의거하여 밝혀내는 방법이다.

　㉢ **완전 귀납추론** : 관찰하고자 하는 집합의 전체 원소를 빠짐없이 관찰함으로써 그 공통점을 결론으로 이끌어 내는 방법이다.

　㉣ **유비추론** : 두 개의 현상에서 일련의 요소가 동일하다는 사실을 바탕으로 그것들의 나머지 요소도 동일하리라고 추측하는 방법이다.

다음 대화의 빈칸에 들어갈 내용으로 가장 적절한 것은?

> 갑 : 국회에서 법률들을 제정하거나 개정할 때, 법률에서 조례를 제정하여 시행하도록 위임하는 경우가 있습니다. 그리고 이런 위임에 따라 지방자치단체에서는 조례를 새로 제정하게 됩니다. 각 지방자치단체가 법률의 위임에 따라 몇 개의 조례를 제정했는지 집계하여 '조례 제정 비율'을 계산하는데, 이 지표는 작년에 이어 올해도 지방자치단체의 업무 평가 기준에 포함되었습니다.
>
> 을 : 그렇군요. 그 평가 방식이 구체적으로 어떻게 되고, A 시의 작년 평가 결과는 어땠는지 말씀해 주세요.
>
> 갑 : 먼저 그해 1월 1일부터 12월 31일까지 법률에서 조례를 제정하도록 위임한 사항이 몇 건인지 확인한 뒤, 그 중 12월 31일까지 몇 건이나 조례로 제정되었는지로 평가합니다. 작년에는 법률에서 조례를 제정하도록 위임한 사항이 15건이었는데, 그 중 A 시(市)에서 제정한 조례는 9건으로 그 비율은 60%였습니다.
>
> 을 : 그러면 올해는 조례 제정 상황이 어떻습니까?
>
> 갑 : 1월 1일부터 7월 10일 현재까지 법률에서 조례를 제정하도록 위임한 사항은 10건인데, A 시는 이 중 7건을 조례로 제정하였으며 조례로 제정하기 위하여 입법 예고 중인 것은 2건입니다. 현재 시의회에서 조례로 제정되기를 기다리며 계류 중인 것은 없습니다.
>
> 을 : 모든 조례는 입법 예고를 거친 뒤 시의회에서 제정되므로, 현재 입법 예고 중인 2건은 입법 예고 기간이 끝나야만 제정될 수 있겠네요. 이 2건의 제정 가능성은 예상할 수 있나요?
>
> 갑 : 어떤 조례는 신속히 제정되기도 합니다. 그러나 때로는 시의회가 계속 파행하기도 하고 의원들의 입장에 차이가 커 공전될 수도 있기 때문에 현재 시점에서 조례 제정 가능성을 단정하기는 어렵습니다.
>
> 을 : 그러면 A 시의 조례 제정 비율과 관련하여 알 수 있는 것은 무엇이 있을까요?
>
> 갑 : A 시는 _____

① 현재 조례로 제정하기 위하여 입법 예고가 필요한 것이 1건입니다.
② 올 한 해의 조례 제정 비율이 작년보다 높아집니다.
③ 올 한 해 총 9건의 조례를 제정하게 됩니다.
④ 현재 시점을 기준으로 평가를 받으면 조례 제정 비율이 90%입니다.
⑤ 올 한 해 법률에서 조례를 제정하도록 위임 받은 사항이 작년보다 줄어듭니다.

✔해설 ② 위의 대화를 보고 명확하게 확인할 수 없다.
③ 조례 제정 가능성을 단정하기는 어렵다.
④ 조례 제정 비율은 위임건 10건 중 7건이므로 70%이다.
⑤ 위의 대화를 보고 명확하게 확인할 수 없다.

답 ①

02 논리적 사고 출제유형문제

1 다음은 OO 금융 공사의 동향 보고서이다. 이를 평가한 것으로 글의 내용과 부합하지 않는 것은?

1 연방준비제도(이하 연준)가 고용 증대에 주안점을 둔 정책을 입안한다 해도 정책이 분배에 미치는 영향을 고려하지 않는다면, 그 정책은 거품과 불평등만 부풀릴 것이다. 기술 산업의 거품 붕괴로 인한 경기 침체에 대응하여 2000년대 초에 연준이 시행한 저금리 정책이 이를 잘 보여준다.

2 특정한 상황에서는 금리 변동이 투자와 소비의 변화를 통해 경기와 고용에 영향을 줄 수 있다. 하지만 다른 수단이 훨씬 더 효과적인 상황도 많다. 가령 부동산 거품에 대한 대응책으로는 금리 인상보다 주택담보대출에 대한 규제가 더 합리적이다. 생산적 투자를 위축시키지 않으면서 부동산 거품을 가라앉힐 수 있기 때문이다.

3 경기침체기라 하더라도 금리 인하는 은행의 비용을 줄여주는 것 말고는 경기 회복에 별다른 도움이 되지 않을 수 있다. 대부분의 부분에서 설비 가동률이 낮은 상황이라면, 2000년대 초가 바로 그런 상황이었기 때문에, 당시의 저금리 정책은 생산적인 투자 증가 대신에 주택 시장의 거품만 초래한 것이다.

4 금리 인하는 국공채에 투자했던 퇴직자들의 소득을 감소시켰다. 노년층에서 정부로, 정부에서 금융업으로 부의 대규모 이동이 이루어져 불평등이 심화되었다. 이에 따라 금리 인하는 다양한 경로로 소비를 위축시켰다. 은퇴 후의 소득을 확보하기 위해, 혹은 자녀의 학자금을 확보하기 위해 사람들은 저축을 늘렸다. 연준은 금리 인하가 주가 상승으로 이어질 것이므로 소비가 늘어날 것이라고 주장했다. 하지만 2000년대 초 연준의 금리 인하 이후 주가 상승에 따라 발생한 이득은 대체로 부유층에 집중되었으므로 대대적인 소비 증가로 이어지지 않았다.

5 2000년대 초 고용 증대를 기대하고 시행한 연준의 저금리 정책은 노동을 자본으로 대체하는 투자를 증대시켰다. 인위적인 저금리로 자본 비용이 낮아지자 이런 기회를 이용하려는 유인이 생겨났다. 노동력이 풍부한 상황인데도 노동을 절약하는 방향의 혁신이 강화되었고, 미숙련 노동자들의 실업률이 높은 상황인데도 가게들은 계산원을 해고하고 자동화 기계를 들여놓았다. 경기가 회복되더라도 실업률이 떨어지지 않는 구조가 만들어진 것이다.

① 갑 : 2000년대 초 연준의 금리 인하로 국공채에 투자한 퇴직자의 소득이 줄어들어 금융업에서 정부로 부가 이동하였다.

② 을 : 2000년대 초 연준은 고용 증대를 기대하고 금리를 인하했지만 결과적으로 고용 증대가 더 어려워지도록 만들었다.

③ 병 : 2000년대 초 기술 산업 거품의 붕괴로 인한 경기 침체기에 설비 가동률은 대부분 낮은 상태였다.

④ 정 : 2000년대 초 연준이 금리 인하 정책을 시행한 후 주택 가격과 주식 가격은 상승하였다.

⑤ 무 : 금리 인상은 부동산 거품 대응 정책 가운데 가장 효과적인 정책이 아닐 수 있다.

✔ 해설 ① 갑은 2000년대 초 연준의 금리 인하로 국공채에 투자한 퇴직자의 소득이 줄어들어 금융업으로부터 정부로 부가 이동했다고 보고 있다. 그러나 ④ 문단을 보면 금리 인하가 실시되면서 노년층에서 정부로, 정부에서 금융업으로 부의 대규모 이동이 이루어졌다. 즉 '금융업으로부터 정부로 부가 이동했다고 보는 것'은 제시문과 역행하는 것이다.

② ⑤ 문단에는 2000년대 초 연준의 저금리 정책은 고용 증대를 위해 시행되었다. 그리고 저금리로 자본 비용이 낮아지면 노동 절약을 위한 혁신이 강화되어 고용 증대는 이루어지지 않았음을 지적한다.

③ ① 문단에서는 저금리 정책이 시행되던 2000년대 초는 기술 산업의 거품 붕괴로 인해 경기 침체가 발생한 상황이 나타난다. ③ 문단 역시 2000년대 초에 설비 가동률이 낮았음을 언급하고 있다.

④ ③ 문단은 2000년대 초의 저금리 정책이 주택 시장의 거품을 초래했다고 설명한다. 또한 ④ 문단에서는 연준의 금리 인하 이후 주가가 상승했음이 나타난다. 이를 통해 금리 인하 정책이 시행된 후 주택 가격과 주식 가격이 상승했음을 알 수 있다는 정의 주장을 확인할 수 있다.

⑤ ② 문단을 보면 부동산 거품에 대한 더 합리적인 대응책은 금리의 변동보다 주택 담보 대출에 대한 규제이다.

2 다음은 OO공단의 노사협력 담당 부서의 보고자료이다. 이 자료를 가장 적절하게 평가한 사람은?

1 홉스테드(G. Hofstede)는 IBM의 72개국 종업원을 대상으로 설문조사를 실시하여 사회 문화는 '권력 거리', '개인주의·집단주의', '남성주의·여성주의', '불확실성 회피' 등 총 4개의 차원으로 이루어져 있음을 주장하였다.
- 권력 거리(Power Distance) 차원은 한 문화권의 사람들이 권력의 불공평한 배분을 어느 정도로 수용하는가를 말해주는 차원이다.
- 개인주의·집단주의(Individualism·Collectivism) 차원은 대체로 서구 사회와 아시아를 구분하는 뚜렷한 특징이다.
- 남성주의·여성주의(Masculinity·Feminity) 차원은 한 문화권에서 업적과 성공을 중시하는지, 아니면 인간관계 지향적이고 행복을 추구하는지를 말해준다.
- 불확실성 회피(Uncertainty Avoidance) 차원은 한 문화권이 얼마나 불확실성과 예측불가능성에 대한 내성을 가지고 있느냐를 말해주는 것이다.
  홉스테드는 다양한 사회 문화들에 대한 네 가지 차원의 차이와 유사점을 살펴봄으로써 좀 더 명확하고 체계적으로 문화를 설명하고 이해할 수 있다고 했다.
  홉스테드는 후속 연구를 통해 유교적 역동성(confucian dynamism) 차원을 제안했다. 한 문화권의 유교적 역동성이 높을수록 해당 문화는 일반적으로 위계에 따른 질서에 대한 복종이나 검소, 인내 등 유교에서 중시하는 바를 중요하게 여기는 것으로 해석했다.

2 홀(Hall)은 고맥락(High – Context) 커뮤니케이션 문화에서는 대부분의 정보가 직접적인 언어를 통해 전달되기보다는 상황의 한 부분이거나 개인적으로 내부화해 있다고 주장했다. 이에 반해 저맥락(Low – Context) 커뮤니케이션 문화는 정보를 가시적으로 분명하게 표현하는 메시지 형태로 전달한다고 주장했다.

3 세계 다수의 국가와 문화를 대상으로 조직규범과 관행, 리더십을 연구한 GLOBE(Global Leadership and Organizational Effectiveness) 연구프로그램은 과거 홉스테드의 연구보다 진일보한 대규모 프로젝트다. GLOBE 프로젝트가 분류한 9가지 측면은 권력 거리(Power Distance), 불확실성 회피(Uncertainty Avoidance), 제도적 집단주의(Institutional Collectivism), 소속집단주의(In – Group Collectivism), 양성평등주의(Gender Egalitarianism), 자기주장성(Assertiveness), 미래지향성(Furture Orientation), 성과지향성(Performance Orientation), 인간지향성(Humane Orientation)으로 분류하고 연구가 진행되었고 현재도 지속되고 있다.

① 최 주임 : 여성발전기본법은 정치·경제·사회·문화의 모든 영역에서 양성평등 이념을 실현하기 위해 제정되었으며 양성평등기본법으로 개정되었다.

② 한 대리 : 조직구성원의 행동을 지배하는 비공식적 분위기가 있음을 이해하고, 직원들의 행동을 결정하는 집단적 가치관이나 규범을 정립해야 한다.

③ 이 팀장 : 리더십 대체이론은 부하특성, 과업특성, 조직특성들이 리더십 행동에 영향을 미치고 있고 리더의 행동을 대체할 수 있다는 이론이다.

④ 김 사원 : 구매 후 인지 부조화란 소비자가 제품구매에 대한 심리적 불편을 겪는 과정으로서, 제품 구매 이후 만족/불만족을 느끼기 전에 자신의 선택이 과연 옳은 것이었는가에 대한 불안감을 느끼는 것을 말한다.

⑤ 박 주임 : 델파이법은 전문가 집단을 대상으로 미래의 인력수요를 예측하게 하는 기법으로 통계적 기법보다 정확하나 시간과 비용이 많이 소요된다.

✔해설 ② ① 문단의 홉스테드는 IBM의 종업원을 대상으로 권력 거리, 개인주의·집단주의, 남성주의·여성주의, 불확실성 회피라는 문화 차원 척도를 제시하였다. ② 문단의 홀은 커뮤니케이션 스타일 차원을 이용하여 문화를 분석하였고 고맥락 커뮤니케이션 문화와 저맥락 커뮤니케이션 문화로 구분하였다. ③ 문단의 GLOBE모형은 홉스테드의 척도를 발전시켰다. 세 개의 연구 결과는 모두 문화에 해당하며 조직의 노사협력 차원에서 접근하면 조직문화의 영역에 속한다. 한 대리는 "조직구성원의 행동을 지배하는 비공식적 분위기가 있음을 이해하고, 직원들의 행동을 결정하는 집단적 가치관이나 규범을 정립해야 한다"고 했는데 가장 정확한 접근이다.

① 제시문 속에 남성주의·여성주의, 권력의 불공평한 배분, 양성평등주의 등의 주제가 포함되어 있으나 제시문의 본질이 양성평등기본법을 말하고자 하는 것은 아니다.

③ ③ 문단에 리더십을 연구했다는 문구가 있으나 리더십 대체이론을 설명하고자 한 것은 아니다.

④⑤ 인지 부조화, 델파이법은 제시문과 연관성이 없다.

Answer 2.②

3 다음 교육 자료에 대한 회사 직원들의 반응으로 가장 적절하지 않은 것은?

[역사 속의 오늘 사건] 1903년 6월 16일. 노동 시스템 바꾼 포드 자동차 회사 설립

① 헨리 포드는 1903년에 미국 미시간주 디어본에 포드 자동차 회사를 설립한다. 이 포드 자동차 회사는 현대의 노동 시스템을 완전히 획기적으로 바꾸어 놓았다.

② 바로 1913년에 컨베이어 벨트 생산 방식을 만들어 대량 생산의 기틀을 마련한 것이다. 사실 이것이 헨리 포드의 가장 큰 업적이자 산업 혁명의 정점이라 볼 수 있는데, 이는 산업 혁명으로 얻어진 인류의 급격한 기술적 성과를 대중에게 널리 보급하는 기틀을 마련한 것이다. 컨베이어 벨트 등 일련의 기술 발전 덕분에 노동자 숫자가 중요한 게 아니라 기계를 잘 다룰 줄 아는 숙련공의 존재가 중요해졌다. 하지만 숙련공들은 일당에 따라서 공장을 옮기는 게 예사였고, 품질관리와 생산력이라는 측면에서 공장주들에게는 골치 아픈 일이었다.

③ 이를 한 방에 해결한 게 1914년 '일당 $5' 정책이었다. 필요 없는 인력은 해고하되 필요한 인력에게는 고임금과 단축된 근로시간을 제시하였다. 이렇게 되니 오대호 근처의 모든 숙련공이 포드 공장으로 모이기 시작했고, 이런 숙련공들 덕분에 생산성은 올라가고 품질 컨트롤도 일정하게 되었다. 일급을 5달러로 올린 2년 뒤에 조사한 바에 따르면 포드 종업원들의 주택 가격 총액은 325만 달러에서 2,000만 달러로 늘어났고 평균 예금 액수도 196달러에서 750달러로 늘어났다. 바로 중산층이 생겨난 것이다.

④ 이것은 당시로는 너무나 획기적인 일이라 그 당시 시사만평 같은 매체에서는 포드의 노동자들이 모피를 입고 기사가 모는 자가용 자동차를 타고 포드 공장에 일하러 가는 식으로 묘사되기도 했다. 또한, 헨리 포드는 주 5일제 40시간 근무를 최초로 실시한 사람이기도 하다. 산업혁명 이후 착취에 시달리던 노동자들에겐 여러모로 크게 영향을 미쳤다고 할 수 있다.
헨리 포드가 누누이 말하는 "내가 현대를 만든 사람이야."의 주축이 된 포드 자동차 회사를 설립한 날은 1903년 6월 16일이다.

① A : 기계의 도입으로 노동력을 절감했을 것이다.
② B : 미숙련공들은 포드 자동차 회사에 취업하기 힘들었을 것이다.
③ C : 퇴근 후의 여가 시간 비중이 늘어났을 것이다.
④ D : 종업원들은 경제적으로도 이전보다 풍요로워졌을 것이다.
⑤ E : 자동차를 판매한 이윤으로 더 많은 생산 시설을 늘렸을 것이다.

✔ 해설　⑤ 헨리 포드는 자신의 자동차 회사를 설립하여 노동 시스템을 바꿔 놓았다. E는 "자동차를 판매한 이윤으로 더 많은 생산 시설을 늘렸을 것이다."라고 했는데 이는 제시문과 맞지 않는다. ③ 문단에 따르면 이윤을 통해 생산 시설을 늘리기보다는 종업원들에게 더 높은 임금을 지급했음이 나타난다.
　① ② 문단의 컨베이어 벨트 생산 방식을 통해 노동력을 절감했을 것이다.
　② ② 문단에 따르면 기계를 잘 다룰 줄 아는 숙련공의 존재가 중요해졌음이 나타난다.
　③ ④ 문단에 따르면 포드는 주 5일제 40시간 근무를 최초로 실시했음이 나타난다.
　④ ③ 문단에 따르면 포드 종업원들의 주택 가격 총액은 345만 달러에서 2,000만 달러로 늘었고 평균 예금 액수도 4배 가까이 늘어났다.

Answer　3.⑤

1 프레임(frame)은 영화와 사진 등의 시각 매체에서 화면 영역과 화면 밖의 영역을 구분하는 경계로서의 틀을 말한다. 카메라로 대상을 포착하는 행위는 현실의 특정한 부분만을 떼어내 프레임에 담는 것으로, 찍는 사람의 의도와 메시지를 내포한다. 그런데 문, 창, 기둥, 거울 등 주로 사각형이나 원형의 형태를 갖는 물체를 이용하여 프레임 안에 또 다른 프레임을 만드는 경우가 있다. 이런 기법을 '이중 프레이밍', 그리고 안에 있는 프레임을 '이차 프레임'이라 칭한다.

2 이차 프레임의 일반적인 기능은 크게 세 가지로 구분할 수 있다. 먼저, 화면 안의 인물이나 물체에 대한 시선 유도 기능이다. 대상을 틀로 에워싸기 때문에 시각적으로 강조하는 효과가 있으며, 대상이 작거나 구도의 중심에서 벗어나 있을 때도 존재감을 부각하기가 용이하다. 또한, 프레임 내 프레임이 많을수록 화면이 다층적으로 되어, 자칫 밋밋해질 수 있는 화면에 깊이감과 입체감이 부여된다. 광고의 경우, 설득력을 높이기 위해 이차 프레임 안에 상품을 위치시켜 주목을 받게 하는 사례들이 있다.

3 다음으로, 이차 프레임은 작품의 주제나 내용을 암시하기도 한다. 이차 프레임은 시각적으로 내부의 대상을 외부와 분리하는데, 이는 곧잘 심리적 단절로 이어져 구속, 소외, 고립 따위를 환기한다. 그리고 이차 프레임 내부의 대상과 외부의 대상 사이에는 정서적 거리감이 조성되기도 한다. 어떤 영화들은 작중 인물을 문이나 창을 통해 반복적으로 보여 주면서, 그가 세상으로부터 격리된 상황을 암시하거나 불안감, 소외감 같은 인물의 내면을 시각화하기도 한다.

4 마지막으로, 이차 프레임은 '이야기 속 이야기'인 액자형 서사 구조를 지시하는 기능을 하기도 한다. 일례로, 어떤 영화는 작중 인물의 현실 이야기와 그의 상상에 따른 이야기로 구성되는데, 카메라는 이차 프레임으로 사용된 창을 비추어 한 이야기의 공간에서 다른 이야기의 공간으로 들어가거나 빠져나온다.

5 그런데 현대에 이를수록 시각 매체의 작가들은 ㉠이차 프레임의 범례에서 벗어나는 시도들로 다양한 효과를 끌어내기도 한다. 가령 이차 프레임 내부 이미지의 형체를 식별하기 어렵게 함으로써 관객의 지각 행위를 방해하여, 강조의 기능을 무력한 것으로 만들거나 서사적 긴장을 유발하기도 한다. 또 문이나 창을 봉쇄함으로써 이차 프레임으로서의 기능을 상실시켜 공간이나 인물의 폐쇄성을 드러내기도 한다. 혹은 이차 프레임 내의 대상이 그 경계를 넘거나 파괴하도록 하여 호기심을 자극하고 대상의 운동성을 강조하는 효과를 낳는 사례도 있다.

4 워크숍에서 아래 〈보기〉의 자료를 추가로 보여주었다. 이에 대한 사원들의 평가로 가장 적절한 것은?

〈보기〉

1950년대 어느 도시의 거리를 담은 이 사진은 ㉮자동차의 열린 뒷문의 창이 우연히 한 인물을 테두리 지어 작품의 묘리를 더하는데, 이는 이중 프레임의 전형적인 사례이다.

① 김 사원 : ㉮로 인해 화면이 평면적으로 느껴지는군.

② 이 사원 : ㉮가 없다면 사진 속 공간의 폐쇄성이 강조되겠군.

③ 박 사원 : ㉮로 인해 창 테두리 외부의 풍경에 시선이 유도되는군.

④ 한 사원 : ㉮ 안의 인물은 멀리 있어서 ㉮가 없더라도 작품 내 존재감이 비슷하겠군.

⑤ 채 사원 : ㉮가 행인이 들고 있는 원형의 빈 액자 틀로 바뀌더라도 이차 프레임이 만들어지겠군.

✔해설 ⑤ 〈보기〉는 이차 프레임을 만드는 물체를 언급하고 있다. 1 문단의 "문, 창, 기둥, 거울 등 주로 사각형이나 원형의 형태를 갖는 물체를 이용"한다는 내용과 관련된다. 이는 원형의 형태를 갖는 물체가 이차 프레임을 형성한다는 의미를 나타낸다. 따라서 채 사원이 말한 "행인이 들고 있는 원형의 빈 액자 틀로 바뀌더라도 이차 프레임이 만들어진다"는 평가가 가장 적절하다.

① 2 문단에서는 이차 프레임이 대상에 깊이감과 입체감을 부여한다고 했으므로 김 사원의 평가는 적절하지 않다.

② 5 문단에서는 이차 프레임을 만드는 문이나 창을 없애는 것이 아니라 막아버림(봉쇄함)으로써 인물이나 공간의 폐쇄성을 드러낸다고 하였다.

③ 2 문단에서는 화면 안의 인물이나 물체에 대한 시선 유도 기능이 있다고 설명하고 있으므로 박 사원의 평가는 적절하지 않다.

④ 4 문단에서는 이차 프레임은 대상이 작더라도 존재감을 부각한다고 설명하고 있으므로 한 사원의 평가는 적절하지 않다.

5   워크숍에서 ⊙의 사례를 발표한 것으로 가장 적절하지 않은 것은?

① 김 사원 : 한 그림에서 화면 안의 직사각형 틀이 인물을 가두고 있는데, 팔과 다리는 틀을 빠져나와 있어 역동적인 느낌을 준다.

② 이 사원 : 한 영화에서 주인공이 속한 공간의 문이나 창은 항상 닫혀 있는데, 이는 주인공의 폐쇄적인 내면을 상징적으로 보여준다.

③ 박 사원 : 한 그림에서 문이라는 이차 프레임을 이용해 관객의 시선을 유도한 뒤, 정작 그 안은 실체가 불분명한 물체의 이미지로 처리하여 관객에게 혼란을 준다.

④ 한 사원 : 한 영화에서 주인공이 앞집의 반쯤 열린 창틈으로 가족의 화목한 모습을 목격하고 계속 지켜보는데, 이차 프레임으로 사용된 창틈이 한 가정의 행복을 드러내는 기능을 한다.

⑤ 채 사원 : 한 영화는 자동차 여행 장면들에서 이차 프레임인 차창을 안개로 줄곧 뿌옇게 보이게 하여, 외부 풍경을 보여 주며 환경과 인간의 교감을 묘사하는 로드 무비의 관습을 비튼다.

✔ 해설   ④ ⊙의 이차 프레임의 범례에서 벗어나는 시도는 세 가지가 제시되어 있다. 첫째, 내부 이미지의 형체를 식별하게 어렵게 하는 것, 둘째, 이차 프레임인 창이나 문을 봉쇄해 버리는 것, 셋째, 이차 프레임 내의 대상이 이차 프레임의 경계를 넘거나 파괴하는 것이다. 한 사원은 "창틈이 한 가정의 행복을 드러내는 기능을 한다."고 발표했는데, 이는 이차 프레임이 가진 기존의 기능에서 벗어난 사례가 아니라 ③ 문단에서 설명한 '이차 프레임이 주제나 내용을 드러내는 기능을 지닌다'는 사례에 해당한다.

① 김 사원은 '팔과 다리는 틀을 빠져나와 있다'고 발표했다. 팔과 다리가 이차 프레임에 해당하는 직사각형 틀 밖으로 나온 것이므로, 이는 이차 프레임의 경계를 넘는 것에 해당한다.

② 이 사원은 '문이나 창이 항상 닫혀 있는데, 이는 주인공의 폐쇄적인 내면을 상징한다'고 발표했다. 여기서 문이나 창이 항상 닫혀 있는 것은 이차 프레임인 문이나 창을 봉쇄해버리는 것에 해당한다.

③ 박 사원은 "그 안은 실체가 불분명한 물체의 이미지"라고 발표했는데, ⑤ 문단은 이차 프레임 내부 이미지의 형체를 식별하기 어렵게 만들어 관객의 지각 행위를 방해한다고 설명하고 있다. 관객에게 혼란을 준다는 것은 관객의 지각을 방해하는 행위로 볼 수 있다.

⑤ 채 사원은 "이차 프레임인 차창을 안개로 줄곧 뿌옇게 보이게 하여 외부 풍경을 보여 준다"고 발표했다. 이는 이차 프레임 내부 이미지의 형체를 식별하기 어렵게 만드는 것에 해당한다.

┃6 ~ 7┃ 다음은 소비자 보호 기관의 보고서이다. 이를 읽고 물음에 답하시오.

① 사회구성원들이 경제적 이익을 추구하는 과정에서 불법 행위를 감행하기 쉬운 상황일수록 이를 억제하는 데에는 금전적 제재 수단이 효과적이다.

② 현행법상 불법 행위에 대한 금전적 제재 수단에는 민사적 수단인 손해 배상, 형사적 수단인 벌금, 행정적 수단인 과징금이 있으며, 이들은 각각 피해자의 구제, 가해자의 징벌, 법 위반 상태의 시정을 목적으로 한다. 예를 들어 기업들이 담합하여 제품 가격을 인상했다가 적발된 경우, 그 기업들은 피해자에게 손해 배상 소송을 제기당하거나 법원으로부터 벌금형을 선고받을 수 있고 행정기관으로부터 과징금도 부과 받을 수 있다. 이처럼 하나의 불법 행위에 대해 세 가지 금전적 제재가 내려질 수 있지만 제재의 목적이 서로 다르므로 중복 제재는 아니라는 것이 법원의 판단이다.

③ 그런데 우리나라에서는 기업의 불법 행위에 대해 손해 배상 소송이 제기되거나 벌금이 부과되는 사례는 드물어서, 과징금 등 행정적 제재 수단이 억제 기능을 수행하는 경우가 많다. 이런 상황에서는 과징금 등 행정적 제재의 강도를 높임으로써 불법 행위의 억제력을 끌어올릴 수 있다. 그러나 적발 가능성이 매우 낮은 불법 행위의 경우에는 과징금을 올리는 방법만으로는 억제력을 유지하는 데 한계가 있다. 또한, 피해자에게 귀속되는 손해 배상금과는 달리 벌금과 과징금은 국가에 귀속되므로 과징금을 올려도 피해자에게는 ㉠직접적인 도움이 되지 못한다. 이 때문에 적발 가능성이 매우 낮은 불법 행위에 대해 억제력을 높이면서도 손해 배상을 더욱 충실히 할 방안들이 요구되는데 그 방안 중 하나가 '징벌적 손해 배상 제도'이다.

④ 이 제도는 불법 행위의 피해자가 손해액에 해당하는 배상금에다 가해자에 대한 징벌의 성격이 가미된 배상금을 더하여 배상받을 수 있도록 하는 것을 내용으로 한다. 일반적인 손해 배상 제도에서는 피해자가 손해액을 초과하여 배상받는 것이 불가능하지만 징벌적 손해 배상 제도에서는 ㉡그것이 가능하다는 점에서 이례적이다. 그런데 ㉢이 제도는 민사적 수단인 손해 배상 제도이면서도 피해자가 받는 배상금 안에 ㉣벌금과 비슷한 성격이 가미된 배상금이 포함된다는 점 때문에 중복 제재의 발생과 관련하여 의견이 엇갈리며, 이 제도 자체에 대한 찬반양론으로 이어지고 있다.

⑤ 이 제도의 반대론자들은 징벌적 성격이 가미된 배상금이 피해자에게 부여되는 ㉤횡재라고 본다. 또한 징벌적 성격이 가미된 배상금이 형사적 제재 수단인 벌금과 함께 부과될 경우에는 가해자에 대한 중복 제재가 된다고 주장한다. 반면에 찬성론자들은 징벌적 성격이 가미된 배상금을 피해자들이 소송을 위해 들인 시간과 노력에 대한 정당한 대가로 본다. 따라서 징벌적 성격이 가미된 배상금도 피해자의 구제를 목적으로 하는 민사적 제재의 성격을 갖는다고 보아야 하므로 징벌적 성격이 가미된 배상금과 벌금이 함께 부과되더라도 중복 제재가 아니라고 주장한다.

6 문맥을 고려할 때 ㉠ ~ ㉤에 대한 설명으로 적절하지 않은 것은?

① ㉠은 피해자가 금전적으로 구제받는 것을 의미한다.

② ㉡은 피해자가 손해액을 초과하여 배상받는 것을 가리킨다.

③ ㉢은 징벌적 손해 배상 제도를 가리킨다.

④ ㉣은 행정적 제재 수단으로서의 성격을 말한다.

⑤ ㉤은 배상금 전체에서 손해액에 해당하는 배상금을 제외한 금액을 의미한다.

> ✔ **해설** ④ ② 문단에서는 벌금이 형사적 수단이라고 언급되어 있으므로 행정적 제재 수단으로 규정한 것은 적절하지 않다.
>
> ① ㉠의 의미는 '피해자에게 귀속되는 손해 배상금'에 해당한다. 여기서 손해배상금은 ② 문단에서 설명한 '손해 배상은 피해자의 구제를 목적으로 한다는 점'을 고려할 때 피해자가 금전적으로 구제받는 것을 의미한다.
>
> ② ㉡의 맥락은 일반적인 손해 배상 제도에서는 피해자가 손해액을 초과하여 배상받는 것이 불가능하지만 징벌적 손해 배상 제도에서는 피해자가 손해액을 초과하여 배상받는 것이 가능하다는 것을 나타낸다.
>
> ③ ㉢의 이 제도는 징벌적 손해 배상 제도를 설명하고 있다.
>
> ⑤ ㉤은 ④ 문단 앞부분에 "이 제도는 불법 행위의 피해자가 손해액에 해당하는 배상금에다 가해자에 대한 징벌의 성격이 가미된 배상금을 더하여 배상받을 수 있도록 하는 것을 내용으로 한다"는 내용이 언급되어 있다. 따라서 '횡재'가 의미하는 것은 손해액보다 더 받는 돈에 해당하는 징벌적 성격이 가미된 배상을 의미한다.

7 윗글을 바탕으로 〈보기〉를 이해한 내용으로 적절하지 않은 것은?

〈보기〉

우리나라의 법률 중에는 징벌적 손해 배상 제도의 성격을 가진 규정이 「하도급거래 공정화에 관한 법률」 제35조에 포함되어 있다. 이 규정에 따르면 하도급거래 과정에서 자기의 기술자료를 유용당하여 손해를 입은 피해자는 그 손해의 3배까지 가해자로부터 배상받을 수 있다.

---

① 박 사원 : 이 규정에 따라 피해자가 받게 되는 배상금은 국가에 귀속되겠군.

② 이 주임 : 이 규정의 시행으로, 기술자료를 유용해 타인에게 손해를 끼치는 행위가 억제되는 효과가 생기겠군.

③ 유 대리 : 이 규정에 따라 피해자가 손해의 3배를 배상받을 경우에는 배상금에 징벌적 성격이 가미된 배상금이 포함되겠군.

④ 고 과장 : 일반적인 손해 배상 제도를 이용할 때보다 이 규정을 이용할 때에 피해자가 받을 수 있는 배상금의 최대한도가 더 커지겠군.

⑤ 김 팀장 : 이 규정이 만들어진 것으로 볼 때, 하도급거래 과정에서 발생하는 기술자료 유용은 적발 가능성이 매우 낮은 불법 행위에 해당하겠군.

✔️해설 ① 〈보기〉는 징벌적 손해 배상 제도를 설명하고 있는데, ④ 문단에서는 피해자에게 배상금을 지급한다고 설명되어 있으므로 박 사원의 '배상금을 국가에 귀속'한다는 것은 적절하지 않다.
② ③ 문단에서는 "적발 가능성이 매우 낮은 불법 행위에 대해 억제력을 높이면서도 손해 배상을 더욱 충실히 할 방안들이 요구되는데 그 방안 중 하나가 징벌적 손해 배상 제도다."라고 되어 있으므로 이 주임은 적절히 이해하였다.
③ 피해자가 받은 배상금은 손해액과 징벌적 성격이 가미된 배상금이므로 유 대리는 적절히 이해하였다.
④ ④ 문단에서는 "일반적인 손해 배상 제도에서는 피해자가 손해액을 초과하여 배상받는 것이 불가능하지만 징벌적 손해 배상 제도에서는 그것이 가능하다."라고 했으므로 고 과장은 적절히 이해하였다.
⑤ ② 문단에서는 징벌적 손해 배상 제도가 나온 배경으로 "적발 가능성이 매우 낮은 불법 행위에 대해 억제력을 높이면서도 손해 배상을 더욱 충실히 할 방안들이 요구되는데"라고 제시하였으므로 김 팀장은 적절히 이해하였다.

Answer 6.④ 7.①

① 문화가 발전하려면 저작자의 권리 보호와 저작물의 공정 이용이 균형을 이루어야 한다. 저작물의 공정 이용이란 저작권자의 권리를 일부 제한하여 저작권자의 허락이 없이도 저작물을 자유롭게 이용하는 것을 말한다. 비영리적인 사적 복제를 허용하는 것이 그 예이다. 우리나라의 저작권법에서는 오래전부터 공정 이용으로 볼 수 있는 저작권 제한 규정을 두었다.

② 그런데 디지털 환경에서 저작물의 공정 이용은 여러 장애에 부딪혔다. 디지털 환경에서는 저작물을 원본과 동일하게 복제할 수 있고 용이하게 개작할 수 있다. 따라서 저작물이 개작되더라도 그것이 원래 창작물인지 이차적 저작물인지 알기 어렵다. 그 결과 디지털화된 저작물의 이용 행위가 공정 이용의 범주에 드는 것인지 가늠하기가 더 어려워졌고 그에 따른 처벌 위험도 커졌다.

③ 이러한 문제를 해소하기 위한 시도의 하나로 포괄적으로 적용할 수 있는 '저작물의 공정한 이용' 규정이 저작권법에 별도로 신설되었다. 그리하여 저작권자의 동의가 없어도 저작물을 공정하게 이용할 수 있는 영역이 확장되었다. 그러나 공정 이용 여부에 대한 시비가 자율적으로 해소되지 않으면 예나 지금이나 법적인 절차를 밟아 갈등을 해소해야 한다. 저작물 이용의 영리성과 비영리성, 목적과 종류, 비중, 시장 가치 등이 법적인 판단의 기준이 된다.

④ 저작물 이용자들이 처벌에 대해 불안감을 여전히 느낀다는 점에서 저작물의 자유 이용 허락 제도와 같은 '저작물의 공유' 캠페인이 주목을 받고 있다. 이 캠페인은 저작권자들이 자신의 저작물에 일정한 이용 허락 조건을 표시해서 이용자들에게 무료로 개방하는 것을 말한다. 누구의 저작물이든 개별적인 저작권을 인정하지 않고 모두가 공동으로 소유하자고 주장하는 사람들과 달리, 이 캠페인을 펼치는 사람들은 기본적으로 자신과 타인의 저작권을 존중한다. 캠페인 참여자들은 저작권자와 이용자들의 자발적인 참여를 통해 자유롭게 활용할 수 있는 저작물의 양과 범위를 확대하려고 노력한다. 이들은 저작물의 공유가 확산되면 디지털 저작물의 이용이 활성화되고 그 결과 인터넷이 더욱 창의적이고 풍성한 정보 교류의 장이 될 것이라고 본다. 그러나 캠페인에 참여한 저작물을 이용할 때 허용된 범위를 벗어난 경우 법적 책임을 질 수 있다.

⑤ 한편 ㉠다른 시각을 가진 사람들도 있다. 이들은 저작물의 공유 캠페인이 확산되면 저작물을 창조하려는 사람들의 동기가 크게 감소할 것이라고 우려한다. 이들은 결과적으로 활용 가능한 저작물이 줄어들게 되어 이용자들도 피해를 입게 된다고 주장한다. 또 디지털 환경에서는 사용료 지불절차 등이 간단해져서 '저작물의 공정한 이용' 규정을 별도로 신설할 필요가 없었다고 본다. 이들은 저작물의 공유 캠페인과 신설된 공정 이용 규정으로 인해 저작권자들의 정당한 권리가 침해받고 있으므로 이를 시정하는 것이 오히려 공익에 더 도움이 된다고 말한다.

8 ㉠의 주장에 가까운 것은?

① 이용 허락 조건을 저작물에 표시하면 창작 활동을 더욱 활성화한다.

② 저작권자의 정당한 권리 보호를 위해 저작물의 공유 캠페인이 확산되어야 한다.

③ 비영리적인 경우 저작권자의 동의가 없어도 복제가 허용되는 영역을 확대해야 한다.

④ 저작권자가 자신들의 노력에 상응하는 대가를 정당하게 받을수록 창작 의욕이 더 커진다.

⑤ 자신의 저작물을 자유롭게 이용하도록 양보하는 것은 다른 저작권자의 저작권 개방을 유도하여 공익을 확장시킨다.

> ✔ 해설 ④ ㉠의 다른 시각을 가진 사람들의 주장은 저작물의 공유 캠페인은 저작물 창작 의욕을 감소시켜 결과적으로 활용 가능한 저작물이 감소하여 이용자들도 피해를 본다는 것이다. 즉, 저작물의 공정한 이용 규정으로 저작권자들의 정당한 권리가 침해받음을 말하고자 한다. 따라서, 저작권자가 자신들의 노력에 상응하는 대가를 정당하게 받을수록 창작 의욕이 더 커진다는 주장과 관련된다.
> ① 이용 허락 조건을 표시하는 것은 저작물 공유 캠페인에 해당하므로 ㉠과는 반대되는 주장이다.
> ② 저작물의 공유 캠페인이 확산되어야 한다는 것은 ㉠과는 반대되는 주장이다.
> ③ 복제가 허용되는 영역을 확대해야 한다는 것은 ㉠과는 반대되는 주장이다.
> ⑤ 자신의 저작물을 자유롭게 이용하도록 양보하는 것은 저작물의 공정 이용에 해당하는 것으로 ㉠의 입장과 반대된다.

9 윗글을 바탕으로 〈보기〉를 이해할 때, 적절하지 않은 것은?

〈보기〉

[자료 1]

다음은 저작물 공유 캠페인의 '자유 이용 허락' 조건 표시의 한 예이다.

ⓘ : 출처를 표시하고 자유롭게 사용 가능함

ⓘⓈ : 출처를 표시하고 사용하되 상업적 사용은 안 됨

[자료 2]

A는 자신의 미술 평론에 항상 ⓘ표시를 하여 블로그에 올렸다. B는 표시의 조건을 지키며 A의 미술 평론을 이용해 왔다. 최근 A는 조카의 돌잔치 동영상을 만들고 ⓘⓈ표시를 하여 블로그에 올렸다. 그런데 B는 그 동영상에서 자신의 저작물인 예술 사진이 동의 없이 사용된 것을 발견하였다. B는 A에게 예술 사진에 대한 저작권 사용료를 지불하라고 요구하였다.

Answer 8.④ 9.④

① 유 대리 : A는 '자유 이용 허락' 조건 표시를 사용하는 것으로 보아 저작물의 공유 캠페인에 참여하는 사람이겠군.

② 이 주임 : B가 평소 A의 자료를 이용한 것에 대해서 A는 B에게 사용료 지불을 요구할 수 없겠군.

③ 정 사원 : A의 행위가 공정 이용에 해당한다면, A는 B에게 사용료를 지불하지 않아도 되겠군.

④ 한 주임 : B는 공정 이용 규정이 없었다면, A에게 사용료 지불을 요구할 수 없겠군.

⑤ 남 사원 : B가 A의 미술평론의 일부를 편집해 자신의 블로그에 올렸다면, A의 동의를 별도로 받지 않아도 되었겠군.

✔해설 ④ B는 자신의 예술 사진에 대해서는 저작물 공유 캠페인에 저작자로서는 참여하지 않았다. 그런데 A는 B의 허락 없이 B의 예술 사진을 자신의 동영상에 사용하였다. 이는 1 문단 및 3 문단에서 설명한 저작물의 공정한 이용 규정에 해당한다. 다시 말해 저작물의 공정 이용과 공정 이용 규정이 있기 때문에 저작물을 저작권자의 허락 없이 무료로 사용할 수 있게 되는 것이다. 만일 공정 이용 규정이 없다면 저작권자에게 사용료를 지불해야 한다.

① A는 자신의 미술 평론에 자유 이용 허락 조건을 표시하여 블로그에 올렸으므로 저작물 공유 캠페인에 참여하는 사람이다.

② A는 자신의 평론을 올릴 때 출처만 표시하면 자유롭게 이용해도 된다는 이용 허락 조건을 달았고, 이는 저작물 공유 캠페인에 참여한 것이므로 A는 B에게 사용료 지불을 요구할 수 없다.

③ A는 B의 예술 사진을 허락받지 않고 사용했지만 이 행위가 공정 이용에 해당한다면 당연히 사용료를 지불하지 않아도 된다.

⑤ B가 A의 미술 평론을 그대로 사용하든 일부를 편집해서 사용하든 관계없이, A의 미술 평론은 출처만 밝힌다면 자유롭게 사용할 수 있다. 즉 A의 동의를 받지 않아도 사용 가능하다.

10 다음은 OO농산물품질관리원에서 연구한 정책보고서의 내용이다. 이 글을 근거로 판단할 때, 일반적으로 종자저장에 가장 적합한 함수율을 가진 원종자의 무게가 10g이면 건조종자의 무게는 얼마인가?

채종하여 파종할 때까지 종자를 보관하는 것을 '종자의 저장'이라고 하는데, 채종하여 1년 이내 저장하는 것을 단기저장, 2 ~ 5년은 중기저장, 그 이상은 장기저장이라고 한다. 종자의 함수율 (Moisture Content)은 종자의 수명을 결정하는 가장 중요한 인자이다. 함수율은 아래와 같이 백분율로 표시한다.

$$함수율(\%) = \frac{원종자\ 무게 - 건조\ 종자\ 무게}{원종자\ 무게} \times 100$$

일반적으로 종자저장에 가장 적합한 함수율은 5 ~ 10%이다. 다만 참나무류 등과 같이 수분이 많은 종자들은 함수율을 약 30% 이상으로 유지해주어야 한다. 또한, 유전자 보존을 위해서는 보통 장기저장을 하는데 이에 가장 적합한 함수율은 4 ~ 6%이다. 일반적으로 온도와 수분은 종자의 저장기간과 역의 상관관계를 갖는다.

종자는 저장 용이성에 따라 '보통저장성' 종자와 '난저장성' 종자로 구분한다. 보통저장성 종자는 종자 수분 5 ~ 10%, 온도 0℃ 부근에서 비교적 장기간 보관이 가능한데 전나무류, 자작나무류, 벚나무류, 소나무류 등 온대 지역의 수종 대부분이 이에 속한다. 하지만 대사작용이 활발하여 산소가 많이 필요한 난저장성 종자는 0℃ 혹은 약간 더 낮은 온도에서 저장하여야 건조되는 것을 방지할 수 있다. 이에 속하는 수종은 참나무류, 칠엽수류 등의 몇몇 온대수종과 모든 열대수종이다.

한편 종자의 저장 방법에는 '건조저장법'과 '보습저장법'이 있다. 건조저장법은 '상온저장법'과 '저온저장법'으로 구분한다. 상온저장법은 일정한 용기 안에 종자를 넣어 창고 또는 실내에서 보관하는 방법으로 보통 가을부터 이듬해 봄까지 저장하며, 1년 이상 보관 시에는 건조제를 용기에 넣어 보관한다. 반면에 저온저장법의 경우 보통저장성 종자는 함수율이 5 ~ 10% 정도 되도록 건조하여 주변에서 수분을 흡수할 수 없도록 밀봉 용기에 저장하여야 한다. 난저장성 종자는 -3℃ 이하에 저장해서는 안 된다.

보습저장법은 '노천매장법', '보호저방법', '냉습적법' 등이 있다. 노천매장법은 양지바르고 배수가 잘되는 곳에 50 ~ 100cm 깊이의 구덩이를 파고 종자를 넣은 뒤 땅 표면은 흙을 덮어 겨울 동안 눈이나 빗물이 그대로 스며들 수 있도록 하는 방식이다. 보호저장법은 건사저장법이라고 하는데 참나무류, 칠엽수류 등 수분이 많은 종자가 부패하지 않도록 저장하는 방법이다. 냉습적법은 용기 안에 보습제인 이끼, 모래와 종자를 섞어서 놓고 3 ~ 5℃의 냉장고에 저장하는 방법이다.

① 6g ~ 6.5g

② 7g ~ 7.5g

③ 8g ~ 8.5g

④ 9g ~ 9.5g

⑤ 10g ~ 10.5g

✔해설 함수율은 목재 내에 함유하고 있는 수분을 백분율로 나타낸 것이다.

$$함수율 = \frac{원종자\ 무게\ -\ 건조\ 종자\ 무게}{원종자\ 무게} \times 100$$

일반적으로 종자저장에 적합한 함수율은 5 ~ 10%로 제시되어 있으므로 이를 활용하여 건조 종자 무게를 확인할 수 있다.

건조 종자 무게를 X로 두는 경우 5(5) < (10 - X) ÷ 10 × 100 < 10(5)의 식을 만들 수 있다. 이를 통해서 건조 종자 무게는 각각 10 - X = 0.5, 10 - X = 1이므로 건조 종자 무게 X의 범위는 9 < X < 9.5임을 알 수 있다.

02 알고리즘 설계

(1) 알고리즘(algorithm)

① 정의 : 어떠한 문제나 과제를 해결하기 위한 절차, 방법, 명령어들로 표현한 생각이다. 알고리즘을 프로그래밍 언어로 풀어서 작성하면 프로그램이 된다.

② 프로그램 작성흐름 : 기획, 설계, 프로그래밍, 디버깅, 문서작성 순서로 작성된다. 설계의 순서에서 명료하게 그래픽으로 확인하기 위해서 알고리즘이 필요하다.

(2) 알고리즘 순서도

기호	기호명	역할
	터미널	알고리즘의 시작과 끝을 작성한다.
→	흐름선	기호들을 연결하여 처리의 흐름을 알려준다. 확실하게 흐름의 방향을 표시하기 위해서 화살표를 사용한다.
	준비	작업을 시작하기 전에 변수나 초기 수치를 작성한다.
	처리	기호 안에 구체적으로 처리해야하는 작업을 작성한다.
	입출력	데이터를 입력하거나 결과의 출력이다.
	판단	조건에 따라 YES와 NO로 구분하여 흐름선을 선택한다.
	프린트	결과 값을 출력한다.
	결합	기본적인 흐름선에 다른 흐름선이 합류하는 것이다.

(3) 알고리즘 구조

① 순차구조 : 순서대로 처리하는 절차를 나타내는 구조이다.

② 선택구조 : 조건식에 따라서 실행해야하는 절차로 YES나 NO 둘 중에 선택한다.

③ 반복구조 : 조건을 만족할 때까지 같은 처리를 반복하는 절차를 의미한다.

다음 알고리즘에서 S가 출력될 때까지 알고리즘이 몇 번 순환되어야 하는가?

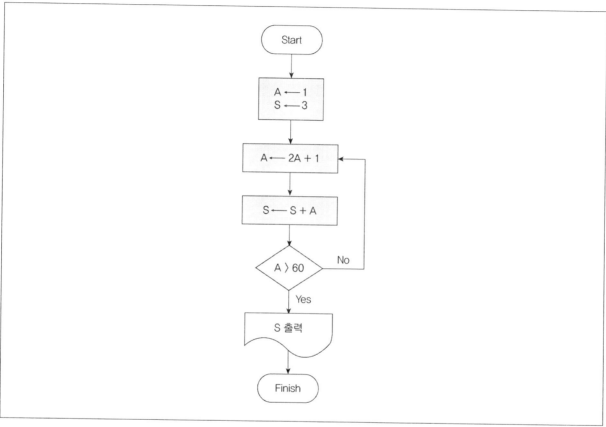

① 20번

② 15번

③ 10번

④ 5번

⑤ 3번

 해설

구분	1번째 루프	2번째 루프	3번째 루프	4번째 루프	5번째 루프
A	3	7	15	31	63
S	6	13	28	59	122

답 ④

1 다음은 파인만 알고리즘을 기반으로 제작된 격자이다. ㉠에 들어가는 숫자로 옳은 것은?

	F	B	C	D	E
G	0	0	0	0	0
A	0	0	0	0	0
B	0	1	0	0	0
C	0	0	2	0	0
D	0	0	0	㉠	0

① 0   ② 1
③ 2   ④ 3
⑤ 4

✔ 해설

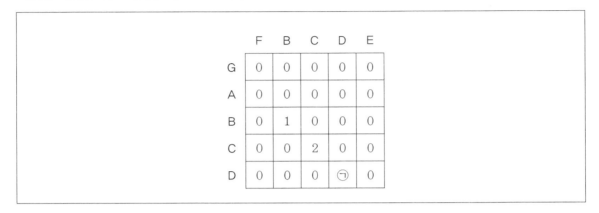

	F	B	C	D	E	
G	0	0	0	0	0	→ G와 동일한 알파벳이 없어 모두 0이 들어간다.
A	0	0	0	0	0	→ A와 동일한 알파벳이 없어 모두 0이 들어간다.
B	0	1	0	0	0	→ B와 동일한 알파벳 자리에 1이 들어간다.
C	0	0	2	0	0	→ C와 동일한 알파벳 자리에 좌측 상단 숫자 + 1을 한다.
D	0	0	0	3	0	→ D와 동일한 알파벳 자리에 좌측 상단 숫자 + 1을 한다.

2 다음 〈보기〉에 정렬된 배열에서 〈규칙〉에 따라 작은 수부터 순서대로 정렬하는 알고리즘 순환이다. 〈규칙〉에 따라 작업이 반복될 때 ㉣에 들어가는 숫자로 적절한 것은?

〈보기〉

| 9 | 30 | 50 | 78 | 2 | 60 | 19 | 21 | 11 | 18 |

〈규칙〉

1. 〈보기〉의 알고리즘 정렬에서 최댓값을 찾고 맨 뒤에 위치한 18과 자리를 바꾼다.

| 9 | 30 | 50 | 78 | 2 | 60 | 19 | 21 | 11 | 18 |

2. 위치가 뒤로 변경된 최댓값의 78의 위치는 고정되고 변경되지 않는다.

| 9 | 30 | 50 | 18 | 2 | 60 | 19 | 21 | 11 | 78 |

3. 정렬되지 않은 하얀 박스에서 최댓값 60과 맨 뒤에 위치한 11과 위치를 바꾼다.

| 9 | 30 | 50 | 18 | 2 | 60 | 19 | 21 | 11 | 78 |

4. 위치가 뒤로 변경된 최댓값의 위치는 고정한다.

| 9 | 30 | 50 | 18 | 2 | 11 | 19 | 21 | 60 | 78 |

5. 정렬되지 않은 하얀 박스에서 최댓값 50과 맨 뒤에 위치한 숫자와 바꾼다.

| 9 | 30 | 50 | 18 | 2 | 11 | 19 | 21 | 60 | 78 |

… 위의 과정을 반복한다.

| 9 | ㉠ | 21 | ㉡ | ㉢ | ㉣ | ㉤ | ㉥ | 60 | 78 |

① 11

② 19

③ 18

④ 30

⑤ 2

✔해설 배열된 정렬의 정리하는 루프는 아래와 같다.

9	30	50	18	2	60	19	21	11	78
9	30	50	18	2	11	19	21	60	78
9	30	21	18	2	11	19	50	60	78
9	19	21	18	2	11	30	50	60	78

Answer 1.④ 2.①

3 다음 게임에서 최단거리는 몇 칸인가?

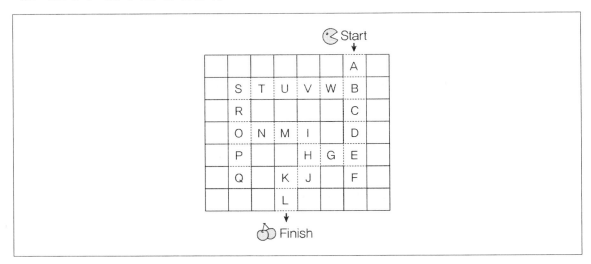

① 9
② 10
③ 11
④ 12
⑤ 13

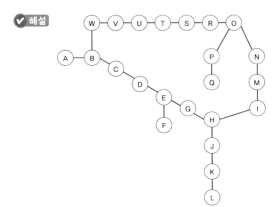

위의 그래프를 통해 확인하면 Start에서 finish지점까지 갈 수 있는 경로는 A→B→C→D→E→G →H→J→K→L로 총 10칸이다.

4 다음은 A~N 지역별로 연결된 도시마다 소요되는 시간을 그래프로 표현한 것이다. A에서 N까지 가는 거리에서 소요되는 최소 시간은?

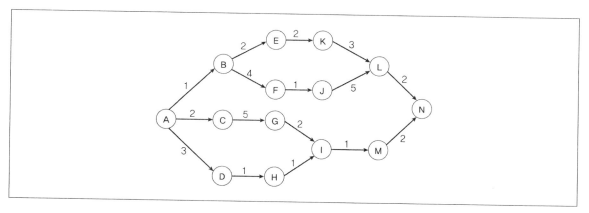

① 13시간

② 12시간

③ 11시간

④ 9시간

⑤ 8시간

✔해설 A에서 N까지 가는 경로는 총 4가지 경로가 나온다.
ⓐ 첫 번째 경로 : A→B→E→K→L→N
1 + 2 + 2 + 3 + 2 = 10 ∴ 첫 번째 경로는 10시간 소요
ⓑ 두 번째 경로 : A→B→F→J→L→N
1 + 4 + 1 + 5 + 2 = 13 ∴ 두 번째 경로는 13시간 소요
ⓒ 세 번째 경로 : A→C→G→I→M→N
2 + 5 + 2 + 1 + 2 = 12 ∴ 세 번째 경로는 12시간 소요
ⓓ 네 번째 경로 : A→D→H→I→M→N
3 + 1 + 1 + 1 + 2 = 8 ∴ 네 번째 경로는 8시간 소요
∴ 네 번째 경로가 최소기간 8시간이다.

5 다음은 미래대비를 위한 연금예금 상품설명서와 상품가입조건에 해당하는 알고리즘 설계도이다. 고객의 특징을 확인하여 해당 상품을 추천하기에 가장 적합한 고객은?

〈미래대비를 위한 연금예금〉

1. 상품종류 : 정기예금
2. 상품목적 : 미래설계를 위한 은퇴 설계가 가능한 상품
3. 가입금액 : 300만 원 이상으로 제한 없이 가능
4. 가입기간 : 12개월 이상 60개월 이하 12개월 단위로 가입가능
5. 이자지급방식 : 원리금분할만기지정이자지급 1개월
6. 금리안내(우대금리 조건에 따라 추가금리 적용 가능)

- 12개월 : 3.4%
- 24개월 : 3.5%
- 36개월 : 3.7%
- 48개월 : 3.8%
- 60개월 : 3.85%

6. 우대금리 : 온라인으로 가입시 0.2%

①	이름	김민수
	나이	29세
	특징	• 가입금액 500만원 • 원금손실을 감수하더라도 높은 이득을 원하는 공격투자형 • 가입기간은 12개월 이상부터 무관

②	이름	차혜연
	나이	35세
	특징	• 가입금액 1,000만원 • 개인사업자에게 차별화된 우대금리를 적용하는 상품을 희망 • 가입기간은 무관하지만 금리는 3.5% 이상이 되길 원함

③
이름	최창호
나이	39세
특징	• 가입금액 700만원 • 5년 이내의 단기연금예금을 고정금리를 적용하여 수령받길 원함 • 3.3% 이상이 되길 원함

④
이름	김미연
나이	25세
특징	• 가입금액 100~200만원 • 장기간의 가입기간과 4% 이상의 이율을 희망 • 은퇴설계를 위한 상품 권고를 원함

⑤
이름	진하루
나이	30세
특징	• 가입금액 300만원 희망 • 변동금리로 가입을 희망함 • 가입은 최대 10년까지 가능함

해설 ③ 60개월까지 가입이 가능하며 고정금리를 적용하여 수령을 받는 상품으로 권고하기에 적절하다.
① 원금손실을 감수하더라도 높은 이득을 원하는 경우에는 가입을 권고하지 않는다.
② 상품 가입대상자는 개인이며 개인사업자에게 차별화된 우대금리를 적용하지 않는다.
④ 가입금액이 300만 원 이상부터 가입이 가능하기에 권고가 적절하지 않다.
⑤ 고정금리 상품으로 권고하기에 적절하지 않다.

Answer 5.③

02. 알고리즘 설계 **253**

6 다음은 A의 값이 500이 되면 입력이 종료되는 알고리즘 순서도이다. 알고리즘의 빈칸에 들어가는 내용으로 올바르게 짝지어진 것은?

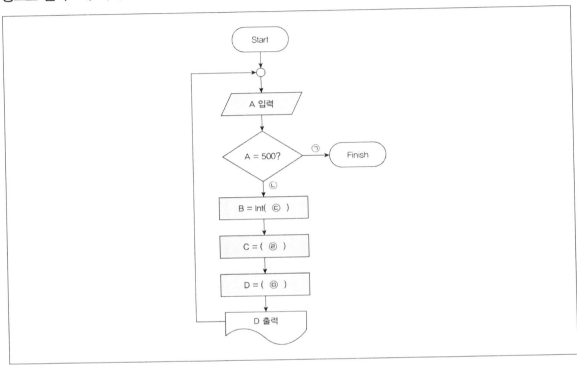

구분	내용
A	입력 데이터 변수
B	A를 5로 나누었을 때의 몫 변수
C	B를 5로 곱하였을 때의 변수
D	A와 C의 합계 변수
Int( )	소수점 이하를 절삭할 때 사용하는 함수

① ㉠ NO, ㉡ YES

② ㉢ A/5, ㉣ A + 5

③ ㉣ B * 5, ㉤ A + C

④ ㉢ C/5, ㉣ D * 5

⑤ ㉠ YES, ㉤ A + B

✔ 해설 ㉠ YES, ㉡ NO, ㉢ A/5, ㉣ B * 5, ㉤ A + C이다.

7 다음은 A은행의 알고리즘 기반으로 주택 담보 및 채무자를 평가하여 대출 여부를 심사하는 시스템 알고리즘 순서도이다. 주택담보대출 승인이 나오기 위한 조건으로 옳은 것은?

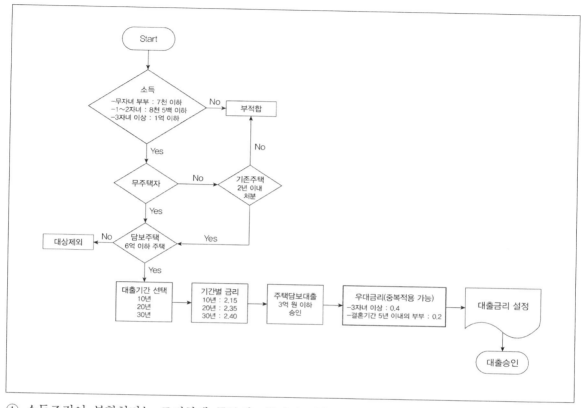

① 소득조건이 부합하다는 조건하에 무주택·무자녀 신혼부부가 6억 천만 원 주택으로 10년간 담보 대출을 하면 2.15% 금리로 대출 승인이 가능하다.

② 소득조건이 부합하다는 조건하에 결혼기간이 2년이고 세쌍둥이를 키우는 부부가 30년을 대출 신청한다면 최대 금리 1.8%까지 예상 가능하다.

③ 소득조건이 부합하다는 조건하에 결혼기간이 6년이고 자녀가 없는 부부는 우대금리를 적용받아 10년간 대출금리가 1.75%로 예상할 수 있다.

④ 연 소득이 8천 5백이고 결혼기간이 1년차이며 무주택·무자녀 부부는 담보주택이 6억 원 이하라면 대출 승인이 가능하다.

⑤ 1주택자 신혼부부가 기존 주택을 2년 이내에 처분하기로 했다면, 7억 원의 주택에 대한 담보대출은 승인될 수 있다.

② 소득조건이 부합하고 무주택자라면, 결혼기간이 5년 이내이고 3자녀이므로 0.6% 우대금리를 적용이
가능하다. 30년 대출이자 2.40%으로 최대 금리 1.8%까지 가능하다.

① 담보주택이 6억 원 이상일 경우 대출은 불가능하다.

③ 결혼기간이 5년이 지나고 무자녀일 경우 10년간 대출은 우대금리 없이 2.15%이다.

④ 무자녀인 부부의 연 소득이 7천만 원 이상이면 대출 대상이 아니다.

⑤ 6억 원 이상이면 대출 대상에서 제외된다.

8 다음 알고리즘 순환표와 자료를 통해, 원하는 상품에 가입할 수 있는 사람은?

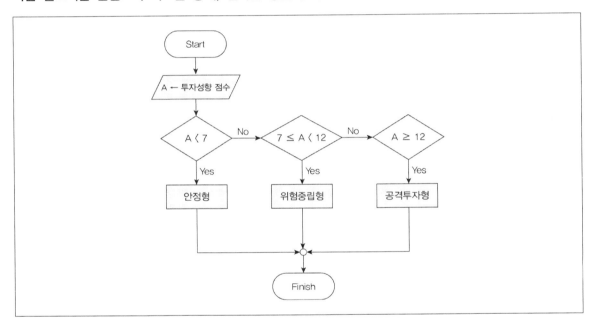

〈선택구분별 투자성향 점수표〉

항목	3점	2점	1점
연령대	만 65세 미만	만 65세 이상 ~ 만 79세 이하	만 80세 이상
투자기간	7년 이하	5년 이하	1년 이하
소득대비 투자규모	50% 이상	25 ~ 50%	25% 미만
투자목적	전문투자	성장 및 고수익	정기적 소득창출
투자지식	전문적	보통	제한적

＊표에 제시된 선택구분 다섯 가지 항목으로만 위험등급을 계산한다.

〈투자성향별 추천 가능한 위험등급〉

투자성향	매우높은위험	보통위험	매우낮은위험
안정형	×	×	○
위험중립형	×	○	○
공격투자형	○	○	○

*동그라미에 해당하는 등급의 상품에만 가입이 가능하다.

〈위험등급별 가입 가능한 펀드목록〉

위험등급	가입가능 펀드
매우높은위험	주식, ETF, MMF
보통위험	CMA, 채권형펀드
매우낮은위험	예·적금, 국공채

① 준호 : 투자성향 점수가 8점이 나와서 ETF 상품을 추천받고 싶습니다.

② 진선 : 20대 사회초년생으로 6년 동안 소득 52%를 전문적으로 투자할 예정입니다. 국채상품을 추천해주세요.

③ 현재 : 투자성향 점수가 나는 안정형이 나왔어요. 이번에 주식상품을 추천받고 싶습니다.

④ 화연 : 올해 67세로 6개월 이내로 저의 소득 10%로 고수익을 낼 수 있는 MMF 상품을 추천해주세요.

⑤ 한영 : 20대 대학생으로 처음 시작하는 투자이고 투자지식은 제한적이지만 제 소득에 10% 정도를 1년 이하로 고수익 상품인 ETF 상품을 가입하고 싶습니다.

✅해설 ② 안정형의 매우 낮은 위험인 국채를 진선은 가입이 가능하다.
① 준호는 위험중립형으로 ETF 상품 가입이 불가하다.
③ 투자성향이 안정형일 경우 주식가입은 불가하다.
④ 공격투자형에 해당하지 않기 때문에 매우높은위험 등급의 MMF 가입은 불가하다.
⑤ 한영은 위험중립형으로 매우높은위험 등급의 상품에 가입은 불가하다.

Answer 8.②

9 다음은 투자성향분석표를 알고리즘 순환표로 정리한 것이다. 다음 알고리즘 표를 확인하고 민수에게 추천받게 될 상품을 모두 고른 것은?

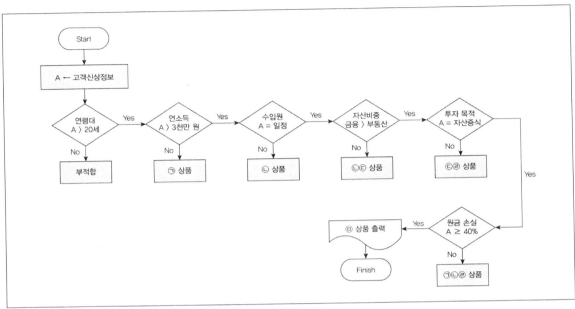

김민수 고객의 투자성향분석표			
나이	36세	직업	S기업 사무직
부동산 비중	20% 이내	연봉	3,500만 원
금융자산 비중	50% 이내	투자경험	예 · 적금, CMA 등
투자목적	자산증식	원금 손실	10% 이내 가능

① ㉠㉺
② ㉡㉢
③ ㉢㉣㉺
④ ㉠㉡㉣
⑤ ㉡㉢㉺

✔해설 김민수 고객은 모든 조건이 일치하고 원금손실을 감내하는 것이 10%이내로 투자 성향이 맞지 않으므로 ㉠㉡㉣ 상품을 추천받을 수 있다.

10 다음은 ㅇㅇㅇ신용대출상품의 자동심사 알고리즘 설계도이다. 알고리즘에서 원하는 대출 신청자격에 적합한 사람은?

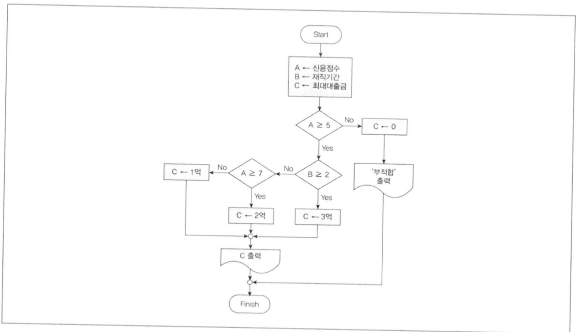

이름	신용점수	재직기간	대출 요청금액
한미영	5	1년	3억 원
이준서	6	1년	1억5천만 원
김민영	3	3년	1억 원
윤초희	5	4년	2억5천만 원
정선영	4	2년	2억 원

① 한미영

② 이준서

③ 김민영

④ 윤초희

⑤ 정선영

✔해설 ④ 윤초희는 최대 3억 원이 가능하다
① 한미영은 최대 1억 원이 가능하다.
② 이준서는 최대 1억 원이 가능하다.
③ 김민영은 대출신청이 불가하다.
⑤ 정선영은 대출신청이 불가하다.

상황판단 평가

(1) 정보해석

① **자료읽기 및 독해력** : 제시된 표나 그래프 등을 보고 표면적으로 제공하는 정보를 정확하게 읽어내는 능력을 확인하는 문제가 출제된다. 특별한 계산을 하지 않아도 자료에 대한 정확한 이해를 바탕으로 정답을 찾을 수 있다.

② **자료 이해 및 단순계산** : 문제가 요구하는 것을 찾아 자료의 어떤 부분을 갖고 그 문제를 해결해야 하는지를 파악할 수 있는 능력을 확인한다. 문제가 무엇을 요구하는지 자료를 잘 이해해서 사칙연산부터 나오는 숫자의 의미를 알아야 한다. 숫자나 비율 등을 정확하게 확인하고, 이에 맞는 식을 도출해서 문제를 푸는 연습과 표를 보고 정확하게 해석할 수 있는 연습이 필요하다.

③ **응용계산 및 자료추리** : 자료에 주어진 정보를 응용하여 관련된 다른 정보를 도출하는 능력을 확인하는 유형으로 각 자료의 변수의 관련성을 파악하여 문제를 풀어야 한다. 하나의 자료만을 제시하지 않고 두 개 이상의 자료가 제시한 후 각 자료의 특성을 정확히 이해하여 하나의 자료에서 도출한 내용을 바탕으로 다른 자료를 이용해서 문제를 해결하는 유형도 출제된다.

(2) 수리추론

① **증감률** : 전년도 매출이 P이고, 올해 매출이 N이면, 전년도 대비 증감률은 $\dfrac{N-P}{P} \times 100$이다.

② **백분율** : 비율 × 100 = $\dfrac{비교하는 양}{기준량} \times 100$

③ **작업량** : 시간당 작업량은 $\dfrac{총 작업량}{작업시간}$이고, 총 작업량은 '시간당 작업량×시간'으로 구한다.

④ **정가 · 이익 · 할인율**
　　㉠ 정가 = 원가 × (1 + 이익률)
　　㉡ 이익 = 정가 = 원가(정가가 원가보다 클 때 사용한다)
　　㉢ 할인율(%) = $\left(\dfrac{정가 - 할인율}{정가} \right) \times 100$

다음 글을 근거로 판단할 때 옳은 것은?

> 제00조 ⓐ 각 중앙관서의 장은 그 소관 물품관리에 관한 사무를 소속 공무원에게 위임할 수 있고, 필요하면 다른 중앙관서의 소속 공무원에게 위임할 수 있다.
> ⓑ ⓐ에 따라 각 중앙관서의 장으로부터 물품관리에 관한 사무를 위임받은 공무원을 물품관리관이라 한다.
> 제00조 ⓐ 물품관리관은 물품수급관리계획에 정하여진 물품에 대하여는 그 계획의 범위에서, 그 밖의 물품에 대하여는 필요할 때마다 계약담당공무원에게 물품의 취득에 관한 필요한 조치를 할 것을 청구하여야 한다.
> ⓑ 계약담당공무원은 ⓐ에 따른 청구가 있으면 예산의 범위에서 해당 물품을 취득하기 위한 필요한 조치를 하여야 한다.
> 제00조 물품은 국가의 시설에 보관하여야 한다. 다만 물품관리관이 국가의 시설에 보관하는 것이 물품의 사용이나 처분에 부적당하다고 인정하거나 그 밖에 특별한 사유가 있으면 국가 외의 자의 시설에 보관할 수 있다.
> 제00조 ⓐ 물품관리관은 물품을 출납하게 하려면 물품출납공무원에게 출납하여야 할 물품의 분류를 명백히 하여 그 출납을 명하여야 한다.
> ⓑ 물품출납공무원은 ⓐ에 따른 명령이 없으면 물품을 출납할 수 없다.
> 제00조 ⓐ 물품출납공무원은 보관 중인 물품 중 사용할 수 없거나 수선 또는 개조가 필요한 물품이 있다고 인정하면 그 사실을 물품관리관에게 보고하여야 한다.
> ⓑ 물품관리관은 ⓐ에 따른 보고에 의하여 수선이나 개조가 필요한 물품이 있다고 인정하면 계약담당공무원이나 그 밖의 관계 공무원에게 그 수선이나 개조를 위한 필요한 조치를 할 것을 청구하여야 한다.

① 물품출납공무원은 물품관리관의 명령이 없으면 자신의 재량으로 물품을 출납할 수 없다.

② A중앙관서의 장이 그 소관 물품관리에 관한 사무를 위임하고자 할 경우, B중앙관서의 소속 공무원에게는 위임할 수 없다.

③ 계약담당공무원은 물품을 국가의 시설에 보관하는 것이 그 사용이나 처분에 부적당하다고 인정하는 경우, 그 물품을 국가 외의 자의 시설에 보관할 수 있다.

④ 물품수급관리계획에 정해진 물품 이외의 물품이 필요한 경우, 물품관리관은 필요할 때마다 물품출납공무원에게 물품의 취득에 관한 필요한 조치를 할 것을 청구해야 한다.

⑤ 물품출납공무원은 보관 중인 물품 중 수선이 필요한 물품이 있다고 인정하는 경우, 계약담당공무원에게 수선에 필요한 조치를 할 것을 청구해야 한다.

✔해설 ② 중앙관서의 장은 다른 중앙관서의 소속 공무원에서 물품관리에 관한 사무를 위임할 수 있다.
③ 계약담당공무원이 아닌 물품관리자가 할 수 있다.
④ 물품출납공무원이 아닌 계약담당공무원에서 청구한다.
⑤ 물품출납공무원이 아닌 물품관리관이 한다.

답 ①

1 지점장 1명과 행원 4명으로 구성된 A팀이 있다. 행원의 직급은 찬미가 가장 높고 은진, 주영, 민호 순서이다. A팀은 업무성과에 따라 보상으로 점수 30점을 받았다. 지점장은 자신의 팀에 부여된 30점을 자신을 제외한 행원에게 분배하려고 한다. 다음 행원들의 요구를 수용하여 성과점수를 분배한다면 주영이가 받을 수 있는 최대 성과점수는 몇 점인가? (단, 행원들의 성과점수는 모두 다르며, 자연수이다.)

> 찬미 : 지점장님이 주시는 대로 받겠습니다만 민호보다는 높게 받고 싶습니다.
> 은진 : 이번 프로젝트 성공에는 저의 기여도가 크다고 생각합니다. 제가 가장 높은 성과점수를 받았으면 합니다.
> 주영 : 업무 기여도를 고려한다면, 저는 상급자보다는 낮아도 하급자보다는 높게 받아야 한다고 생각합니다.
> 민호 : 내년 승진에 필요한 최소 성과점수 4점만 받겠습니다.

① 6
② 7
③ 8
④ 9
⑤ 10

✔해설 대화를 통해 확인하면 성과점수의 점수의 크기는 '은진 〉 찬미 〉 주영 〉 민호' 순서가 된다.
이때 민호가 4점을 부여받으므로, 나머지 인원은 26점에서 분배해야 한다.
26을 3으로 나누면 약 8.67로, 세 명은 평균 8점과 10점 사이의 점수로 분배해야 한다.
찬미는 민호보다 높으면 되고, 은진은 타 직원들보다 높은 성과점수를 원한다.
주영은 찬미나 은진보다는 낮아도 민호보다는 높은 점수를 받길 원한다.
8점을 기준으로 은진에게 제일 높은 점수는 최소 10점부터 줄 수 있다.

은진	찬미	주영	민호	합계
10	9	7	4	30
11	9	6	4	30
12	8	6	4	30
13	8	5	4	30
14	7	5	4	30

∴ 주영은 최대 7점 이상을 받을 수 없다.

2 A부서 5명이 작업해야 하는 양을 아래에서 확인하고 현재 시점에서 두 번째로 많은 양의 일을 한 사람으로 옳은 것은?

> • 민정은 병호가 하지 못한 일의 절반에 해당하는 양의 일을 작업했다.
> • 진오는 선민이가 남겨 놓은 일의 2배에 해당하는 양의 일을 했다.
> • 병호는 자신이 현재까지 했던 일의 절반에 해당하는 일을 남겨놓았다.
> • 선민은 민정이가 남겨놓은 일과 동일한 양의 일을 했다.
> • 서희는 진오가 남겨 놓은 일의 절반에 해당하는 양의 일을 했다.

① 병호
② 민정
③ 진오
④ 선민
⑤ 서희

> ✔️ **해설** 마무리한 작업량을 1로 정하고 계산을 한다.
>
> • 병호 : 자신이 했던 일의 절반의 일을 했다면 작업량은 $\frac{2}{3}$로 $\frac{4}{6}$이다.
>
> • 민정 : 병호가 하진 못한 일의 절반에 해당하는 일이라면 작업량은 $\frac{1}{3} \times \frac{1}{2} = \frac{1}{6}$이다.
>
> • 선민 : 민정이 남겨둔 일과 동일한 일을 했으므로 작업량은 $\frac{5}{6}$이다.
>
> • 진오 : 선민이 남겨놓은 일에 2배에 해당하는 일을 했으므로 작업량은 $\frac{2}{6}$이다.
>
> • 서희 : 진오가 남겨놓은 일에 절반에 해당하는 일을 했으므로 작업량은 $\frac{4}{6} \times \frac{1}{2} = \frac{2}{6}$이다.
>
> 그러므로 작업량은 '민정 〈 진오 = 서희 〈 병호 〈 선민' 순서이다.
> ∴ 두 번째로 많은 양의 일을 한 사람은 병호다.

3 다음 자료를 근거로 디지털 알고리즘으로 3시 정각을 알리기 위해 마지막 LED알림이 오는 시각은 몇 시인가?

민선이 코딩하여 제작한 디지털시계는 모든 시간의 정각을 알리기 위해서 매번 정각부터 일정한 시간 간격으로 해당하는 시의 수만큼 LED가 깜빡이면서 알려준다.

〈알림규칙〉
• 7시 정각을 알리기 위해서 7시 정각에 첫 번째 LED알림이 시작되고 일정한 시간 간격으로 LED알림이 7번 깜빡인다.
• 디지털시계가 정각을 알리기 위해 2번 이상 LED알람을 깜빡일 때, 깜빡이는 시간의 간격은 몇 시 정각을 알리기 위한 것이든 동일하다.
• 디지털시계가 6시 정각을 알리기 위한 마지막 6번째 LED불빛을 깜빡이는 시각은 6시 6초이다.

① 3시 2초 ② 3시 3초
③ 3시 4초 ④ 3시 5시
⑤ 3시 6초

✔해설 짝수 시간일 때에는 시간과 동일한 초가 나오지만 홀수 시간일 때에는 시간에 1을 더한 초에 마지막 깜빡임이 있다.

4 테이블에는 지나, 한준, 미정, 영하, 상현, 훈이 순서대로 앉아있다. 각자 다른 주제로 발언권을 가진다. 아래 표에서 발언권을 갖는 순서의 규칙에 따라 미정이가 마지막으로 발표를 했다면 그 직전에 발표를 한 사람은 누구인가?

〈규칙〉
• 발표순서는 발표하는 사람을 기준으로 시계방향이다.
• 6명의 발표주제는 전부 다르고, 발표를 한 사람은 발언권을 잃는다.
• 특정 사람에서 다섯 자리에 앞에 앉은 발표자가 먼저 발표를 시작한다.
• 발표한 사람 옆 사람에서 다섯 자리 앞에 앉은 사람이 두 번째로 발표를 한다.
• 이 과정을 반복하여 한 가지 주제만 남으면 마지막 발표자가 발언을 하고 마무리한다.

① 지나 ② 한준
③ 영하 ④ 상현
⑤ 훈이

✔해설 지나를 특정 사람으로 1번 자리로 지정하고 다섯 자리 떨어진 사람이 첫 번째로 발표를 시작한다. 순서는 다음과 같다.

발표순서	1	2	3	4	5	6
발표자	훈이	지나	미정	한준	성현	영하
자리번호	6	1	3	2	5	4

마지막 자리에서 세 자리 뒤에 있는 사람이 특정 사람 1번으로 자리한다.
위의 표를 기준으로 여섯 번째 발표자를 미정으로 넣고 자리번호를 설정하면 미정은 4번째에 앉는 것이 된다.

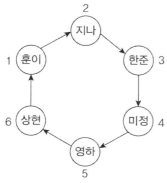

그림에 따라서 특정 사람 1번 자리에 앉은 사람은 훈이가 된다.
자리 순서에 따라 정리하면 발표 순서는 다음과 같다.

발표순서	1	2	3	4	5	6
문서작업자	상현	훈이	한준	지나	영하	미정
자리번호	6	1	3	2	5	4

∴ 미정이 바로 직전에 발표한 사람은 영하이다.

5 다음 근거자료를 기반으로 판단한 것으로 옳은 것은?

〈투자자 유의사항〉
- P2P대출 특성상 원금보장이 불가하다.
- 손실보전행위, 과도한 리워드 제공 업체는 주의가 필요하다.
- 동일한 차입자를 대상으로 과다한 대출을 취급하는 업체는 주의한다.

〈차입자 유의사항〉
대부업법 상으로 21.7.7부터 최고금리가 20%로 인하되었으므로 대출금리와 수수료 확인해야 한다 (담보권 설정, 신용조회 등 거래의 체결과 변제 등에 관한 부대비용은 제외한다).

〈금융위의 이용자 보호조치〉
- P2P업체가 폐업하면 잔존업무를 처리하고 채권추심업무 수행을 위해 법무법인과 채권추심업체와 사전계약토록 한다.
- P2P업체의 이용자 투자금과 상환자금 유용 방지를 위해 자금관리 업체*의 협조로 전산관리 실태**를 통제한다.
  * P2P업체의 투자금 입금, 상환금 반환 등의 업무를 대리하는 은행, PG사 등
  ** P2P업체가 임의로 상환금을 투자자 외 계좌로 출금하지 못하도록 통제 등
- 대출잔액과 투자자 규모가 큰 업체는 금감원 직원과 상시 감독관 파견으로 투자금 환급 실태를 점검한다.
- 온투업 미등록 P2P업체의 기존 대출을 등록된 온투업자의 대출로 대환할 수 있도록 온라인투자연계금융협회에서 상담창구를 운영한다.

온투업 주요 등록요건	자기자본 요건	연계대출 규모에 따라 최소 5억원 이상
	인력 및 물적설비	전산전문인력 및 전산설비, 통신설비, 보안설비 등 구비
	사업계획, 내부통제장치	내부통제장치 마련, 이용자보호 업무방안 구비 등
	임원	임원에 대한 형사 처벌, 제재사실 여부 등
	대주주	출자능력, 재무상태 및 사회적 신용 구비
	신청인	건전한 재무상태와 사회적 신용

〈온라인투자연계금융업법령 관련 규정〉

제12조 ㉠ 온라인투자연계금융업자는 자신 또는 자신의 대주주 및 임직원에게 연계대출을 하여서는 아니 된다.

㉡ 온라인투자연계금융업자는 차입자가 요청한 연계대출 금액에 상응하는 투자금의 모집이 완료되지 않은 경우에는 연계대출을 실행하여서는 아니 된다.

㉢ ㉡에도 불구하고 차입자가 연계대출 금액의 변경을 요청한 경우에는 연계투자계약을 신청한 투자자들에게 투자의사를 재확인한 후 연계대출을 실행할 수 있다.

㉣ 온라인투자연계금융업자는 차입자에 관한 정보의 제공, 투자자 모집 및 원리금의 상환 등 업무수행을 할 때 특정한 이용자를 부당하게 우대하거나 차별하여서는 아니 된다.

㉤ 온투업자가 투자자가 입을 손실을 보전하여 줄 것을 사전에 약속하거나 사후에 보전하여 주는 행위는 금지

㉥ 투자자 등에게 통상적으로 이해하는 수준에 벗어나는 금전·물품·편익 등을 제공하는 행위 금지

제32조 ㉠ 온투업자는 동일 차입자에 대하여 연계대출잔액의 7% 이내 또는 70억 원 중 적은 금액을 한도로 연계대출 가능(단, 연계대출잔액 300억 원 미만인 경우, 21억원 한도)

① 투자자가 손실을 입는다면 온라인투자연계금융협회에서 상담을 통해 손실을 일부 보상받는다.

② 온투업을 하는 P2P업체에서는 사용자의 투자를 촉구하기 위해서 손실을 만회할 수 있는 편익을 제공할 수 있다.

③ 온투업자는 자산이 많은 이용자의 정보를 확인하여 우대서비스를 진행할 수 있다.

④ 이용자를 보호하고 원활한 업무 수행을 위해 충분한 인력과 설비를 갖춰야 한다.

⑤ 온투업자는 대주주에게 연계대출잔액의 21억 원 한도로 연계대출을 진행할 수 있다.

✅ 해설 ④ 온투업 등록요건을 확인하면 이용자보호 업무방안과 설비를 구비해야 한다.
　① 온라인투자연계금융협회에서는 손실을 보상받을 수 없다.
　② 온라인투자연계금융업법령 관련 규정 제12조에 따르면, 온투업자는 사후 보전이나 과도한 이익을 제공할 수 없다.
　③ 온투업자는 특정한 이용자를 부당하게 우대하거나 차별해서는 안 된다.
　⑤ 온투업자는 대주주나 임원에게 연계대출을 할 수 없다.

Answer 5.④

6 다음 자료를 근거로 판단할 때 옳지 않은 것은?

〈월중 전체 금융권 가계대출 증감액〉

(단위 : 조 원)

기간	전체	주담대	전세(은행권)	기타	신용대출
'21.8월	8.5	7.2	2.8	1.4	1.5
'21.7월	15.3	7.4	2.8	7.9	4.1
'20.8월	14.3	6.3	3.4	8.0	6.3
'20.7월	9.4	4.3	2.7	5.1	4.2
'19.8월	6.5	3.2	2.5	3.3	3.4
'19.7월	5.7	2.2	2.3	3.5	2.8

〈가계대출 증감 추이〉

(단위 : 조 원)

종류	19년중			20년중			21년중		
	(1 ~ 8월)	7월	8월	(1 ~ 8월)	7월	8월	(1 ~ 8월)	7월	8월
은행	+ 34.6	+ 5.8	+ 7.4	+ 60.1	+ 7.6	+ 11.8	+ 57.5	+ 9.6	+ 6.2
제2금융권	△4.4	△0.1	△0.9	+0.1	+ 1.8	+2.5	+ 29.9	+ 5.7	+ 2.3
상호금융	△6.4	△0.9	△1.2	△4.4	△0.1	+0.3	+ 14.1	+ 2.9	+ 1.6
A	△0.98	△0.18	△0.13	△1.77	△0.11	△0.10	+0.08	+0.24	△0.13
B	△0.06	△0.26	△0.51	+0.81	+0.45	+0.76	+ 11.73	+ 2.03	+ 1.54
C	+0.13	△0.00	△0.01	△0.12	+0.09	△0.07	+0.97	+0.21	+0.10
D	+0.33	+0.02	+0.03	+0.11	+0.02	+0.01	+0.37	+0.05	+0.04
E	△5.81	△0.50	△0.55	△3.40	△0.31	△0.31	+0.95	+0.42	+0.06
보험	△1.3	△0.2	△0.3	△0.0	+0.3	+0.8	+4.3	+1.0	△0.02
저축은행	+1.7	+0.5	+0.3	+3.0	+0.7	+0.5	+5.8	+0.9	+0.5
여전사	+1.5	+0.5	+0.3	+1.5	+0.6	+0.9	+5.7	+0.8	+0.3
全금융권 합계	+ 30.2	+ 5.7	+ 6.5	+ 60.2	+ 9.4	+ 14.3	+ 87.4	+ 15.3	+ 8.5

① 21년 8월에 전체 금융권 가계대출은 8.5조 원으로 증가하였지만 전월대비하여 증가폭이 축소되었다.

② 가계대출을 위한 신용대출은 20년 7월에 비해 20년 8월에 증가하였다.

③ 21년 8월에 제2금융권 가계대출은 2.3조 원 증가했지만 7월에 비해 증가폭이 축소되었다.

④ 21년에는 상호금융, 보험, 여전사, 저축은행 순으로 증가폭이 줄었다.

⑤ 연도별로 가계대출 8월 증가액은 21년도가 가장 높다.

⑤ 연도별 8월 가계대출 증가액은 19년도에는 6.5, 20년도에는 14.3 21년도에는 8.5로 2020년도가 가장 높다.

① 21년 7월에는 15.3조 원으로 증가했으나 21년 8월에는 8.5조 원으로 증가폭은 줄어들었다.

② 7월에는 4.2조 원이고, 8월에는 6.3조 원이므로 2.1조 원 증가하였다.

③ 7월에는 5.7조 원 증가하였으나 8월에는 2.3조 원 증가하였으므로 증가폭이 축소되었다.

④ 상호금융(2.9조 → 1.6조), 보험(1.0조 → △0.02조), 여전(0.8조 → 0.3조), 저축은행(0.9조 → 0.5조)으로 줄어들었다.

7 다음은 새롭게 디지털 혁신팀을 꾸리기 위한 계획과 관련된 대화이다. 다음 대화를 통해 ㉠과 ㉡에 숫자로 옳은 것은?

> 지점장 : 우리 부서에 전 직원 57명으로 구성되는 디지털 혁신팀을 출범할 예정입니다.
> 행　원 : 어떻게 구성할까요?
> 지점장 : 5 ~ 7명으로 구성된 10개의 팀을 만들어야 합니다. 단 5명, 6명, 7명으로 구성된 팀이 각각 하나 이상 있고 각 직원은 하나의 팀에만 소속되어야 합니다.
> 행　원 : 그렇게 한다면 5명으로 구성되는 소조직은 최소 (㉠)이고, 최대 (㉡)입니다.

	㉠	㉡
①	1팀	5팀
②	3팀	5팀
③	3팀	6팀
④	4팀	6팀
⑤	4팀	7팀

표로 구분하면 다음과 같다.

구분	5명	6명	7명	총인원
팀 수	6	1	3	57명
팀 수	5	3	2	57명
팀 수	4	5	1	57명

최대는 5명 팀은 6개가 되어야 하고 최소 4개가 되어야 한다.

Answer 6.⑤ 7.④

8 다음은 ESG 경영을 하는 기업을 위한 녹색금융 상품에 대한 설명과 상황이다. 제시된 자료를 근거로 판단할 때 옳은 것은?

〈기본심사 점수 조건〉

① 기본심사 점수 : 100점 만점이다. 조사 항목인 ㉠ ~ ㉣ 각 25점 만점이다. 각 항목의 합으로 점수가 정한다. (단, 점수는 자연수이다)

② 감점요인 : 과태료 부과의 경우 1회당 2점, 제재 조치의 경우 경고 1회당 1.5점, 주의 1회당 1점, 권고 1회당 0.5점으로 한다.

상품	상품설명 및 연장조건
A	• 연장조건 : 심사 점수가 65점 이상인 경우 • 55점 이상 65점 미만일 경우 일부를 상환 후 연장하고, 55점 미만인 경우 대출금을 상환한다.
B	• 연장조건 : 기본심사 점수가 70점 이상인 경우 • 60점 이상 70점 미만일 경우 일부를 상환 후 연장하고, 60점 미만인 경우 대출금을 상환한다.
C	• 연장조건 : 기본심사 점수가 75점 이상인 경우

〈상황〉

〈2021년 기업별 기본심사 점수〉

기업명	상품명	㉠	㉡	㉢	㉣
Z그룹	A	20	23	17	?
K그룹	B	18	21	18	?
S그룹	C	23	18	21	16

〈2021년 기업별 ESG 감점 사항〉

기업명	과태료 부과횟수	제재 조치 횟수		
		경고	주의	권고
Z그룹	3	×	×	6
K그룹	5	×	3	2
S그룹	2	1	2	×

① K그룹이 ㉣ 항목의 점수는 19점 이상이 되면 대출금을 전액 상환하지 않는다.

② Z그룹은 ㉣ 항목이 5점이라면 상환 없이 대출연장이 가능하다.

③ S그룹은 대출 연장조건에 적합하다.

④ Z그룹이 C상품을 사용한다면 ㉣이 10점만 나와도 대출연장이 가능하다.

⑤ K그룹은 ㉣ 항목 점수와 관련 없이 어느 상품을 이용했다 하더라도 연장조건에 적합하다.

> ✔ 해설
> ① K그룹은 B상품을 사용하고 있고 연장조건은 심사점수가 65점 이상인 경우이다. K그룹의 14점이 감정되었으므로 일부는 상환하고 연장할 수 있다.
> ② 감정을 하고나면 점수가 53점이 되므로 대출금을 상환해야한다.
> ③ S그룹은 70.5점이 나와 연장조건에 부적합하다.
> ④ ㉣이 10점이면 기본심사점수에서부터 적합하지 않다.
> ⑤ K그룹의 감정사항이 14점으로 ㉣ 항목이 만점을 받아도 C상품의 가입 조건을 맞추기 어렵다.

9 다음 대화의 내용이 참일 때, 거짓인 진술은?

> 팀장 : 위기관리체계 점검 회의를 위해 외부 전문가를 위촉해야 하는데, 위촉 후보자는 A, B, C, D, E, F 여섯 사람입니다.
>
> 대리 : 그건 저도 알고 있습니다. 그런데 A와 B 중 적어도 한 명은 위촉해야 합니다. 지진 재해와 관련된 전문가들은 이들뿐이거든요.
>
> 팀장 : 동의합니다. 그런데 A는 C와 같이 참여하기를 바라고 있습니다. 그러니까 C를 위촉할 경우에만 A를 위촉해야 합니다.
>
> 주임 : 별문제 없어 보입니다. C는 반드시 위촉해야 하거든요. 회의 진행을 맡을 사람이 필요한데, C가 적격입니다. 그런데 C를 위촉하기 위해서는 D, E, F 세 사람 중 적어도 한 명은 위촉해야 합니다. C가 회의를 진행할 때 도움이 될 사람이 필요하거든요.
>
> 대리 : E를 위촉할 경우에는 F도 반드시 위촉해야 합니다. E는 F가 참여하지 않으면 참여하지 않겠다고 했거든요.
>
> 주임 : 주의할 점이 있습니다. B와 D를 함께 위촉할 수는 없습니다. B와 D는 같은 학술 단체 소속이거든요.

① 갑 : 총 3명만 위촉하는 방법은 모두 3가지이다.

② 을 : A는 위촉되지 않을 수 있다.

③ 병 : B를 위촉하기 위해서는 F도 위촉해야 한다.

④ 정 : D와 E 중 적어도 한 사람은 위촉해야 한다.

⑤ 무 : D를 포함하여 최소 인원을 위촉하려면 총 3명을 위촉해야 한다.

✔ 해설 지문에 제시된 진술을 다음과 같이 정리할 수 있다.

대리 1 : A or/and B

팀장 2 : A → C

주임 1 : C + (D, E, F 중 1명)

대리 2 : E → F

주임 2 : not (B + D)

A or/and B이고, 반드시 C를 위촉하므로 다음과 같은 경우의 수가 나온다.

A	B	C	D	E	F
O	O	O			
O	×	O			
×	O	O			

B를 위촉할 경우 D는 위촉할 수 없다.

A	B	C	D	E	F
O	O	O	×		
O	×	O			
×	O	O	×		

E를 위촉할 때 반드시 F를 위촉하면 어떤 경우이든 가능하다. 이를 통해 도출할 수 있는 경우는 다음과 같다.

경우	A	B	C	D	E	F
1	O	O	O	×	O	O
2	O	O	O	×	×	O
3	O	×	O	O	O	O
4	O	×	O	×	O	O
5	O	×	O	×	×	O
6	O	×	O	O	×	×
7	×	O	O	×	O	O
8	×	O	O	×	×	O

④ 정은 "D와 E 중 적어도 한 사람은 위촉해야 한다"고 진술했는데 '경우 2, 5, 8'과 같이 D나 E를 위촉하지 않고 F만 위촉할 수도 있다.

① 갑은 "총 3명만 위촉하는 방법은 모두 3가지"라고 했는데 참이다. (경우 5, 6, 8)

② 을은 "A는 위촉되지 않을 수 있다"고 했는데 참이다. (경우 7, 8)

③ 병은 "B를 위촉하기 위해서는 F도 위촉해야 한다"고 했는데 참이다. (경우 1, 2, 7, 8)

⑤ 무는 "D를 포함하여 최소인원을 위촉하려면 총 3명을 위촉해야 한다"고 했는데 참이다. (경우 6)

10 다음 글의 내용이 참일 때, 우수사원으로 반드시 표창을 받는 사람의 수는?

지난 1년간의 평가에 의거하여, 우수사원 표창을 하고자 한다. 세 개의 부서에서 갑, 을, 병, 정, 무 다섯 명을 표창 대상자로 추천했는데, 각 부서는 근무평점이 높은 순서로 추천하였다. 이들 중 갑, 을, 병은 같은 부서 소속이고 갑의 근무평점이 가장 높다. 추천된 사람 중에서 아래 네 가지 조건 중 적어도 두 가지를 충족하는 사람만 우수사원으로 표창을 받는다.

〈조건〉
• 소속 부서에서 가장 높은 근무평점을 받아야 한다.
• 근무한 날짜가 250일 이상이어야 한다.
• 직원 교육자료 집필에 참여한 적이 있으면서, 직원 연수교육에 3회 이상 참석하여야 한다.
• 정부출연연구소에서 활동한 사람은 그 활동 보고서가 인사부서에 공식 자료로 등록되어야 한다.

지난 1년 동안 이들의 활동 내역은 다음과 같다.
= 250일 이상을 근무한 사람은 을, 병, 정이다.
= 갑, 병, 무 세 명 중에서 250일 이상을 근무한 사람은 모두 자신의 정부출연연구소 활동 보고서가 인사부서에 공식 자료로 등록되었다.
= 만약 갑이 직원 교육자료 집필에 참여하지 않았거나 무가 직원 교육자료 집필에 참여하지 않았다면, 다섯 명의 후보 중에서 근무한 날짜의 수가 250일 이상인 사람은 한 명도 없다.
= 정부출연연구소에서 활동한 적이 없는 사람은 모두 직원 연수교육에 1회 또는 2회만 참석했다.
− 그리고 다섯 명의 후보 모두 직원 연수교육에 3회 이상 참석했다.

① 1명
② 2명
③ 3명
④ 4명
⑤ 5명

✔**해설** '㉮ 소속 부서에서 가장 높은 근무평점, ㉯ 근무한 날짜가 250일 이상, ㉰ 직원 교육자료 집필에 참여하고 직원 연수교육에 3회 이상 참석, ㉱ 정부출연연구소에서 활동한 사람은 그 활동 보고서가 인사부서 공식자료로 등록' 위의 조건에 따라 이렇게 정리한다.

조건 ㉮ : 갑, 을, 병이 같은 부서 소속이고 갑의 근무평점이 가장 높다. 정, 무는 나머지 2개 부서의 소속이고 각 부서에서 가장 높은 근무평점이므로 조건을 충족하는 후보는 갑, 정, 무다.

조건 ㉯ : 250일 이상을 근무해야 조건이 충족되므로 조건을 충족하는 후보는 을, 병, 정이다.

조건 ㉰ : 250일 이상을 근무한 사람이 있으므로 갑과 무는 모두 직원 교육자료 집필에 참여하였다. 다섯 명의 후보 모두 직원 연수교육에 3회 이상 참석했으므로 조건을 충족하는 후보는 갑, 무다.

조건 ㉱ : 다섯 명의 후보 모두 직원 연수교육에 3회 이상 참석했으므로 이들 모두가 정부출연연구소에서 활동한 적이 있다. 여기서 250일 이상을 근무하여 활동 보고서가 인사부서에 공식 자료로 등록된 사람은 병이므로 조건을 충족하는 후보는 병이다.

을을 제외한 4명은 두 가지 조건을 충족하므로, 우수 직원으로 반드시 표창을 받는다.

Answer 10.④

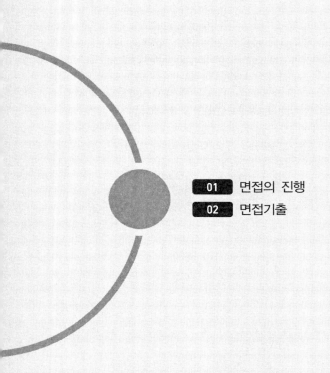

PART
04.

면접

01 면접의 진행

(1) 1차 면접

1차 면접은 철저하게 1:1면접 형식이다. 인성면접, 직무면접, 시사 PT로 진행되었으며 면접 순서는 다를 수 있다. 전형 당 약 20분 정도 소요되므로 총 60분이다. PT는 A4 용지가 필요하므로 자체적으로 준비해야 한다.

① 시사PT : 주제만 제시해주며 자료를 따로 제공해주지 않는다. 시간은 준비시간 5분, 발표 5분, 질의응답 10분으로 주어진다. 평소에 준비했던 자료들을 면접보기 하루 전 외우고 가는 것이 좋다. 확실한 자료가 주어지지 않기 때문에 인용할 수 있는 자료 및 숫자, 비율을 외우고 활용하는 것은 발표에 도움이 된다.

② 직무면접 : 직무관련 질문은 꼬리질문으로 이어진다. 예를 들면, 직접금융과 간접금융의 차이를 물어볼 경우에는 뒤에 중소기업에게 어떤 것이 유리한지 물어본다. 또한, 상황을 주고 역할에 맞게 해결하는 질문이 있다. 주로 은행 업무를 보면서 겪게 되는 상황에 대해 어떻게 판단하고 행동하는지 그에 대한 대응요령을 평가한다. 예를 들면, 거래처가 대출금 금리 인하를 요구할 경우 어떻게 대처할 것인지 물어보는 질문이다. 직무면.8접은 압박면접이라고 느껴질 수 있다. 지원자의 순발력과 창의력 등을 알아보기 위함이며 자신의 지식을 재치 있게 보여주는 것이 좋다.

③ 인성면접 : 인성면접은 비교적 편안한 마음으로 대답할 수 있을 것이다. 기본적으로 자소서 위주의 질문과 신한은행 연관 질문, 금융권에 대한 관심도 및 회사에 대한 충성도를 확인하는 질문이 자주 출제된다. 예를 들면, 은행원이 되고 싶은 동기, 신한은행을 선택한 이유 등이 있다. 따라서 기본적인 신한은행의 정보(핵심가치 및 인재상 등)를 외워두는 것이 좋다.

(2) 2차 면접

임원면접으로 다대다 면접으로 진행된다. 최종면접으로 지원자의 모든 부분을 하나하나 평가하고 있다는 사실을 잊어서는 안 된다. 말하는 태도, 경청 태도, 제스처 등 사소한 것 하나도 빠짐없이 준비해야 한다. 자신의 소신대로 말하되 신한은행을 잘 이끌어 나갈 수 있는 매력적인 인재라는 모습을 보여주어야 한다.

02 면접 기출질문

(1) 신한은행 인성면접기출

① 지원동기 및 자기소개를 말해보시오.

② 왜 자신이 은행원에 어울린다고 생각하는지 설명해보시오.

③ 최근 신한은행 관련 기사 중 생각나는 것이 있으면 말해보시오.

④ 신한은행에 관심을 갖게 된 시기는 언제이며, 지원을 하는 이유는 무엇인지 말해보시오.

⑤ 성실한 제너럴리스트와 역량이 뛰어난 스페셜리스트 중 누구를 뽑아야 하는지 말해보시오.

⑥ 은행의 많은 리스크 중에 어떤 리스크 관리가 가장 중요하다고 생각하는지 이유와 함께 말해보시오.

⑦ 신한은행에서 강조하는 '따뜻한 금융'이란 무엇을 뜻하는지 말해보시오.

⑧ 신한은행을 다른 은행과 비교한다면 단점 3가지를 말해보시오.

⑨ 타행에서 인턴 또는 근무한 경험이 있다면 타행과 신한은행의 차이점을 말해보시오.

⑩ 관련 전공이 아닌데, 신한은행에 입행하기 위하여 어떤 노력을 하였는지 말해보시오.

⑪ 신한은행 지점 방문 시 느꼈던 점과 개선해야 할 점을 말해보시오.

⑫ 만약 불합격이 된다면 어떻게 할 것인지 말해보시오.

⑬ 신한은행의 핵심가치를 말해보시오.

⑭ 신한은행의 비전은 무엇이며 왜 중요하다고 생각하는지 말해보시오.

⑮ 사람과 관계를 맺을 때 가장 중요하게 생각하는 것이 무엇인지 말해보시오.

⑯ 왜 은행권을 선택하였으며 그 중 신한은행에 지원한 이유를 말해보시오.

⑰ 은행원으로 본인이 일하기에 적합하다고 생각하는지와 그 이유를 말해보시오.

⑱ 기업문화에서 보수적인 부분에 대해 어떻게 생각하는가?

⑲ WM기업금융 중 어떤 분야에서 어떤 업무를 하고 싶은지 말해보시오.

⑳ 신한은행의 다양한 금융상품이 있는데 어떤 것이 제일 좋다고 생각하는가?

㉑ 직업을 선택할 때 가장 중요하다고 생각하는 것이 무엇인지 말해보시오.

㉒ 본인이 생각하는 가장 중요한 가치는 무엇인지 말해보시오.

(2) 신한은행 직무면접기출

① 직접금융과 간접금융의 차이점과 중소기업이라면 어떤 것이 유리한지 말해보시오.

② 은행 지점에 입출금 고객이 많아 수익성이 떨어진다면 어떻게 극복할 것인지 전략을 제시해보시오.

③ 신한은행 농구단을 활용한 마케팅 방안을 설명해보시오.

④ 금융기관 밀집지역에서의 리테일 영업 강화방안에 대해 제시해보시오.

⑤ 시너지 상품(펀드, 수익증원)의 판매방안을 제시해보시오.

⑥ 신한의 IB전략을 제시하시오.

⑦ 부실채권 관리를 위하여 무엇을 해야 하는지 말해보시오.

⑧ 저출산, 고령화 시대를 대비하는 연계상품을 하나 개발해보시오.

⑨ 점심시간 창구에 사람들이 몰려서 직장인들의 이용이 불편한 경우의 해결방안을 제시해보시오.

⑩ 기준금리가 올라가면 예금금리도 함께 오르는데, 은행의 수익성이 좋아지는 이유를 말해보시오.

⑪ 두 지점이 하나로 통합되었다. 고객이탈을 방지하기 위한 마케팅 전략을 제시해보시오.

⑫ 본인이 벤치마킹하고 싶은 인물의 사상을 중심으로 영업전략을 세워보시오.

⑬ 신한은행 플랫폼의 장/단점을 말해보시오.

⑭ 고객가치를 제공하기 위하여 금융이 어떤 업종과 상품을 결합해야 하는지 말해보시오.

⑮ 한국은행의 기준금리에 대해서 말해보시오.

(3) 신한은행 상황면접기출

① A社는 담보가 충분하지만 재무성과가 최근 3개월 동안 부진하고 B社는 담보가 불충분하지만 최근 3개월 동안의 재무성과가 뛰어날 경우, 어느 회사에 대출해줄 것인가?

② 거래처 회사가 대출금 금리 인하를 요구할 경우 어떻게 대처할 것인가?

③ 시제 3만원이 불일치한다. 이후 100만 원 까지 금액이 늘어난 경우 어떻게 대처할 것인가?

④ 신입행원이 되었다. 지점장님이 여의도로 가서 2주간 급여이체와 카드실적을 채워오라고 할 경우 어떻게 대처할 것인가?

⑤ 회사동료의 부모님이 다치셔서 1000만 원을 빌려달라고 부탁하였다. 어떻게 대처할 것인가?

⑥ 고객이 아이 출산 기념으로 격려금을 주었다. 지점장도 받으라고 하는 상황에서 어떻게 대처할 것인가?

⑦ 입금을 처리하는 과정에서 오류가 생긴 경우 어떻게 대처할 것인가?

⑧ 펀드 손실된 손님이 와서 민원을 제기할 경우 어떻게 대처할 것인가?

⑨ 보험을 해약한 고객이 그동안 낸 돈의 일부만 받아서 화를 내는 경우 어떻게 설득할 것인가?

⑩ 은행의 VVIP 고객이 와서 기다리고 있는 고객들보다 먼저 처리해달라고 한다. 어떻게 대처할 것인가?

⑪ ATM의 시재가 불일치한다면 어떻게 대처할 것인가?

⑫ 시재가 5천원이 비었다. 본인의 돈으로 채운다면 편하게 해결할 수 있는 부분에서 어떻게 대처할 것인가?

⑬ 상사가 부당한 지시를 할 경우 어떻게 대처할 것인가?

⑭ VIP 고객이 자녀의 신분증을 가져와서 계좌개설을 요구할 경우 어떻게 대처할 것인가?

⑮ 2억을 소지하고 있는 고객에게 적절한 상품을 설명하고 판매해보시오.

(4) 신한은행 금융/시사PT 기출

① 은행 AI활성화와 상용화 방향에 대하여 말해보시오.

② 드론의 상용화가 어떤 산업에 쓰이고 있는지 말해보시오.

③ 드론의 상용화가 가지는 긍정·부정적인 생각을 근거와 함께 제시해보시오.

④ 게임과 관련한 신산업이 늘어나고 있다 자신의 생각을 말해보시오.

⑤ 언택트 서비스가 금융권에 미치는 영향과 언택트 서비스 활용에 대한 긍정·부정적 효과에 대해 근거를 들어서 말해보시오.

⑥ 현재 은행은 대환대출을 해야 하는지 말해보시오.

⑦ 현재 한국은행의 기준금리를 말해보시오.

⑧ 인터넷은행과 시중은행의 차이점이 무엇이며, 장단점을 말해보시오.

⑨ 고객들이 대환대출을 하는 이유는 무엇이며 규모는 얼마나 되는가?

⑩ 레고랜드 사태에 대해서 설명하고 이 일이 금융시장에 미치는 영향에 대해서 말해보시오.

⑪ 구독경제가 활성화가 된 이유를 설명하고 그로 인해 발생될 수 있는 문제점을 말하시오.

⑫ 테이퍼링이 국내 경제에 미치는 영향에 대해서 말해보시오.

⑬ 직접금융과 간접금융의 차이점에 대해서 설명하시오.

⑭ ELS와 펀드를 설명해보시오.

(5) 타 은행권 면접기출

① 면접

- 아르바이트하면서 인상 깊었던 손님이 있습니까?
- 평소 고객으로서 은행에 바라는 점은 무엇인가요?
- 자신의 장·단점에 대해 말씀해보세요.
- 원화 가치 상승 문제에 대해 어떻게 생각하십니까?
- 녹색금융과 관련하여 금융상품을 제안해 보세요.
- MZ세대를 공략하는 새로운 카드 콘셉트와 제휴사를 제안해 보세요.
- PB가 되고 싶다고 했는데, KB에서 어떤 PB가 되고 싶은가요?
- 봉사활동을 많이 한 것 같은데, 그 중 가장 기억에 남는 것은 무엇인가요?
- 원래 은행원이 되고 싶은 게 아니라 갑자기 준비한 것 아닌가요?
- 상사에게 부당한 일을 당한 적이 있으면 말씀해 보세요.
- 사람들과 친해지는 자신만의 노하우를 말씀해 보세요.
- 자산관리사가 되고 싶다고 했는데 PB가 무엇인지 말씀해 보세요.
- 증권 PB와 은행 PB의 차이점에 대해 말씀해 보세요.
- 타 전공인데 왜 은행에 지원했나요?
- 까다로운 고객에게 어떻게 대처할 것입니까?
- 입행 후 최종 목표가 무엇입니까?
- 은행원이 주식을 하는 것에 대한 생각을 말씀해 보세요.
- MMF/서브프라임모기지/방카슈랑스/더블딥/BIS에 대해서 설명해 보세요.
- 은행에서 가장 필요한 자질이 무엇입니까?
- 같이 일하기 힘든 직원은 어떤 직원인가?
- 주변 사람들이 본인을 안 좋게 본 경험이 있는가?
- 데이터 마이닝에 대해 설명해보시오.
- 빅데이터에 대해 설명해보시오.
- 기준금리와 가계부채의 상관관계에 대해서 말해보시오.
- 행원으로써 중요한 세 가지 역량은 무엇이라고 생각하는가?
- 원칙과 융통성 중 중요하다고 생각하는 것은 무엇인가?
- 실적에 대해 어떻게 생각하며, 받게 될 스트레스는 어떻게 해소할 것인가?

② PT면접

- MZ세대를 겨냥한 새로운 제휴처를 생각해 보고 전략을 세워보시오.

- 이색 금융상품 혹은 서비스 아이디어를 제시하시오.

- 레프킨이 노동의 종말을 예상하였는데 노동의 종말시기가 오면 은행원은 일자리를 잃을 것인가? 아니면 역할이 어떻게 변화될 것인가?

- 은행의 지속적 발전 방향을 제시하시오.

- 성공적인 인적 네트워크를 만드는 방법을 제시하시오.

- 신입사원의 이직 비율을 낮추는 방안을 제시하시오.

- 은행과 카드의 시너지 효과 방안을 제시하시오.

- 40대 남성의 포트폴리오 전략을 제시하시오.

- 기업이미지 제고 방안과 효과에 대해 설명하시오.

- 새로운 수익 창출 방안을 제시하시오.

- 10억을 준다면 자산구성을 해보시오.

- 부동산 문제와 향후 대책을 제시하시오.

- 은행 신규 고객 유치 방안을 제시하시오.

- 고령화 사회에서 노인 일자리 확충을 위해 국가, 개인, 기업이 해야 할 일을 2가지씩 정하시오.

- 52시간 근무제를 대처할 수 있는 효율적인 업무 방안에 대해 말해보시오.

- 프로슈머의 개념을 이용하여 상품을 제안해 보시오.